計量歴史社会学からみる戦争

Society for Sociology of Warfare

戦争社会学研究

vol. 5

特集①

計量歴史社会学からみる戦争

特集②

二一世紀における空襲の記憶と表現

戦争社会学研究会編

Mizuki Shorin

目次

書評論文

書評

特集1

計量歴史社会学からみる戦争

計量歴史社会学からみる戦争

司会　野上　元（筑波大学）
報告者　浜井和史（帝京大学）
岩井八郎（京都大学）
渡邊　勉（関西学院大学）

渡邊勉『戦争と社会的不平等——アジア・太平洋戦争の計量歴史社会学』をめぐって——
特集企画について（野上元）

野上元（以下、野上）　野上と申します。きょうは司会を務めさせていただきます。よろしくお願いいたします。

戦争社会学研究会ができて一〇年余りがたっております。その間、われわれにとって重要だと思われる文献をとりあげる書評会をしてきたわけですけれども、本日もその試みのひとつになるかと思います。

私にとってのこの本との出会いを述べますと、二〇一三年ごろに『戦争社会学の構想』という本を戦争社会学研究会のメンバーで作ったときに、谷富夫先生に書評をもらいまして（『フォーラム現代社会学』第一三号、二〇一四年所収）、いろいろなテーマの研究がにぎやかに並べてあってよろしいけれども、計量的な研究が足りていないのではないか……みたいなことを指摘していただいたわけです。それで、いつかはそういうことは考えなきゃいけないのだろうけれども、今のメンバーでどう考えていいのか分からず途方に暮れていたというのがありました。

それと多分同じ頃、なんとなく何かの検索のときに引っかかったのだと思うのですけれども、関西学院大学の社会学部の紀要（恐ろしいほどの充実を誇る紀要だと思いますが）を見ていたら、後にこの本に収まる渡邊先生の論文を見つけてしまったわけです。

そのときの感想は、それはそうだろうけれども、これはやっぱりすごい、という……違うな……どう言ったらいいのかな……、まず、衝撃を受けるのですけれども、衝撃を受けた後にそれはそうだよねという感じになって、自分たちに足りない部分をこういうふうにやれるのかということに深く感動したのを覚えています。その後も渡邊先生が紀要に論文をお書きになっているのを、遠くからですけれども拝見して、これは近いうちに本になる、というのが分かってどきどきしたのもよく憶えています。

そうしているうちに渡邊先生にも戦社研に入っていただいて、親しくしていただくことができる、そのこともすごくうれしかったのを覚えています。こんなふうに自分たちに足りないものが戦社研の中に加わってくるということにすごく感動や興奮を覚えたのを覚えております。そうした流れのなかで今日を迎えているという感じが自分の中にはあります。

さて、本日は強力なコメンテーターをふたりほど用意しております。

最初にコメントをしてくださる浜井先生からは、歴史学の持っている問題設定や、先生個人の問題設定も多分関わると思うのですけれども、それらの方面からこの本の衝撃を解説してもらったり、コメントしてもらったりしていただく予定です。

もうひとりのコメンテーターである岩井先生には、私たちのほとんどが計量的・数量的な手法に疎いところがありますので、お願いして来ていただいております。先生には、この本の数量的な手法の在り方、あるいはＳＳＭ調査（詳しくは後述）を歴史社会学の研究において使うということが持っている意味やこれからの可能性なども含めて解説してくださったり、コメントしてくださったり、質問してくださったりしていただけるかな、というふうに思っています。

コメントの順番は、浜井先生、岩井先生の順番で行い、私もほんのちょっとだけコメントさせていただいて、その後、リプライを著者である渡邊先生のほうから頂きたいと思います。それではよろしくお願いいたします。

「平等」「不平等」を超えたアジア・太平洋戦争の総括に向けて（浜井和史）

はじめに

浜井和史（以下、浜井）　帝京大学の浜井と申します。どうぞよろしくお願いいたします。

戦争は、平等化を推進し、戦後の社会に平等をもたらすのか。これは、古今東西を通じて、多くの論者によって議論されている命題であると同時に、アジア・太平洋戦争の評価にとっても重要な論点であるといえます。ウォルター・シャイデルの大著『暴力と不平等の人類史――戦争・革命・崩壊・疫病』は、日本の戦争について「戦争由来の平等化の教科書的な事例」であると評し、「何百万もの生命を犠牲にして国土に甚大な破壊をもたらした戦争が、結果として、ほかには見られない独自の平等化を生みだした」と結論づけています。(1)また、日本がアジア・太平洋戦争を機に格差を縮小させたという議論は、統計データを活用した社会学者の橋本健二の研究などによっても、裏づけられています。(2)

しかし、その一方で、敗戦直後に人々が抱えた不平等感や不公平感も数多く報告されており、例えば、一九三五年生まれで演出家として知られる鴨下信一は当時の時代的雰囲気を次のように振り返っています。

> ぼくは戦後日本の、特に終戦直後の日本の基調音となったものの重要な一つは〈不公平〉という感覚だったと思う。この感覚が、戦後の不安感、危機感、あるいはイライラ感や暴力衝動の根本にあった。すべてはそこから生じたのだ。
>
> 戦死した人間と無事で帰った人間、抑留された人間と帰国出来た人間、戦犯に指定された人間と逃れた人間、闇で儲けた人間と儲けられなかった人間、……何もかもが公平でなかった。餓えている人間とたらふく食べている人間、着るものがなく震えている人間とぬくぬく着ぶくれている人間……そして焼き出された人間と焼け残った人間。(3)

確かに、戦争終結後の日本に残された様々な指標は、日本社会における平等化や格差縮小の傾向を示しているかもしれません。しかし、鴨下が敗戦から六〇年を経て想起した敗戦直後の日本の「基調音」が当時の状況をある程度言い当てているとするならば、それをどこまで客観的に裏づけることができ、そこからどのような結論が導き出されるのでしょうか。

本報告で取り上げる渡邊勉著『戦争と社会的不平等――アジア・太平洋戦争の計量歴史社会学』(以下、本書)は、利用可能なデータを駆使して、計量歴史社会学というアプローチによって、戦争を間に挟んだ戦前から戦後までの期間における人々の「不平等感」や「不公平感」といった、従来「実感」レベルにとどまっていた感覚を数値によって可視化することを試みた労作であります。

それだけでも本書の重要性は特筆されるわけですが、さらに本書が導き出す結論によって、「戦争が社会に平等をもたらす」といった、単純化されがちで解釈が危うい議論に対して、力強い批判的立場を打ち出していることにも意義があるといえます。トマ・ピケティの『二一世紀の資本』[4]が世界的なベストセラーになったことに象徴されるように、経済的格差の拡大はとりわけ今世紀に入って以降、世界的な課題として注目されていますが、そうしたなか、「勝ち組」や「負け組」、「自己責任」といった言葉が社会に浸透した二〇〇七年に、当時フリーターの赤木智弘が「「極めて単純な話、日本が軍国化し、戦争が起き、たくさんの人が死ねば、日本は流動化する。多くの若者はそれを望んでいるように思う」と主張し日本社会に衝撃を与えたことは、良く知られています。[5]アジア・太平洋戦争の敗戦が日本に平等化をもたらした、あるいは平等化を推進したという言説は、不平等な社会、格差拡大が進行しつつある社会においては、戦争や暴力への衝動を正当化する根拠につながりかねない危うさを常に含んでいます。本書は、そうした考え方に対する違和感をもまた批判しうる材料を提示するものであり、格差や不平等が社会的課題とされるなかで、まさに現代的な課題に対応する時宜を得た研究であるともいえます。

なお、評者は歴史学が専門で、特に外交文書などの文書史料を使った戦後外交史を専門としています。したがって、本書のような計量歴史社会学的なアプローチ、SSM調査や統計を駆使するような研究については、もっぱらその成果を利用させてもらうといういわば受動的な立場にあります。したがって、本書における緻密な分析と議論について、どこまで十分に咀嚼できているかという点については留保が必要であり、また広範にわたる本書の分析結果のすべてに言及することは困難ですが、ともあれ、本報告では、本書に刺激を受けて評者が考えたことについて、自身の関心にひきつけてコメントするとともに、いくつかの疑問点を提示することで、本書の可能性について考えていきたいと思います。

一、戦前／戦後史を見通す補助線として

まずは本書全般の意義についてですが、本書のようなアプローチ、計量歴史社会学的な分析によって提示された結論は、これからの戦後史研究、ないしは、戦争を間に挟んだ戦前と戦後にまたがる通史を見通す上で、重要な補助線としての役割を果たす意義があると考えています。

戦後史の歴史叙述は、基本的な事項に関してさえも常に見直されるという状況にありますが、それは戦後に残された史料や記録が量的に膨大であるとともに、一定の偏りがあることに一因があります。従って歴史研究者は、それらの個別的な史料に批判を加えて注意深く取捨選択しながら、歴史を叙述していくことなるわけですが、本書のような、統計データを駆使した計量歴史社会学的なアプローチの結果として示された結論は、時代の大局的な把握や理解において、より確度の高い歴史を描くための道しるべのような役割を果たすものとして大いに活用されるものであると考えます。特に本書は、戦前から戦後にかけての社会の動向をいわば一元的に捉える視点を提示しており、よりその確実さを増すことに貢献し、またそこで得られた知見から新たな問題意識を導くことを可能にしているのではないかと考えられます。

こうした社会調査資料や統計を活用した、いわば歴史叙述の道しるべ的な役割を果たす基礎的研究の必要性・重要性は、評者自身の研究でも最近改めて感じていることです。評者は戦没者の「遺骨収集」の歴史について研究していますが、例えば、アジア・太平洋戦争における約二四〇万人といわれる「海外戦没者」の遺骨が、どれだけの遺族のもとに届けられたのか、ということについては統計的には把握できていないのが現状です。その一方で、戦没者の遺族の回想録を読んだり、あるいは、遺族の人たちに直接聞き取りをしてみると、戦争終結後になって、遺骨の代わりに、位牌や戦場の石ころ、砂などが入った遺骨箱、すなわち実際の遺骨が入っていないという意味での「空の遺骨箱」が渡されたという話が多く見られます。

したがって、戦没者の遺骨処理をめぐっては、そうした証言記録にもとづいて、遺族には「空の遺骨箱」が届けられたという記憶が支配的になり、そうした記憶に依拠したストーリーが戦後に形成されていくことになるわけです。しかし、

実際にはどれだけの数の遺骨が遺族のもとに帰ってきたのか、また遺骨が入っていない「空の遺骨箱」が届けられた遺族が、遺族全体のどの程度の割合を占めていたのか、ということについては、主管官庁である厚労省にも記録が残っていないのでわからない、というのが実情です。ちなみに、現在行われている遺骨収集事業において、厚労省は収容済みの遺骨や未収容の遺骨の数を発表していますが、それらについても、あくまで推計にもとづく概数であり、正確なところはわかっていません。

　ここで注意しなければならないのは、遺族たちの証言記録の多くが「空の遺骨箱」に言及しているからといって、それが戦後において本当に支配的な状況であったかどうか、戦没者の遺骨引き渡しに関する全体的なイメージとして捉えていいのか、という点であります。この点についていかに、多くの回想や証言があるからといって、その記録にだけ基づいて歴史的に叙述することについては、慎重にならざるを得ません。というのも、「空の遺骨箱」を渡されたという印象があまりに強烈で、またそうした対応をした政府への不満や怒りが非常に強かったがために、「空の遺骨箱」を受け取ったという経験をした遺族たちだけがその記憶を証言として書き残し、一方で、通常の手続きを経て、実際に遺骨を受け取った遺族は、あえてそうした証言を残していない可能性があるからです。

　したがって、たとえ「空の遺骨箱」を受け取ったという遺族の証言を一〇人、一〇〇人と集めたとしても、それを上回る数の、通常の手続きを経て遺骨を受け取ったかもしれない、記録には残りづらい遺族の存在を想定しなければならないわけです。この問題を説明する際に、証言記録に基づいて、戦後、遺族たちの多くは「空の遺骨箱」を受け取った、と記述するか、あるいは、遺族の中には「空の遺骨箱」を受け取った者もいたと記述するかでは、その意味合いが全く異なってきますし、そこからどういった考察が導きだされるかということについても、おのずと異なってくることになります。

　しかしもし、この点に関して何らかの統計が残っていたならば、すなわち、戦争で誰が命を落とし、その遺体がどのように処理され、そして遺骨が遺族のもとへ届けられたのかどうか、という点についての何らかの統計記録が残っていたならば、そのデータを参照して、どちらの記述がより当時の状況に即した確実な記述であるか、ということをより確信をもって判断することができるわけです。評者が、本書について、戦前・戦後史を見通す補助線的な役割を果たす、といった意味は、まさにそういった観点からです。すなわち、残されたデータを適切に処理することによって提示された、客観性を担保された信頼がおける知見というものが、今後の戦後史の叙述を支える強固な足場となっていくことだろうと考えています。

ちなみに、戦没者の遺骨の問題に関しては、市町村などの自治体に残されている一部の統計記録や、遺骨の引き渡しに関わった行政の担当者の証言、また歴博の共同研究が全国の遺族に行ったアンケート結果などを検証することで、より確実な解釈を行うことが可能な状況になっています。すなわち、戦後の遺族の多くが「空の遺骨箱」を受け取ったという歴史記述に妥当性を持たせることが可能になっています。

歴史の叙述においては、常にこうした評価に迫られているわけでして、例えば本書においても、「復員兵への忌避感」ということが出てきており、第九章には山田風太郎の日記から印象深い場面が引用されています。これは、終戦後、特に占領期の前半においては、復員兵に対して国民から冷たい視線が投げかけられたという事例としてしばしば語られるもので、確かに、それに類似した資料や記録はよく目にしますし、それに基づいて描かれる戦後のストーリーもあるわけですが、本当に国民の多くが復員兵に対して冷たい視線を送っていたのか、それが支配的な状況だったのかというと、恐らく批判検討の余地があるように思われます。もちろん、本書はその点をテーマとしているわけではありませんし、その点について計量的に分析するだけのデータがあるかというと、これはなかなか難しいのかもしれませんが、もし何らかのデータが得られて、復員兵も敗戦後の国民に受け入れられる存在であった、ということがある程度客観的な事実として描くことができるならば、戦後史の記述には、また少し修正が加わることになるかと思います。

このように、戦争をめぐる事象についてどのように描くべきか、という点に関して、例えば成田龍一は、「戦争の歴史像は、戦後の歴史化を伴わなければならない」ということを指摘しています(6)。これはすなわち、戦後に歴史として語られてきたことを、その語られ方を含めて再検証しなければならない、ということです。もちろん、残された社会調査のデータは必ずしも完全なものではなく、計量歴史社会学的なアプローチが万能というわけではありませんが、そうした限界を踏まえつつ、今後、戦争像や戦後史を再検証する作業を行うにあたって大局的な見通しを持つうえで、本書、本研究の持つ意義はますます高まっていくのではないかと考えられます。

特に最近においては、戦争体験者が減少する一方で、「戦争の記憶」の継承のあり方をめぐる議論が活発になされているわけですが、近年は、個々人の戦争体験の記憶が証言として意識的に収集され、その記憶が記録として残される状況になっています。そうした膨大な記録は、戦争体験という個人的な体験の集積であり、その個別の体験から導き出される事実も重要ではありますが、それらの証言記録を使ってどのように戦争や戦後史を描くかについては、やはり慎重にならざるを得ません。

戦争の実体験者がますます減少する時代を迎える一方で、多様な証言記録をどのように整理して歴史として叙述していくのか。本書はそうした戦争の記憶の継承という点でも、大局を見誤らないための「交通整理」に必要な道しるべとなっていくのではないかと考えています。

二、「もはや戦後ではない」と「果たして戦後は終わったか」

さて、これまで述べたことと関連して、本書を通読して評者が特に興味深く感じたのは、第五章の「生活水準の不平等」で得られた知見であります。もちろん、本書は各章が相互に連関しあって、最終的な結論におけるダイナミズムを生み出しているので、この章に限定された問題ではないのですが、第五章においては、SSM調査の階層帰属意識を主観的階層地位、すなわち主観的な生活の豊かさと解釈して、昭和一〇年頃、終戦直後、そして一九五五年の三つの時点を比較検討しています。

そしてその結論については、次のように述べています。

本章の分析からは、一九五五年が本当に「もはや戦後ではない」ことを示すのと同時に、必ずしも「もはや戦後ではない」とは言えないこともまた示された。(7)

このように結論づけています。また、それが意味するところについては、次のように述べています。

戦前と比較すると一九五五年の階層帰属意識の分布は下方に偏っている。つまり戦前水準まで戻っておらず、戦争の影響は未だに残っている。つまり「戦後」は終わっていない。その一方で、戦時中の徴兵経験や転職経験は終戦直後には階層帰属意識に影響していたものの、一九五五年には消失している。戦時中の経験が一九五五年の主観的な生活の豊かさに影響していないということは、「もはや戦後ではない」しるしといえるだろう。(8)

このように指摘されています。

一九五六年の『経済白書』に示された「もはや戦後ではない」というフレーズについては、必ずしも一九五六年の時点の社会の実情をあらわしたものではなく、同じ年の初めに出された中野好夫の論文を受けて、近代化による安定的な成長に向けた新たな段階に日本が踏み出していくための決意を国民に促すものとして示されたものであるということは、広く指摘されている通りです。しかしその後の状況、すなわち、一九五六年に前後する神武景気や岩戸景気によって日本経済が成長路線の軌道に乗り、そのまま高度経済成長期を迎えたことによって、ある意味でこのフレーズが当初想定していた以上に、「戦後」という状況への決別宣言として独り歩きしていったと考えられます。特に今日において、一般的にメディアなどでこのフレーズが使用される際には、まさに終戦後の混乱期と決別するような象徴的な表現として用いられていることが多いように思います。すなわち、それこそが戦後の記憶として支配的な状況となっているわけですが、この点についても再検証が必要になってくると考えられます。

というのも、これもよく引かれる資料ですが、『経済白書』と同じ年の暮れに出された『厚生白書』では、「果たして戦後は終わったか」という見出しで、戦後における復興の背後に取り残された人々の存在が指摘され、それらに対する手当の必要性について論じられています。こうした、一九五〇年代半ばの状況が「もはや戦後ではない」のか、それとも「戦後はまだ終わっていないのか」、というどちらが適切な表現であるかという問題については、評価が分かれるところであり、先ほど指摘したように、今日においては前者、すなわち「もはや戦後ではない」という過去への決別宣言としてのニュアンスで語られることが多い状況であります。しかし一方で、本書と同じくSSM調査などの統計資料を分析した先述の橋本健二の研究(9)などにおいても、資本家階級や新中間階級、労働者階級、農民層といった階級別の年収や貧困率などを比較して、一九五五年の時点で一定の貧困層が存在したことがすでに指摘されているところです。

このように、「もはや戦後ではない」という人口に膾炙したフレーズをどのように解釈するかについては今後さらに検討が必要だと考えられるのですが、本書で示された分析結果は、一九五六年という時代性が持つ二面性を改めて明確にするとともに、さらに、生活の豊かさに関する意識の変容が徴兵経験や転職経験の推移とともに示されて、戦争の影響の延長線として描かれていることに意味があります。すなわち、年収や貧困率などとはまた異なる観点から、同時代的な意識として、「もはや戦後ではない」という時代性と、「果たして戦後は終わったか」という時代性の、両面をきっちりと捉えたことに意義があると考えています。

かつて経済学者の中村隆英らの研究(10)が明らかにしたように、終戦後の混乱と経済成長期のはざまにある一九五〇年代は、様々な意味で日本社会における「過渡期」の時代であり、その時代的特性については単純に線引きできるようなものではなく、日本社会が大きく変容していく時代として捉える必要があると考えられるわけですが、本書において、そうした変容する社会の重層性のようなものが確かに存在したということを、今までとはまた別の角度から示されたことの意味は大きいのではないかと思います。そして、改めて一九五〇年代の時代性や戦後史を語る際には、本書の指摘が持つ意味を踏まえて考える必要があるのではないかと思います。

またこれに関連して気になってくるのが、それでは「もはや戦後ではない」という流れに取り残されたのは、実際にはどのような人々だったのかという点です。もちろん、従来の研究では、先ほど触れたように一定の貧困層の存在が指摘されているわけですが、本書ではそういった人たちの来歴という点に関して、興味深い示唆を与えてくれているように思います。それが、第八章で取り上げられている、外地経験が戦後の地域移動に与えた影響の問題ということになります。そこでは、徴兵経験の影響というものが一九五五年までに消失しているのに対して、外地経験の有無は、一九五六年以降の地域移動にも影響したということが明らかにされています。この結論は非常に興味深いものがあり、外地から引揚げてきたいわゆる引揚げ者が「もはや戦後ではない」といわれる時期を迎えてなお戦後復興から取り残された存在として浮かび上がってくるように思います。

故郷を引き払って外地に赴き、そこで生活基盤を築いたものの、敗戦によって現地に財産を残して本土に引揚げざるを得なかった人たちが戦後に苦しい生活を強いられたということはよく知られていますし、島村恭則の編集による『引揚者の戦後』でも具体的状況が紹介されていますが(11)、本書の分析結果を踏まえると、改めて、外地経験者の戦後、しかもそれは特に終戦直後、引揚げ直後といった短い期間だけではなく、もっと長期的に、例えば、経済成長期を迎えてからも外地経験者は、そうでない人々よりも苦しい状況に置かれていたのではないかということが想像されます。したがって、そうした視点で、改めて外地経験者の足跡をたどることの必要性があるのではないかと考えられます。また例えば、満洲移民から本土に引揚げた人々が、落ち着き場所が見つからずに一九五六年に募集が開始されたドミニカ移住に参加し、その途中で事業が中断してしまうということもあったわけですが、そういった人たちの動向なども社会調査からみえてくると、より引揚者の戦後の状況が明確に分かってくるのではないかという印象を受けました。

もちろん、本書においては、そこまで踏み込んで議論されているわけではありませんが、本書によって提示された様々な分析結果を組み合わせて考察すると、今指摘した点に限らず、戦後史において新たな地平が開かれるのではないか、少なくともそのような可能性が秘められているというのが、本書の醍醐味なのではないかと考えられます。

いずれにしましても、これら第五章や第八章にみられる分析によって、「もはや戦後ではない」とされた一九五〇年代半ばの時点においても、明らかに戦争に起因すると考えられる戦後の不平等が存在し、それには特定の戦時経験をした人々が大きくかかわっているかもしれないということについての示唆が得られたことは、研究史的にも大きな収穫であると言えるかと思います。

三、戦争負担の「平等」と「不平等」

次に、本書の重要なテーマである戦争がもたらした社会的不平等という点について、考えてみたいと思います。

本書においては、SSM調査の調査結果を様々な観点から分析することによって、それでもやはり、「戦争が社会を平等化させる」というひとつの結論を導いています。この結論自体については、従来の研究においても指摘されている点ではありますが、SSM調査のデータに関して、今までとは異なるアプローチで分析した結果においても、やはり総合的に見て同様の結果が得られたということは、本書の重要な貢献であると考えられます。

その一方で、本書では、「戦争負担の不平等」という重要な知見が提示されています。すなわち、戦争に関わったことによって被った負担ということを、社会調査のデータからあぶりだし、それが戦後に与えた影響について論じているわけですが、そこには確かな不平等が存在していたことが指摘されているわけです。不平等の内容としては、特定の職業や特定の学歴を有する人たちは徴兵されにくいことであったり、死亡リスクが低いといった事態が生じていたこと、あるいは、徴兵や外地経験といった経験が戦後の職業安定性に影響を及ぼし、また職業軍人の内部においても格差が生じていたといったことなどが挙げられます。これらの点については従来においても証言記録などからある程度推測されていたことですが、それらに対して統計的な裏づけがなされたということで大きな意義があります。

そしてこうした様々な観点から、戦争が戦後にもたらした不平等というものを提示したうえで、本書は、戦争が進めた平等化が「歪んだ平等」であって、さらには「平等というレトリックに過ぎなかった」という結論を導いています。この「戦争負担の不平等」性から導かれる「平等はレトリックに過ぎない」という結論が客観的なデータによって示されたことは、戦後における日本政府、ないしは日本社会の戦争との向き合い方を考えるうえでも重要な意味を持っているのではないかと考えます。

というのも、近代日本は「国民皆兵」を建前として、戦前の男女不平等社会のもとで、「不幸の均霑」ともいわれるある種の「平等」な徴兵制を採用し、かつアジア・太平洋戦争期においては、国家総動員体制という戦時体制をしいていたわけですが、このことはすなわち、「戦争負担は平等である」というフィクションを国民全体に浸透させることによって、戦争負担に対する国民の不満を解消し、戦争に協力させる体制を強固なものにしていたといえるかと思います。

そして重要なのは、そうしたある種の「戦争負担は平等である」という戦時中の政府や軍部が戦争協力のために国民に強いた論理、レトリックが戦後も継承されていったことにあるのではないかと評者は考えています。すなわち、終戦間際になっても、本土決戦を念頭に「一億総特攻」が叫ばれ、またポツダム宣言受諾とともに、「一億総懺悔」といったことが首相の口から発せられたわけですが、フィクションであれ、レトリックであれ、政府は、国民全体が戦争協力のために総動員され、戦争被害もまた国民全体が被ったものであるとする考え方は戦時中のみならず、戦後の政策にも少なからず影響を与えていったのではないかと考えられるわけです。

その具体的な事例として、例えば、戦後において一般国民が戦争で被った損失に対して国家は補償を行わないという論理の形成、すなわち一九六八年の最高裁判決で示された「戦争被害受忍論」のような考え方が、政府の政策方針になっていくことにつながったのではないかと考えられます。この受忍論の考え方は、不平等や不公平を感じながらも国民は等しく受忍する、すなわち、「堪え難きを堪え、忍び難きを忍ばなければならない」という日本特有の戦後補償に対する考え方として今も適用されているわけですが、本書による戦争負担にも不平等があったという客観データの提示は、こうした考え方、そして政府の戦後補償政策にも一石を投じるものではないかと考えます。

というのも、戦争が戦後の日本社会にもたらした社会的不平等ということを考えたときに、評者が思い浮かべるのが、戦後において国民が、軍人軍属及びその遺族と、そうではない民間の一般国民とに分断されたことがあるのではないかという点です。戦後、軍人軍属やその遺族に対しては援護や恩給が与えられる一方で、そうではない一般国民はひたすら受忍、我慢を強いられるという構図が形成されていくことになりました。例えば、一般の民間人の引揚げ者に関しては、現地に財産を残したまま強制的に本土に引揚げざるを得なかったわけですが、引揚げ者に対しては戦後において給付金などが交付されたものの、補償は認められませんでした。また、空襲犠牲者についても、その補償は認められず、現在も補償を求める運動が続いていることは周知の通りです。さらに冒頭でお話しした戦没者の遺骨処理の問題に関しても、遺骨収集事業の対象は軍人軍属の遺骨であって、引揚げ者や空襲犠牲者を含む一般人の遺骨は対象となっていません。

本書においては、徴兵経験者が被った不利益という観点からの分析がなされており、それが戦後混乱期には不利益が見られたものの、間もなく解消されていくということが示されています。この点は非常に説得力がある分析だと思いますが、実はその先の展開において、戦争がもたらす不平等、とくに軍人軍属ではない、またその遺族でもない一般の国民が戦争被害を受忍せざるを得なかったという不平等が存在しており、それこそが、戦争がもたらした社会的不平等のひとつであるといっていいのではないかと考えられます。ただし、そういう構図が成立したのは占領終結後のことであり、両者の不平等性は講和後に顕在化し、拡大していったのではないかと考えています。

その意味では、この問題は本書の内容を超えた議論になるかと思いますが、例えば、軍人軍属ないしその遺族とそうではない一般の民間人というカテゴライズを設定し、その不平等性が、何らかのかたちで統計的に示されることができるようであれば、戦争がもたらした不平等性の正体のひとつが見えてくるような気がします。

このように、戦後においてもなお「戦争負担の平等化」を政府が主張する状況において、そうではなく、「戦争負担は不平等」だったという結論を示した本書の意義は非常に重要なものであると考えられます。講和後において軍人軍属やその遺族が援護法や恩給の復活によってある種の補償を得て生活を安定させていく一方で、戦争を通じて一番割をくったのが、結局は一般の引揚げ者や空襲被害者であったということ、そうした人びとが「戦争負担の平等」という名のもとに戦後を通じて受忍を強いられてきたという理解が、本書の研究の延長線上にあらわれるストーリーとみてよいのかどうか、少し議論が飛躍しているとは思いますが、そういった問題について本書のようなアプローチがどのように踏み込むことができるのか、今後の研究に期待したいと思います。

おわりに

最後に、本書の内容に関して細かい疑問点をふたつほど提示したいと思います。

まずひとつ目は、第八章の分析の中で出てくる、外地経験に関してです。この問題について評者がうまく読み取れなかったのかもしれませんが、本書では外地経験者を外地での居住経験者として定義しており、その中には徴兵経験者が含まれているとされます。したがって、いわゆる引揚げ者とは区別されるわけですが、外地経験者から徴兵経験者を除外するかたちで、一般の民間人の引揚げ者を抽出することが可能かどうかという点は疑問として残りました。それは例えば、一九三〇年代に満洲に移民した人たちが、敗戦により本土に引揚げ、その後、国内各地を移動した、といったような状況を、本書の分析から把握できるかどうか、ということでもあります。もしそれが可能であれば、引揚げ者の生活に対する満足度と戦後における生活の不安定性といったことについて、より客観的に明らかになってくると思います。また、外地経験者でかつ徴兵経験者である場合、所属部隊についてはデータがないということでしたが、例えば、その外地経験が、中国であったのか、南方であったのか、といった程度のことは判明するのかどうか、すなわちデータから外地経験の詳細がある程度把握可能ということであれば、中国方面と南方方面の外地経験の差異が戦後に及ぼした影響についても明らかになるのではないかと思います。

ふたつ目は、これはSSM調査の性格上、難しい問題かと思いますが、計量歴史社会学のアプローチによって朝鮮籍や台湾籍の人びとの動向をつかむことができるかどうか、という点であります。「戦争と社会的不平等」というテーマで考えた場合、戦争を通じて日本人から「非日本人」とされた人々の存在と、彼らが被ったであろう負担の状況がどのようなものであったのかという点が重要になってきますが、その手掛かりが、これらのデータから垣間見えるのかどうかが疑問点として挙げられます。またこれに関連して、戦後において日本本土から行政的に分離された沖縄の人々の状況についても、抽出するようなかたちで把握可能かどうかという点についても興味があるところです。

以上、本書を通じて評者なりに考えたことや疑問点について述べてきました。もちろん、本書は現時点におけるデータ分析の結果を示したものであり、今後また新たなデータの補充や分析視角の多様化によって、アジア・太平洋戦争像や、戦争の戦後への影響をめぐる議論がさらに精緻化されていくことが期待されます。同時に、歴史学をはじめとして関連諸分野との相互補完により研究が深化することによって、戦争がもたらす「平等」や「不平等」といった問題を超えた視点で、アジア・太平洋戦争を総括することにも大いに寄与するのではないかと考えられ、本書で示されたアプローチによる研究のさらなる展開に期待したいと思います。

注

(1) ウォルター・シャイデル／鬼澤忍・塩原通緒訳『暴力と不平等の人類史――戦争・革命・崩壊・疫病』(東洋経済新報社、二〇一九年) 一五四頁、一七〇頁。
(2) 橋本健二『〈格差〉と〈階級〉の戦後史』(河出書房新社、二〇二〇年)。
(3) 鴨下信一『誰も「戦後」を覚えていない』(文藝春秋、二〇〇五年) 五二頁。
(4) トマ・ピケティ／山形浩生・守岡桜・森本正史訳『二一世紀の資本』(みすず書房、二〇一四年)。
(5) 赤木智弘「『丸山眞男』をひっぱたきたい――三一歳、フリーター。希望は、戦争。」(『論座』第一四〇号、二〇〇七年一月) 五八頁。
(6) 成田龍一「現代社会の中の戦争像と戦後像」(成田龍一・吉田裕編『記憶と認識の中のアジア・太平洋戦争』岩波書店、

二〇一五年）三四頁。
（7）渡邊勉『戦争と社会的不平等――アジア・太平洋戦争の計量歴史社会学』（ミネルヴァ書房、二〇二〇年）一七七頁。
（8）同右。
（9）前掲、橋本『〈格差〉と〈階級〉の戦後史』。
（10）中村隆英・宮崎正康編『過渡期としての一九五〇年代』（東京大学出版会、一九九七年）。
（11）島村恭則編『引揚者の戦後』（新曜社、二〇一三年）。

戦争研究と計量社会学の出会い（岩井八郎）

はじめに

岩井八郎（以下、岩井）　京都大学・教育学研究科・教育社会学講座の岩井八郎と申します。本日は、よろしくお願いします。

渡邊勉さんは昔からよく知っておりまして、社会調査協会の仕事でもお世話になっています。渡邊さん、こんにちは。よろしくお願いします。

それから、井上義和さんは京大の教育社会学研究室の出身、竹内洋先生がおられたこともあって、近くにいました私も歴史研究については少々書物を読み、話もよく伺っていました。また私はこの一〇年ほど、渡邊さんと同じデータを実際に扱って学会発表したり論文を書いたりしております。早稲田大学の橋本健二さん、東北学院大学の片瀬一男さん、東京大学・社会科学研究所の佐藤香さんと私の四人で二〇〇五年のＳＳＭ調査が終わった後に何かやろうかということになり、渡邊さんも利用しておられる一九六五年ＳＳＭ調査データを使って仕事を始めました[1]。

ＳＳＭ調査データの職業経歴の中には、戦前出生の調査対象者の場合、兵役が含まれています。しかし兵役のデータを本格的に分析しているのは、おそらく渡邊さんと私しかいないと思います。以前から、少し古い出生コーホートを扱うと、経歴の中に兵役が出てきますので、これをどうやって分析するのか考えていました。長年の課題として、ぼちぼち自分でも分析を始めておりました。

ちょうど同じような時期に渡邊さんが分析しておられることに気が付き、関学の紀要に報告されていた論文を読んでいました。二〇一二年、札幌学院大で開催された日本社会学会で発表したとき、渡邊さんにいろいろ質問された記憶もあります。同業ということで、今回、このような合評会で報告させていただくチャンスが得られました。ありがとうございます。

一、労作

まずたいへんな労作です。この点を強調したい。経歴データは複雑怪奇なデータです。何かできそうですが、一旦手を出しはじめると泥沼にはまり、大変な目にあってしまう危険があります。本書は、そのようなデータを一貫して粘り強く分析された研究成果です。複数の興味深いテーマについて、それに応じてデータを再構成して分析されています。そして利用可能な計量社会学的な手法を駆使しておられます。図表として提示された分析結果の背後には並々ならぬ労力が注ぎ込まれています。同業者として、深い敬意を表したい。

私の場合、経歴データを使って、ひとつのテーマが終わりますと、もう一年ぐらいはデータを見たくないなと思うほどです。細かい数字が並び、煩雑な作業が続き、目も悪くなります。渡邉さんはこれほどの分析をなさったので、その作業の膨大さを理解していただきたいと思います。

研究テーマはいずれも刺激的で興味深くて、戦前、一九二〇年代から戦時を経て戦後へ続く日本社会の変化に関心を持っている方々にアピールできるような内容になっています。

ただ、必ずしも読みやすいとは言えません。データの性格とか分析手法になじみが薄い場合は、結論だけを見て中身は敬遠されるかもしれません。これは計量社会学研究に共通する悩みです。

二、経歴データのハンドリング

SSM調査（社会移階層と社会移動全国調査）のデータになじみのない方が多いと思いますので、その経歴データについて説明いたします。なかなか複雑ですので、上手く伝わるでしょうか。SSM調査は一九五五年より一〇年間隔で実施されてきました。一九五五年から経歴データを収集しています。調査対象者の学校教育後に従事したすべての職業について年齢に途切れのないように、従業上の地位、仕事の内容、従業先の産業、役職、従業先の規模などの情報を集めています。一九五五年当時の社会学者がよくこのようなデータを集めたなと思います。ただし、ほとんど使われていません。六五年は安田三郎先生の企画ですから詳細なデータが集められていますが、経歴データはさほど使われていません。七五年になってようやく使われ出したデータです。

渡邉さんは、もうひとつ、職研とわれわれは昔呼んでいた、現在の労働政策研究・研修機構（ＪＩＬＰＴ）が一九八一年に実施した「職業移動と経歴調査」も用いておられます。この経歴データには、地域情報も含まれていて、地域移動が分析できるのですね。今回初めて知りました。

経歴データの特徴ですが、先ほど述べましたように、学校教育終了後から調査時点までの職業的地位について複数の指標で年齢に途切れのない回顧的なデータとなっています。調査対象者は、一九五五、六五、七五年調査では、二〇歳から六九歳の男性、八五年から女性調査も実施されています。したがって、現在利用可能なデータは、男性の場合、一九五五年調査の六九歳の一八八六年出生から、二〇一五年調査はまだ公開されていませんが、入手可能な二〇〇五年調査の二〇歳の一九八五年出生までが含まれています。つまり一世紀にわたる日本人の職業経歴が蓄積されているデータです。現在では一般公開されています。

このように説明しますと魅力的なデータだと思われるかもしれませんが、一回の調査のサンプルサイズが二〇〇〇から三〇〇〇程度で、二〇歳から六九歳までの年齢層を含んでいます。サンプル数を上げるために、しばしば異なる年次のデータを合併して用います。その場合、例えば、一九二五年生まれの男性は、一九五五年調査では三〇歳、六五年調査では四〇歳、七五年調査では五〇歳です。三〇歳までの経歴は三つの調査データを合併して分析できても、四〇歳まで、五〇歳までとなるとこの年齢に達していない調査対象者がありますので、サンプル数が減少します。データの複雑さが少しでも伝わりますでしょうか。

経歴データには無職の期間も含まれています。その情報もコード化されていて、仕事以外に兵役のコードがあります。私もそれを取り出し利用しています。仕事の内容に旧職業軍人のコードがありました。すべての年度のデータを足しあわせると四〇ケースになることを渡邊さんの研究で知りました。六五年調査ですと七ケースとか八ケースしかなく、出生コーホートに分けてしまいますと無視してよいような数になるため、注目していなかったのですが、渡邉さんはさすがですね、合計して分析しておられます。

職歴は段数としてデータ化されています。その段数は対象者によって異なります。一段しかなければ初職から現在まで同じ仕事に就いており、職業的な地位も簡単に扱えるのですが、ＳＳＭ調査では、多いと一六段とか一八段ぐらいの段数になります。その仕事を開始した年齢も辞めた年齢も対象者によって異なりますので、データのハンドリングがますます複雑になります。

先ほど述べましたように、それぞれのSSM調査の回答者は二〇歳から六九歳ですから、合併したデータになりますと、時代経験が異なる人たちの経歴が複雑に積み重なったデータとなります。いろいろと研究テーマは考えられるのですが、データの再構成と分析に労力を惜しむことなく注ぎこめるような研究テーマがないと挫折するかもしれません。またテーマを思いついたとしても、十分なサンプル数がないこともしばしばです。

このような難しさを抱えたデータに対して、渡邉さんは明快なテーマを設定してデータを再構成し、分析に取り組んでおられます。高く評価したいと思います。

三、本書の手法

本書の主要な分析では、複数のデータを合併させて、職歴データの中から兵役を取りだしています。これはそれほど大変ではないかもしれませんが、そこからパーソン・ピリオド・データを構成しています。これも最近ではソフトで簡単にできるようになっています。簡単に説明します。二五歳の調査対象者で職歴を二二歳からスタートします。その場合、二二、二三、二四、二五歳の四ケースのデータができます。全ての調査対象者について、各年齢の職歴情報が一ケースになります。ですから、一八歳で仕事を始めて、調査時点で三〇歳の調査対象者になると、一三ケースのデータが追加されます。したがって、全調査対象者のケース数を足し合わせた、パーソン・ピリオド・データはかなり大きなケース数となります。本書の分析でも、二万とか三万のパーソン・ピリオド数になっています。ご存じない方ならばどうなっているのか分かりにくいと思われますが、この手法は、ケース数を非常に多くするとことができるのです。

そして、たとえば二五歳のときに、兵役が一で、それ以外を〇とする変数を作って、二四歳時点で兵役ではなかった人で二五歳になって誰が兵役に移ったか、その属性を統計的に検証します。すべての年齢を扱うモデルはもちろんとても複雑です。

系列分析（sequence analysis）も使われています。この手法は、似通った経歴を集めて、パターン化する方法だと理解しています。海外の研究でよく使われていて、日本でも使う人がいますが、結果が必ずしも読みやすいとは言えないので、私は使いたいとも思いませんでした。渡邉さんは、旧職業軍人四〇ケースの職業経歴のパターン化に用いておられます。分かりやすい結果でした。

本書では用いられていませんが、経歴データの分析手法としては、他に、イベント・ヒストリー分析があります。この手法は、誰が結婚するかとかいつ子どもを持つかというようなイベントが生起する時間的なプロセスを生存時間関数に当てはめて分析する手法です。

私が意表を突かれたのは、一九六五年ＳＳＭ調査の兄弟データから死亡リスクを計算したところです。これは私には全く思い付きませんでした。また先ほど申しました旧職業軍人を取り出したことも思いも付かなかった。やるなと思いました。

私の手法については、後ほど少しデータを付けて紹介させていただきます。私の場合、職歴のデータから年齢ごとの職業的地位を取りだして、出生コーホート別にライフコースを、女性の場合はグラフにして視覚的に変化を描きます。出生コーホート別に年齢に伴う数字の流れを追うという方法です。私には、これが一番あっていると思っています。

渡邉さんには、いろいろな手法をお使いになって、ぴたっと来た手法はどれか、どの手法がおすすめかお話いただきたいと思います。

四、ライフヒストリーを読む

今日はこのような機会をいただきましたので、私なりにデータをどのように読めば良いかという観点から話を続けてみます。私の研究テーマは、ライフコースの計量社会学的研究ですが、できるだけアンテナを張って、いろいろとライフヒストリーを探して、事例を広く読もうと心がけております。

ＮＨＫの「ファミリーヒストリー」という番組をご存知の方は多いと思います。ご覧になった方もおられるかもしれません。二〇二〇年三月二〇日に、古舘伊知郎さんのファミリーヒストリーが放送されました。これは結構面白くて、二〇二〇年の秋にも再放送されていましたが、渡邉さんの研究結果を読むために適切な例だと思い、取り上げることにいたしました。

放送された内容を手がかりに、古舘さんのファミリーヒストリーを表1に、父親の淳太郎さんを中心に簡単にまとめてみました。

祖父の清治さんという方は佐賀県の名護屋出身ですが、仁川、青島、龍口と大陸を渡り歩いた方で、そこで古舘商工という小さな商社を経営して商売をされていたとのことです。かなり儲けておられたようです。

一九二一年に古舘さんのお父さん淳太郎さんが生まれています。淳太郎さんは大連第一中学校の出身、学校での成績が良かったという話でした。四〇年にここから早稲田の予科に入り、弁論部で政治家志望でした。しかし四三年に、早稲田大の二年の時に学徒出陣、そのまま久留米第一陸軍予備士官学校に入って一年間の幹部候補生の速成教育を受けて、それからフィリピン沖で非常に危ない目に遭いながらジャワ島に辿り着き、タイ北部で終戦を迎えています。

一九四六年に復員して佐賀県の伊万里に戻ります。祖父の清治さんも帰国していますが、大陸での事業は全て失ったとのことです。そこで、淳太郎さんは、「いりこ」の行商の手伝いをして家計を支えていたようです。

古舘伊知郎さんの母親が安也子さんです。安也子さんは、淳太郎さんが早稲田時代に家庭教師をした人のようです。安也子さんが佐賀まで淳太郎さんを訪ねてこられました。

淳太郎さんは、二六歳のときに結婚して上京します。

その後、温泉化学研究所という温泉を利用して何か物を作るようなところに勤務し、労働団体の労務管理などもしていたようです。

古舘伊知郎さんは私より一歳年上で、一九五四年生まれです。

淳太郎さんのその後の経歴は、六〇年に浜野繊維工業というところに昔の友人から誘われて入ります。ここは従業員八〇〇人の規模の企業で、労務管理、工場長、リストラ担当の役員などを経て八一年に社長に就任という経歴です。

このファミリーヒストリーをみますと、渡邊さんの分析結果とぴたりと合うところがあります。兵役は学徒出陣ですので、兵役の前職は学生です。一九一六年—二五年出生コーホートの特徴として、兵役にあまり学歴差はないとの分析結果でした。

次に復員です。復員して、先ほども復員兵の話が出てきましたけれども、家業の手伝いをしています。淳太郎さんの場合は、いりこの行商ですが、この仕事は、SSMの職業分類を使いますと下層ホワイトに分類されます。そして淳太郎さんの職業経歴は下層ホワイトから上層ホワイトへと上昇移動しますが、その間に転職を三回以上しています。

先ほど階層帰属意識の話が出ていました。おそらく戦前、

祖父古舘清治：佐賀県名護屋出身→仁川→青島→龍口と移動、古舘商工
一九二一年（大正一〇年）父古舘淳太郎出生
大連第一中学校出身
一九四〇年（昭和一五年）早稲田予科、弁論部、政治家志望
一九四三年（昭和一八年）早稲田大二年、学徒出陣
久留米第一陸軍予備士官学校
（1年間の幹部候補生の速成教育を受ける）
一九四四年　ジャワ島
一九四五年　タイ北部で終戦を迎える
一九四六年　復員　佐賀県伊万里へ
清治も帰国、大陸の事業はすべて失う
淳太郎は「いりこ」の行商を手伝い、家計を支える
堀口安也子との出会い
（伊知郎の母、一九二七年出生、清治は早稲田時代家庭教師）
一九四八年　結婚（淳太郎二六歳）
上京　温泉化学研究所勤務　労働団体の労務管理など
一九五四年　古舘伊知郎出生
一九六〇年（昭和三五年）淳太郎三九歳　浜野繊維工業へ
従業員数八〇〇人　労務管理、工場長、リストラ担当（一九八〇年）
一九八一年　社長

表1　古舘伊知郎氏のファミリーヒストリー
出所：NHK「ファミリーヒストリー」2020年3月20日放送

大連におられた頃の階層帰属意識は「中の上」ではないでしょうか。終戦直後は、もし調査で質問されると、「下の下」とは答えずに「下の上」ではなかろうかと推察します。

東京に移られてからは「中の下」になるではないでしょうか。その後の階層帰属意識は、「中の上」に上昇したでしょう。本書は、一九五五年のＳＳＭ調査データを使って階層意識の変化を追っています。古舘淳太郎さんのライフヒストリーは、本書の分析結果と上手く合致していると読みました。

淳太郎さんは何回か地域移動も経験されています。大連から東京へ、これは進学のためです。復員がありました。それから佐賀から東京へと移動。確かに渡邉さんの分析結果では、この時期の地域移動率が高かった。

さらに東京への移動後の淳太郎さんの

黒河力（元三洋電機会長、一九一三〜二〇〇三）
一九一三年　中国営口生まれ
一九三六年　旅順工科大学機械工学科を卒業
陸軍技術中尉として、小倉造兵廠技術課に勤め始める
一九四二年　機関銃砲工場長に就任
機関銃の量産システムの確立に取り組む
一九四五年　敗戦、農機具生産を計画
ＧＨＱに造兵廠設備払下げを願い出る、却下される
一九四六年　故郷の愛媛県松山に帰り，蜜柑栽培に従事
一九五〇年　松下金属に入社
一九五一年　三洋電機に転じて，電気製品の量産に携わる
・職業経歴：軍需工場→農業→家電、三回以上の転職
・地域移動：旅順→小倉→松山→大阪
・高度成長期に三洋電機で家電の量産体制を確立させた

表2　黒河力氏のライフヒストリー
参考：沢井実『帝国日本の技術者たち』（吉川弘文館、2015）

職歴には学歴の効果が現れていると考えてよいでしょう。高度成長期における上昇移動に対する学歴の効果が読み取れます。

このように、古舘家のファミリーヒストリーを辿りながら、もう一度、渡邊さんの出しておられる研究結果を、テクニカルなところは少し横に置いて、つなぎあわせていきますと、戦前・戦時・戦後にまたがるユニークな経歴をうまく読み取ることができると思います。

もう一ケース取り上げます。以前、社会学評論の論文[2]を書いたときに、戦時期の軍需産業から、戦後の自動車、家電といった民需産業への人材の流れを扱った「軍民転換」の事例を調べていました。表2は、黒河力《つとむ》さんのライフヒストリーです。

黒河氏は、元三洋電機会長、一九一三年中国生まれです。

旅順工科大学機械工学科の卒業生で、陸軍技術中尉として小倉の造兵廠技術課に勤めます。機関銃砲の工場長に就任して、機関銃の量産体制の確立に取り組んでいます。

敗戦後、造兵廠の設備を使った農機具生産を計画して、ＧＨＱに払いさげを願いでて却下されています。その後、故郷の松山に帰って、家業のミカン栽培に従事する。それが何年か続いた後、かつての同僚に声を掛けられて松下金属に入社、さらに三洋電機に転じて電気製品の量産に携わった方です。

黒河氏は戦時体制下で軍需工場の工場長でしたが、敗戦後

にいったん農業に転じ、家電のメーカーに転じています。転職を三回以上経験している方です。地域移動の回数も多く、まさに戦後社会の上層に属した方ですが、職業移動や地域移動を繰り返して地位を上げていった人物の例です。

少々脱線しますが、なぜ軍民転換に関心を持ったかというと、戦前の企業社会では、職工と工員の差がたいへん大きかった。しかし戦後になると「工職一体」が日本の特徴だと評価される。黒河氏は機関銃砲工場長時代、大量生産を円滑に進めるために「優秀工員長又はその候補者」の学術知識の向上と「学歴技術者」の現場体験によって両者の距離を埋める必要があると提案しています。黒河氏がこの戦時期の経験を踏まえて、戦後に三洋電機で工職一体の企業組織の形成に尽力されたことを、沢井実先生の研究[3]で知り、たいへん印象深かったので紹介させていただきます。

不平等な戦前の仕組みに対して、戦時期から敗戦後に流動性が高まり、安定的な戦後社会が形成されたのですが、戦時から戦後にかけて特に旧制高学歴層の流動性の高さが、戦後の階層構造の安定性に貢献したのではないかというのが私の仮説です。古舘さんと黒河さんのライフヒストリーは、そのことを裏付けていると読んでいます。

渡邊さんよりも、私は高学歴層の経歴を見ていましたが、帝国大学卒よりも戦時体制下で急拡大した旧制専門学校卒の経歴に注目していました。渡邊さんの研究にとって、具体的な研究の背景になっている事例があれば紹介してください。

五、出生コーホート別、学歴別の職業経歴を読む

このような機会ですので、私の分析結果も紹介させていただきたいと思います。私の場合、渡邊さんよりもさらに図表が多いので恐縮です。その中から、一九一六―二〇年出生の男性について、学歴別に見た従業先の産業（兵役を含む）に関する分析結果を表3に取り上げています。[4]

私の方針は、出生コーホートを五年区分とし、学歴別に各年齢の職業的地位を取り出します。そして、出生コーホート別、学歴別に年齢に伴う職業的地位の推移を読み取ろうとします。五年刻みの出生コーホートの区分を用いることによって時代と年齢の対応関係を読み取ろうとしています。サンプル数が小さくなってしまう場合が出てきますが、この方針を崩さないようにしています。

職業的地位として、従業上の地位（経営者、正規雇用、非正規雇用、自営などの区分）、職業内容（専門職、事務職、熟練職、

＜中等教育＞	20歳	25歳	30歳	35歳
農林漁業	7.9	6.3	11.8	11.0
鉱業建築業	6.3	0.8	4.7	3.1
電気運輸	6.3	6.3	7.9	7.9
卸売小売飲食	8.7	5.5	15.0	17.3
サービス関係	16.5	19.7	29.1	33.1
製造（衣食他）	7.1	10.2	11.0	11.8
製造（鉄鋼機械他）	15.7	15.7	14.2	11.8
兵役	15.0	26.0	2.4	0.0
その他	16.5	9.4	3.9	3.9
ケース数	127	127	127	127

＜尋常小＞	20歳	25歳	30歳	35歳
農林漁業	29.3	21.7	34.8	34.8
鉱業建築業	8.7	10.9	16.3	20.7
電気運輸	4.3	6.5	6.5	7.6
卸売小売飲食	12.0	4.3	9.8	9.8
サービス関係	6.5	5.4	8.7	12.0
製造（衣食他）	17.4	5.4	10.9	9.8
製造（鉄鋼機械他）	4.3	10.9	6.5	4.3
兵役	9.8	31.5	1.1	0.0
その他	7.6	3.3	5.4	1.1
ケース数	92	92	92	92

＜高等教育＞		25歳	30歳	35歳
農林漁業		0.0	5.9	2.9
鉱業建築業		2.9	2.9	2.9
電気運輸		4.4	1.5	4.4
卸売小売飲食		2.9	8.8	8.8
サービス関係		23.5	36.8	39.7
製造（衣食他）		8.8	10.3	14.7
製造（鉄鋼機械他）		14.7	20.6	20.6
兵役		20.6	4.4	0.0
その他		22.1	8.8	5.9
ケース数		68	68	68

＜高等小＞	20歳	25歳	30歳	35歳
農林漁業	29.1	21.9	34.9	35.3
鉱業建築業	1.4	2.7	5.1	4.5
電気運輸	2.4	4.8	5.5	5.8
卸売小売飲食	12.7	6.5	12.7	13.4
サービス関係	6.5	9.9	13.7	14.4
製造（衣食他）	9.9	4.8	10.6	13.4
製造（鉄鋼機械他）	9.9	11.6	8.9	9.6
兵役	14.0	29.5	4.1	0.7
その他	14.0	8.2	4.5	3.1
ケース数	292	292	292	292

表3　従業先産業の推移：1916-20年出生男性、学歴別
資料：SSM55, 65 75の合併データ

農業など）、従業先規模、役職などの指標が使えます。表3では、従業先の産業を取り上げています。渡邉さんの分析では、産業はあまり積極的に扱われていませんが、戦時経済の影響を検討する場合、軍需産業関係の製造業に注目する必要があります。

表3の尋常小卒を見てください。二〇歳、二五歳、三〇歳、三五歳の四つの年齢を取り上げています。ケース数は九二です。二五歳時に注目してください。一九一六年から二〇年生まれですので、二五を足してもらうと一九四〇年から四五年になります。一九一六―二〇年出生の二五歳時は、一九四〇年代前半の戦時期に対応します。尋常小卒の兵役をみますと、三一・五％となっています。三〇歳時を見ますと、一・一％になります。三〇歳時は一九四〇年代後半に対応しますので、終戦後です。兵役はほとんどない。このような分析結果を見て、経歴データが信頼できると判断しています。

製造業のふたつの指標に注目してみましょう。衣食関係の製造業は、二〇歳で一七・三％ですが、二五歳で五・四％になります。一方鉄鋼機械関係の製造業は、二〇歳で四・三％ですが、二五歳で一〇・九％です。この数字の動きから、戦時体制下において繊維産業が縮小され、軍需産業が拡大した

ことが読み取れます。

農林漁業に注目してみましょう。二五歳の二一・七％が三〇歳になると三四・八％に増加しています。兵役が減り、農林漁業が増えたことから敗戦後、復員した尋常小卒は農林漁業で糊口をしのぐ傾向があったことがわかります。また尋常小卒の場合、鉱業建築業も三〇歳から増えています。これは石炭産業です。炭鉱の工夫になる人たちは、尋常小卒だったこともわかります。一九五〇年代に増えている点も明らかです。

高等小卒についても、同じように見てください。二五歳の分布は尋常小卒と似ています。三〇歳で農林漁業が増えることから、兵役から復員して農林漁業に携わる点も同じです。尋常小卒との明らかな差異は鉱業建築業です。また高等小卒のほうが、戦後になって商店やサービス業など従業先産業に多様性があります。

さらに中等教育卒をみましょう。二五歳から三〇歳の数字の動きは尋常小卒や高等小卒とは異なります。二五歳時の兵役は二六・〇％ですが、敗戦後の三〇歳を見ると農林漁業よりもサービス関係、卸売小売飲食関係が増えます。ここでは表を出していませんが、職業をみますと、三〇歳で専門管理事務職が五三・五％、販売職が一三・四％になっています。中等教育卒は、戦後にホワイトカラー職についてチャンスを得た層だといえます。

私が一番関心を持っていたのは、高等教育卒です。高等教育卒には、サンプル数の関係で旧制大学だけではなく、旧制高等専門学校も含めています。二五歳時の兵役は、二〇・六％で他の学歴層よりも低くなっています。この出生コーホートの大半は、学徒出陣より前に兵役についていたと考えられますので学歴差が出ています。三〇歳と三五歳の製造業をみてください。鉄鋼機械関係の製造業は二〇％以上あり、衣食繊維関係の製造業も三五歳で一四・七％に上昇しています。旧制の高学歴層は戦後になって、製造業で仕事を得て復興を支えた点が読み取れます。古舘淳太郎氏は繊維関係でした。また黒河力氏は電気機械関係でしたので分析結果とライフヒストリーが対応しています。一九一六―二〇年出生の高学歴層の八一・〇％が三五歳で専門管理事務職になっています。この分析結果から、私は戦時から戦後にかけて高学歴層の経歴が流動的であったために、戦後になって学歴と職業の安定的な関係が形成されたとの結論を導いています。終身雇用の定着は、その後の現象だと考えています。

戦時体制から敗戦後まで、平等化というよりも、下方への平準化が進行した。一方敗戦からの復興の過程で、学歴別の職業経歴のパターンがはっきりと現れている。この変化に対して不平等が顕在化したとか、不平等社会日本が姿をあらわしたと結論してよいでしょうか。

格差は上昇志向を高めるインセンティブにもなる点にも注目したいと思います。社会的流動性が高い場合、すなわち経歴の中での従業先の移動や地域移動の回数が多い場合、さらに各学歴層で移動回数が多い場合、格差は上昇移動へのインセンティブとして機能すると考えています。

戦時体制へ突入する前にあった不平等は戦時下でシャッフルされたのだが、戦後になって学歴別の格差はまた明瞭になっていた。しかし、社会全体で流動性が高かったために、格差があっても、乗りこえられない壁というよりは、乗り越えられる、すなわち上昇志向の誘因となったと考えています。これが高度成長期の特徴ではないでしょうか。しかし流動性が低下すると格差は乗りこえられない壁として認識されるでしょう。

本書は戦時から戦後に至る日本社会の流動性の高さを描いています。しかし終章の不平等を強調する説明には物足りなさが残りました。この点についてコメントいただければよいと考えています。

六、戦争研究と計量社会学

最後になりますが、戦争研究と計量社会学の関係について、仲良くなれるかという問題を考えます。渡邊さんの貢献というのは非常に大きく、仲良くできる方向を示していただけたと思います。とりわけＳＳＭ調査の一九五五年と六五年のデータは国際的に見てもたいへん貴重なデータです。何か新しいテーマが見つかれば、まだまだ利用できるでしょう。以前に比べると統計ソフトも充実して使いやすくなっています。まだまだ面白い研究ができると思います。

そのためには、事例研究との対話が必要でしょう。私の場合は、先ほど紹介しましたように、できるだけライフヒストリーを探して読んでいます。そしてその一方で、経歴データの分析結果を見て、両者を交流させながら、自分の研究結果の妥当性を判断したり、新しい研究テーマを探したりしております。本を読んで勉強するだけではなく、いろいろとアンテナを張って情報を集めることも大切ですよね。

歴史研究には、膨大な蓄積があります。それらに手を出して読みこなすことができるようになるには、たっぷり時間も必要でしょう。文章も読みにくい。先日の社会学会で歴史学の方から社会学者は古文書を読めるのかといった話が出ていました。戦時中の書物を読むのでさえ大変です。その上に、計量分析の手法を身につけなくてはならないとしますと、研究のための基礎体力をつけるのに、どれだけ時間が必要か。考えると気が遠くなります。渡邉さんは、本書で貴重な一歩を踏み出してくれました。戦争研究と計量社会学の交流について、皆さんからご意見をいただければ嬉しいです。

野上元先生とはこの前の社会学会ではじめてお会いすることができました。「歴史・社会史・生活史」の部会で、戦時体制の女性のライフコースに対する影響に関する計量社会学研究を報告しました。(5) 渡邉さんが使っておられた「職業移動と経歴」調査の女性版を用いた計量分析です。コロナ禍で自粛していましたから、いつもよりも多く本を読むことができました。サンプル数は少ないながらも、一定の成果が出たと思っています。この領域も膨大な歴史研究や資料の蓄積があります。女性のデータを加えて、戦時体制から戦後への変化を説明することは、とても魅力的なテーマですので、より実りある研究をして成果を広く発信できるようになるためには、やはり歴史研究との交流、対話が必要だと実感しております。本書を契機として、戦争社会学と計量社会学の交流が進むことを大いに期待します。

用意しました報告は以上です。ありがとうございました。

注

(1) 成果としては、橋本健二編『戦後日本社会の誕生』(弘文堂、二〇一五年)。

(2) 岩井八郎「戦前期から戦後における高学歴層の流動性と戦後階層システムの形成——SSM調査の再分析から一九四〇年代を読み直す」(日本社会学会編『社会学評論』Vol.69,No.3, 二〇一八年)三五五〜三七二頁。

(3) 沢井実『帝国日本の技術者たち』(吉川弘文館、二〇一五年)。

(4) 岩井八郎「「貫戦的」人生パターンと戦後階層システムの形成——SSM調査の再分析」(『京都大学大学院教育学研究科紀要』第六六号、二〇二〇年)三〇三〜三二四頁。

(5) 岩井八郎「貫戦期と女性のライフコースの変容——「職業移動と職歴(第二回女子調査、一九八三年)」の再分析」(『京都大学大学院教育学研究科紀要』第六七号、二〇二一年)九九—一二二頁。

コメント（野上元）

野上　司会なのに申し訳ありません、私も少し、本当に短い時間でいいのですが、コメントすることを許していただければと思います。

この資料あたりからスタートしてよろしいでしょうか。画面共有します。私が博論を書いているころ、そして博論執筆後も続けて調べていた、ある村での戦争体験者の一覧です。

今回、渡邊先生の本を読ませていただいて感じたのは、全く違う資料群からアプローチしても矛盾しない事実があるということ、自分が調べてきたことと突きあわせて考えることが出来るということに関する感動でした。全く違う手法による他人のデータを見ても違和感がない、なるほどと思えるというのは、歴史研究の醍醐味といえるのではないか。過去の実在を感じられることに関する確かな手応えを覚えるわけですね。

吉田裕先生の本にも言及されていて、高等小学校卒の話なんかも一致するところがあるというお話、そしてさらにそこに渡邊先生がこの本でちょこっと修正を加えるみたいなのもなかなかエキサイティングでした。

一覧表に話を戻しますと、結局論文としてうまくまとめられなかったので、過去の自分の恥をさらすようですが、私は若い頃、二〇年以上ぐらい前に、ある農村で戦争体験の調査をしていました。

その村で何があったかというと、戦後五〇年を記念して一九九五年に戦争体験記の文集を刊行したんですね。村民から原稿を広く集めたのです。私が調査を始めたのは、その文集が出て数年後くらいの時点のことになるのだと思います。文集に書いた五〇人全員に手紙を出して――というのも、書き手の集落がそれぞれの手記には書いてありましたので（更にいえば、生年月日も書いてありました）、番地は書かずとも郵便は届くだろうと思って、そういう乱雑な考えですけれども、同封したアンケートに答えてくれた人でインタビューを快諾してくれた人に話を聞いて回るということをしていました。（これも私の怠惰のせいですが）そのときは、オーケーしてくれた人全員にではなく、五〇人中二〇人ぐらいに会って話を聞いて、またその五年後から一〇年後ぐらい、二〇〇三年と二〇〇六、七年頃に同じ人に話を聞くということをしていました。初回に話を聞けなかった人を埋めていくというよりは、同じ人に会ってもう一度お話を聞くということをしていました。

体験記の文集は、戦争の方面別に、つまり南方・中国・シベリア抑留、あとは本土・沖縄のように分類がなされて作られていたのですけれども、今回、生年月日でソートをかけなおしてみました。そうすると、戦争の方面で作られていた本の秩序が解体され、渡邊先生の本の問題意識に近いものが見えてきました。

つまり、一九九五年に村で出された戦争体験記の執筆者の生年は、その殆どが、一九一六年から二五年の中に入っていたわけです。この世代は、やはり私たちの社会でいうところの戦争体験者と呼ばれる人々の核心部分といえるのではないか、と。

こんなことをいうのは、実は私、この体験記の文集は、その内容も書き手も、一九九五年=戦後五〇年という時代にもう少し拘束されていると思っていたからです。より精確にいえば、かれらこそがザ・戦争体験者たちだ、という見方をそう(=五〇年という区切り自体にはあまり意味が無いと)批判できる、と思っていました。例えば、ここにはこの体験記に書くことなく一九九五年以前に亡くなった体験者の体験は収められていない、とか。「戦後五〇年」という区切りがなんとなくの切りのいい区切りになっており、それがひとり歩きして政治的な意味をもちはじめた、などということは考えていましたけれども、戦後五〇年を期に表に出てきた体験者たちだけが戦争体験者だけではない、という思いは分析を進めるうえでの前提としてむしろ強くありました。

ですが、渡邊本が教えてくれたのは、わたしが会っていたあの人たちこそ、戦争の社会的不平等を負わされた人たちなのだということでした。もちろん、調査した場所は農村で、出稼ぎこそすれ、戦後社会のなかで職を転々とするということはなかったはずだとは思います。

ですので、自分としては、さっきも申し上げましたけれども、自分のやってきたことと結びついていくという感じがこの本の読書体験として鮮やかでした。文集に生年月日が入っていたので今回それができたのですけれども、先ほど申し上げたとおり、私は本のなかの秩序(戦争の方面別)にとらわれていて、つまり、いわば戦争体験の「内容」にばかりとらわれていて、渡邊さんのようには考えなかった。五〇人もしくは二〇人というそれなりの数の対象者を前にしていたのに、何をしていたんだろうと、反省しきりです。

かれらは文章を書き慣れている人たちばかりではないので、

入営の日付から除隊・帰郷までを全部書いている人もいれば、そういうことも書かずにとにかく戦場の体験で一番印象的だったところだけを書いている人もいたわけで、(こういう言い方をしてよければ) データとしては欠損が多く、扱いにくいものでした。だからなのか、私の博論とその後の単著(『戦争体験の社会学』弘文堂、二〇〇六年) ではそれらの手記の内容のある種の「薄さ」「定型性」(を生み出す条件となったもの) に目が行ってしまったのですね……。

それで、ここらでひとつ質問を入れてみたいのですけれども、一九二六年生まれ、記憶では (一覧のなかの) この方だったと思うんですけれども、繰りあげで徴兵された年の人、この人なんかがそうだったと思うんですけれども、この人たちは二五年で切っちゃうとどう扱われるのかなというのは気になりました。

この人の場合、最後の徴兵検査の学年で、戦争体験記も、軍隊の体験、戦闘体験などがあったわけではなくて、徴兵検査がきつかったとか軍事教練がすごくおざなりだったとかいうことが書いてあります。こうした人をどういう意味で戦争体験者と呼ぶべきなのか分からないのですが (呼べないという意味ではなくて)、繰りあげによって、一九二六年生まれが、軍人の体験者、兵隊の体験者にはなっているということ、これは統計の中ではどういうふうに扱われることになるのかなというのが質問としてあります。

話を戻しますと、そのうえで、なんとか聞き取れた戦争体験の内容と、例えば社会的な属性に関する情報を媒介に、なんとか社会学的な問いを立て直すことはできないか、と思わないではいられません。私が扱った文集以外にも、世に数ある戦争体験記の文集、例えば朝日新聞とか大きな新聞社が出しているような戦争体験記の本にも、執筆者の属性が多少載っています。それらを精査してゆけば、いろんな人々の属性情報が付随した戦争体験が比較的大量に集められるかなと思いました。そこは諦めるべきではないのだろうと……。そのあたりの可能性は、どうなのでしょうか。

また、もうひとつ考えていたのは、最初のほうの浜井先生のほうのコメントとも被るのですけれども、戦争という社会現象に対して平等ということを持ち出してくる分析上の意味で、これは岩井先生もおっしゃいましたよね。

平等という問題をどう考えるかということに関しては、この本の中ではすごくアイデアがたっぷりあって、徴兵・戦死・生活などの不平等があって、これらを合わせたものがこの本で問われている「不平等」だろうなと思うのですけれども、それらと、戦争を支えた人々の不平等「感」みたいなものとがどう結びつくのかなというのは多少気になりました。

というのは、私が大学院生になった頃には、戦争がどうして可能だったかという話をするときに、それまでの伝統であればそれだけ軍部がひどかったんだとか騙していたとか、それだけ支配体制による強制が過酷だったんだとかいうようにされていた説明を否定したうえでどう落ちつかせるかを探る雰囲気があったんです。つまり、強制的な「動員」ではなく、自発的な「参加」の側面を見なきゃいけないんだという話がだいぶ出てくるようになり、戦争を能動的に支えた人々の姿を積極的に描いていくべきだという問題意識がありました。そこで鍵となっていたのが人々の平等感、あるいは下降的平等化としての平準化に関する認識だったと思っています。

ですので、ここで明らかになった不平等と、それらに関する当時のリアリティとの関わりはどういうふうに考えたらいいのだろうか、というのが「戦争と社会」の研究に求められてくるのではないかなと思いました。これは渡邊さんだけに聞くよりも私たち全員で考えればいいのかもしれないのですけれども。

例えば、学徒兵の出陣も（下級将校の不足という）一方で不平等感の解消ですよね。あるいは例えば山本五十六の戦死の話。海軍の大将が最前線で死んだんだぞ、というレトリックとして押しつけられた「平等」があった。

今回の本は、戦争における平等・不平等の実態を鮮やかに示してくれたわけですけれども、歴史研究あるいは「戦争と社会」研究、戦争社会学研究と結びつけて、平等感、あるいは平等観どう考えたらいいのかなというのを渡邊先生のほうからの考えとしてももう少し聞かせてほしいなと思いました。

もちろん、渡邊先生が今回の本で平等をテーマとし、その実態にすごく鋭敏になっているのはよくわかります。ただそれは、方法論的にも条件付けられていて、社会統計を扱い、全体社会みたいなものをきちんと置いたうえで社会学的に考える、そういう思考法に立っているからだと思う。そして統計的な手法それ自体が、平等を問うことに有利にできている、そういうセットになっている感じがするんです。ですが問題は、タイトルにあるとおり、「戦争における不平等」ではなく「戦争と不平等」ですよね。

このあたりは、少し意地悪な言い方になるのかもしれないのですが、きちんと考えておかないと、かつて行われた

ＳＳＭ調査に託されていた全体社会に対する想像力を相対化せずに、便利に利用できるから利用してしまえ、というようにみえてしまいかねない。門外漢からすると、そこが気にならなくはありません。

最後にもうひとつ。これもざっくばらんな質問なのですが、膨大な作業というのをやられていると聞きました。とても興味があります。この内幕というんですか、具体的にどんなことをなさっているのかというのを素朴に知りたい（笑）。データの入力や修正作業をどうしているのかということについて少しお話しいただけたらうれしいかなと思いました。

雑な質問ばかり投げかけてしまったのですけれども、私もコメントの時間を頂きました。

戦争研究における計量的方法の可能性（渡邊勉）

はじめに

渡邊勉（以下、渡邊）本日は、拙著『戦争と社会的不平等――アジア・太平洋戦争の計量歴史社会学』（ミネルヴァ書房、二〇二〇年）の合評会を開催していただき、さらに本誌特集で取り上げていただき、誠にありがとうございます。特に、合評会の開催にご尽力いただいた浜井先生をはじめとした関係者の皆様、また本誌に特集という形で掲載の機会を与えていただいた『戦争社会学研究』編集委員会の皆様、そして今回特に評者としてコメントしていただいた、浜井和史先生、岩井八郎先生、そして司会の野上元先生にあらためて御礼申し上げます。

ここでは浜井先生、岩井先生、野上先生の各先生から頂いたコメントについて逐一お答えするのではなく、少しまとまった形でお話しさせていただきたいと思います。

まず本題に入る前に本書出版の際に考えていたことをお話ししたいと思います。今回出版にあたり、内心では恐る恐るという気持ちがありました。私自身は、歴史研究や戦争研究をこれまでおこなってきたわけではないので、専門家の先生方に一刀両断に、見当外れと評価されるのではないかという心配がありました。ただその一方で、戦争研究者の方々にどのように読んでいただけるのかという興味もありました。実は本書を執筆しているとき、念頭にあった読者は、戦争社会学研究会のメンバーの方々であり、また社会階層研究を中心に計量研究、特に歴史的な計量研究をされている方々でした。

それゆえ、今回合評会および本誌特集で取り上げていただけたということは、それだけで本書刊行の目的は達成されたともいえ、また非常に貴重で贅沢な機会をいただけたと思っています。

先生方からいただいたコメントに十分にお答えできるかはわかりませんが、いただいた機会を生かして、本書および私自身が考えてきたことを少しお話していきたいと思います。

一、SSM調査のデータ構造

まず、岩井先生からもご説明がありましたが、あらためて本書の中で中心的に分析したSSM調査についてお話したいと思います。SSM調査は一九五五年から一〇年ごとにおこなわれている社会階層と社会移動（Social Stratification and Social Mobility）に関する大規模な全国調査です。日本で実施されている大規模な社会調査の中では、統計数理研究所の「日本人の国民性調査」、NHK放送文化研究所「「日本人の意識」調査」とならんで、最も古くからおこなわれている継続調査です。SSM調査の目的は、日本の階層構造の解明が中心にありますが、特に世代間移動に代表される階層間関係、階層以外の不平等、階層的不平等に関わる意識などの時代的変化に注目してきました。(1) 具体的に社会階層を構成する属性は、職業や学歴です。

SSM調査において最も重要な変数は、職業です。日本の社会階層の実態を明らかにするために、職業をどのように測定するか、どのように分類するか、どのように分析するかということが常に問われてきたのが階層研究であり、SSM調査研究でした。

それゆえ、職業に就いていない状態というのは近年まであまり問われてこなかったといえます。例えば一九八五年のSSM調査から女性も調査対象になりますが、ここで大きな課題となったのは、専業主婦の階層でした。それまで所得を伴わない労働は、職業として扱われず、それゆえそれまでの社会階層に分類することができなかったからです。通常、階層研究では、無職、学生、兵役といった属性は、欠損値処理されることが大半でした。一九九五年までの調査では、そもそも無職は、男性の職歴データにほとんどあらわれてきませんでした。そのため職歴の分析においては、計量的な検討が難しく無視されてきたといえます。私自身も、それまで一九九五年のSSM調査に参加して以来職歴分析をしてきましたが、職業に就いていない状態は、欠損値としてほとんど無視してきました。

私が、本書の研究をはじめようとしたきっかけは、このこれまでほとんど無視されてきたデータを再発見したことでした。せっかくデータがあるのだから、使わない手はないと考えたこともありますが、一番大きな理由は、先ほど岩井先生がお話しくださったように、古いコホートを分析しようとすると徴兵期間というものが職歴の間に入ってくることを無視できないということでした。職業経歴は連続的に職業が連なっており、前の時点の職業が次の時点の職業へとつながっています。しかし徴兵というのは、そうした連続的な職業の連鎖の断絶を意味します。そのため徴兵された場合とされなかった場合では、異なる職業経歴をたどることになります。そのことに気づいたとき、この研究がはじまりました。

そのため、実は研究の当初は戦争自体に関心があったのではなくて、職歴研究をおこなっていくなかで過去にさかのぼっていったら兵役の問題に遭遇したのでした。

少しここでSSM調査の職歴票について説明させてください。

なぜ一九五五年以降の調査データで戦争のことがわかるのかというと、SSM調査が過去の職歴を質問しているからです。

SSM調査ではさまざまな質問文がありますが、その中で職歴に関する質問の主な項目は職業と従業先に関する情報です。職業や従業先の変化の年齢をあわせて尋ねることで、職業の時系列的な変化を記述することができます。

職歴データとは、学校を卒業してから、調査時点までの職業や従業先の変化をすべて記録したものです。例えば一九五五年に五〇歳だった尋常小学校卒の人であれば、一二歳のときつまり一九一七年から一九五五年までの職業経歴を収集することになります。

職歴の質問形式は、一九五五年からほぼ同じです。SSM調査は伝統芸能だという言われ方もするのですが、それは過去の質問の仕方、調査の仕方をあくまでも踏襲していくことにあります。踏襲することで、時点間比較することができます。ただ、細かい点では各回の調査で異なっていて、選択肢や項目が、若干ずれていたりします。そのため比較するためには、それを分析者が後で統一していく必要があります。

職業を尋ねる項目は、従業上の地位、従業先（産業、企業規模）、仕事の内容（職業）、役職が基本的な項目になっています（これ以外の項目を尋ねている調査回もあります）。職歴の中

ID	1段目	2段目	3段目	4段目	…	22段目
1	○	○			…	
2	○				…	
3	○	○	○	○	…	
4	○	○			…	
5	○	○	○	○	…	○

図1　SSM調査の職歴データ

ID	1段目	2段目	3段目
1			
2			
3			
4			
5			

ID	20歳	21歳	22歳	23歳
1				
2				
3				
4				
5				

図2　パーソン・イヤー・データへの変換

でこのうちひとつでも変化すると、新しい職歴票に新しい情報を書き加えていきます。このように、変化があるたびに新しい職歴票を加えていくという形で、情報を収集していきます。一枚一枚の職歴票のことをSSM調査では職歴段と呼んでいます。

段数は、対象者によって異なります。例えば二〇一五年のSSM調査であれば一番多い人で二二段です。二一回の転職や仕事変化、昇進などがあったということになります。そして一番少ない人は〇段（学生や一度も働いたことのない人）ですので、段数のバラエティは、〇から二二まであるのです。

そのため、当初のデータ（公開されているデータ）は図1のように例示することができます。二〇一五年までを含めると、SSM調査全体では、約三万人のデータがあります。図2のID1のサンプルは2段、2のサンプルは1段というように、バラバラになっています。データ分析において、このようにサンプルによって長さの異なるデータは、非常に分析しにくいのです。そこで、まずデータ長をそろえるというところから職歴データの分析は始まります。そのため、分析前のデータ整備のための作業に非常に時間がかかります。

具体的にどのようにデータ整備をしているかというと、職

ID	20歳	21歳	22歳	23歳
1				
2				
3				
4				
5				

ID	年齢	職業	役職	地位
1	20			
1	21			
1	22			
1	23			
1	24			

図3　ワイドデータとロングデータ

歴段の情報から全員について、二〇歳のとき、二一歳のとき、二二歳のときというように、各年齢時の職業をデータ化していきます。実際には、七歳から働いている人がいるので、七歳から七〇歳までの職歴のデータに書き換えます。このデータをパーソン・ピリオド・データとかパーソン・イヤー・データといいます（図2）。

　そうすると、二〇歳のときの職業、二一歳のときの職業というような形ですべての人を比較することができます。ID1とID2とID3で二二歳のときにどういう職業に就いていたのかということが分かるというわけです。

　実際に分析する際には、最初はこの二〇歳、二一歳、二二歳、二三歳とそれぞれの人に対してデータが横に並ぶデータから分析をはじめます。このようなデータをワイドデータといいます。

　それに対して縦にデータを並べる形式のデータがあります。まずID1サンプルの二〇歳、二一歳、二二歳、二三歳、次にID2の二〇歳、二一歳、二二歳というようにデータを並べます。こうしたデータをロングデータと呼びます（図3）。

　この辺はテクニカルな話なので、ここではあまり重要ではありません。ただ本書において、ほとんどこうしたデータの具体的な中身について書かなかったので、データ分析を普段されない方には何のことかわからず、ブラックボックスになってしまったのではないかと、後で反省したので、あえて説明させてもらいました。本書の中でも書きましたが、ここまでの作業で結局一年くらいはかかりました。

　このようにデータの形式を変えると、ワイドデータの場合は個々の職業経歴のまとまりを見ることができるというメリットがあります。例えば本書の九章の職業軍人の系列分析は、ワイドデータによって分析しています。また、この人が二〇歳のときに何をやったら、その後、二三歳のときには何をやっているのかみたいな比較がしたいというときにはワイドデータで分析します。

ロングデータの場合は、データが縦に並んでいるので、例えば、年齢と職業のクロス集計表を作成すると、各年齢別の職業分布がわかります。さらに年齢別、時代別の転職率や徴兵率も容易に計算することができます。

さらに、本書の中でおこなった離散時間ロジットモデル（兵役の就きやすさや死亡リスクなどの分析）では、ロングデータを利用することになります。

二、『戦争と社会的不平等』の分析方針とこれからの課題

本書を執筆する上で、こだわった点はふたつありました。第一に、社会調査データの分析にこだわるということです。(2) 中でも職業経歴の分析をおこなうことにこだわりました。これまでも計量歴史社会学において職業経歴を扱った研究はありましたが、(3) 戦争に焦点をあてるという研究は少なかったので、どこまでできるのかを見極めてみたいと思っていました。

第二に、不平等という視点による分析をおこなうということです。ひとまず社会階層という枠組みの中で、階層差が見いだせるのかという一点に絞って分析したら何が見えてくるのかを確かめたいと思っていました。その動機のひとつは、これまで戦争研究において例えば徴兵の不平等は指摘されていましたが、データを示した研究はほとんどないだろうと思った点にあります。そのため後でも触れますが、やや単純な分析方針をとりました。

また野上さんからいただいた、「かつて行われたＳＳＭ調査に託されていた全体社会に対する想像力を相対化せずに、便利に利用できるから利用してしまえ、というようにみえてしまいかねない」とのご指摘には、単純な分析方針から確かにそういう面はあったように思います。ただ逆にこのような意見をいただくことができたということにこそ、この研究の意義があったのではないかとも思っています。そして私自身は、利用できるのだからまずは利用してみて何がわかるのか、まずは発掘したいという思いがありました。あるならやってみて、その後で反省してもいいのではないか。ＳＳＭ調査を不平等という枠組みで戦争研究に使ってみたことで、まずは野上さんのような戦争研究の第一線で活躍されている研究者の方に、認知してもらえたということ、さらに自分自身にとっては何がわかって何が足りないのかが見えてきたということは、私にとっては貴重であったと思います。実際にやってみないと指摘いただくこともできないし、わからなかった

ことです。

ところで本書を出版し終えた後、あらためて自分の研究を振り返ってみたとき、本書ではいくつかの部分で不十分だと感じています。それは、階層研究者である私が、戦争研究に踏み込んで分析したことで、はじめて考え見えてきた課題でした。そして私自身にとっては今後の研究を考えていく上での大事な気づきでした。

第一に、本書の分析の枠組みが戦後の階層研究や階層論の枠組みであったということです。本研究が社会階層研究の延長線上において研究を始めたことで、無反省に戦後の社会階層論の枠組みの中で議論しています。一貫して不平等や格差という観点にこだわったとしても、戦後の社会階層研究の枠組みでよかったのかは反省すべき点です。これについては、浜井先生が成田龍一を引用してご指摘いただいている点とつながるように思います。つまり「戦後に歴史として語られてきたことを、その語られ方を含めて再検証しなければならない」。こうした問題意識は、計量研究においてもあてはまります。

例えばそのひとつが、カテゴリーの問題でした。野上さんから一九二六年生まれについてのご質問がありました。野上さんのように実際に聞き取りをさせている方からすると、一九二五年生まれと一九二六年生まれを分割するというのは、徴兵という問題の背景を無視しているように見えてしまうと思います。確かに、今から振り返ると安易なコホートの設定であったと思います。

ただ少しだけ言い訳すると、調査データの計量分析においてコホートの分割の仕方は、実は非常に難しく悩ましいと思っています。どのように分割するかによって結果が変わることもあります。今回の分析でのコホートのカテゴリーは、単純にSSM調査の実施時期との関連で決まっています。しかし徴集という問題を扱うのであれば、一九二六年生まれは一九二五年生まれと同じカテゴリーで分析したほうが明らかに正しいと思います。またそれとは別に例えば戦中派、戦後派といった分け方も可能かと思います。この点は今後の課題として考えたいと思います。

さらに、一九二六年生まれ以降のサンプルについては、本書の分析では排除している分析があります（例えば本書四二ページの表一-八）。実際には、一九二七年生まれ、一九二八年生まれなどで兵役経験ありと回答している人もいます。これらの人は志願兵なのかもしれません。

このように課題はあるのですが、他方で生年コホートについて、厳密にカテゴリーを考える必要はないという考え方もできます。それは、ＳＳＭ調査が生年を尋ねるのではなく年齢を尋ねている調査だからです。調査年と年齢から生年を求めているので、誕生日前に調査を受けた人と誕生日直後に調査を受けた人では、生年が一年ずれてしまいます。また回答者が満年齢ではなく、もしかしたら数え年で答えている可能性もあるかもしれません。つまり一方で一九二六年生まれをきちんと分析することは大事なのですが、他方でそこまで生年が正確ではない可能性があることを念頭に置く必要もあるのです。

さてカテゴリーの問題の中で一番悩んだのは、職業分類でした。(4) 本書の中では五カテゴリー（上層ホワイトカラー、下層ホワイトカラー、上層ブルーカラー、下層ブルーカラー、農業）を採用した分析が多いのですが、それが最適なのかどうかは、自信があるわけではありません。別の分類もありうるのではないかとも思っています。なぜ今回五カテゴリーが多いかというと、単純にサンプル数の問題です。つまり日本の階層論の枠を維持しつつ、多変量解析に耐えうるカテゴリー数を選んだということであり、実は明確な理論的な背景があるわけではないのです。

今回の場合は、こうした分類で分析したらどういうことが分かるのかという、ある種試行錯誤的な分析をしている部分があり、サンプル数と分析の制約の中で何を明らかにできるのかということを考えていました。(5)

また岩井先生に産業についてご指摘いただきましたが、本書では第二章で取り上げています。しかし詳細な議論は十分にできていません。例えば経済史の分野では、産業は重要な変数です。また戦争研究においても戦時期のことを考えると、産業を無視することはできません。(6) このときに産業をどのように分類するかは難しい問題であり、今後の課題です。

もうひとつ問題があります。それは格差や不平等というものを単純に図式化していたということです。

岩井先生から「不平等社会日本が姿をあらわしたと結論してよいでしょうか」との問題提起をいただきました。岩井先生は、戦時体制から敗戦後までの下方化への平準化と、その後の学歴の違いによる職歴パターンの違いを発見されています。特に「戦時から戦後にかけて高学歴層の経歴が流動的であったために、戦後になって学歴と職業の安定的な関係が形成された」と述べられています。そして高度経済成長期の特徴として、社会的流動性が高かったため、格差があったとしても壁とは考えられなかったと結論づけられています。

本書では、流動性をどのように考えるか、またその流動性が人々にどのように見えているのかについては、意識しておらず深く考えませんでした。その理由を考えると、格差や不平等というものを職歴における人びとの移動によってのみ議論しているからだと思います。かなり単純化して現象を捉えようとしており、不平等があったのか、なかったのかといった、二者択一のような議論になってしまっている部分もあったのだと思います。

しかし本書の構造、意図をわかりやすく示すために、意図的に単純に議論を組み立てた部分があります。SSM調査の職歴データは複雑かつ大量の情報を持っていることからさまざまな事実を明らかにすることができます。そのため、計量分析の結果いろいろなことがわかったという結論になりかねないと思いました。そこで単純かもしれないですが、わかりやすい構図のものでデータを示すことで、複雑なデータを整理することを優先しました。そこであえて階層論の枠組みを固辞することで、格差や不平等を論じるという姿勢をとりました。

第二の課題として、個人のデータの単純な集積で社会を描くことがどこまでできるのかという課題があります。社会調査データの分析とは、大抵の場合個人の行動や意識を分析しています。その範囲で分析している限りは、例えば戦時における政治や経済、社会の実態や変化はわかりません。本書がおこなっていることは、個人の意識や行動の分析から、個々人の行動、意識の原因あるいは結果としての社会の変化、戦争の影響を類推するということです。戦前・戦中・戦後の社会の変化、制度の変化を個人の行動の集積から類推するしかないというのが、社会調査データの分析の特徴なのです。類推するためには、データの外側にある情報を活用する必要があります。しかし今回の分析では、十分に考慮できておらず、もっと広い視野から分析、解釈することが必要だったのだろうと思います(7)。

例えば本書の分析では、戦後の農業の分析について農地改革あるいは財閥の解体に関して、ほとんど言及できませんでした。当然ながら戦後の職業経歴を分析するのであれば、そういうところも踏まえるべきだったと思います。

ところで計量研究をおこなう研究者が陥りやすい陥穽のひとつとして、データの中で議論が閉じてしまうことがあります。例えば階層研究の中にはかつてＳＳＭ至上主義と言われるような、ＳＳＭ調査データでのみで社会を語る研究が多かったと思います。それはＳＳＭ調査しか分析できるデータが存在しなかったからという理由があります。しかし最近では分析可能なデータも多くなり、さまざまなデータを並行して見ていく必要があると考えられるようになってきました。

ただその一方で、現実問題として複数のデータを同時に分析するのは難しい。ＳＳＭ調査データの分析だけでも難しいのに、他のデータも考慮するなどとてもできないというのも事実としてあります。

本書の場合ふたつのデータを利用していますが、基本的にはＳＳＭ調査を中心に分析しています。これはあえてそうしているところがありました。戦争に関した計量分析が岩井先生の研究など一部を除けばこれまでほとんどおこなわれてきていないのだから、今後の研究の踏み台としてまずはＳＳＭ調査でどこまでできるのかを示したいという思いがありました。またそもそも戦時期について分析できるデータがないのだから、ＳＳＭ調査データだけで分析するしかないとも考えていました。しかし後で振り返ってみると、データの中で議論が閉じてしまったという反省があります。そのため平板な解釈になりやすく、その点は今後の課題だろうと考えています。

ただこうした課題をクリアしていくためには、自分ひとりでは難しいと考えています。後でお話したいのですが、今後は共同研究が必要になってくるのではないかと考えています。

第三の課題として、戦前と戦後を同じ枠組みで、連続的なものとして扱ったという課題があります。本書は、戦前と戦後を連続的に、戦後の階層論の枠組みで研究しようとしつつ、職歴を一貫したものとして切れ目なく捉えようとしました。それはいわゆる「貫戦的」といえるかもしれません。そもそもデータが職業経歴という連続的なものであることから、戦前、戦中、戦後を同じ枠組みで分析せざるを得ないというところがあります。もしかしたらこの点が本書の最大の強みだったのかもしれません。ただ単純に連続性を前提にしてよかったのかは、今後検討しなければならないと思っています。少なくとも制度は大きく変化したのだから、その制度変化を考慮した職歴の分析が必要なのではないかと思っています。

また戦中から戦後への連続、不連続といったときに、どの時代からどの時代までを分析の範疇に含めるかということも問題となります。戦前についてはデータの制約上一九二〇年代までしか遡れませんが、戦後は検討の余地が残っています。

浜井先生の『海外戦没者の戦後史――遺骨収集と慰霊』では、一九五〇年代というのは遺骨収集の場合であればひとつの区切りだと指摘されています。戦争の影響という観点から考えたとき、一九五〇年代がひとつの転換点だとすると、一九五〇年代をもう少し深く分析してみる必要があるでしょう。

しかし本書では、ほとんどが一九五五年までの分析となっています。それは一九五五年のSSM調査データを分析に含めるためでした。SSM調査全体の中で一九五五年の調査対象者が最も徴兵されている人が多いのです。一九五六年以降の分析をする場合、一九六五年以降のSSM調査データを分析するしかなく、一九五五年データの徴兵経験者は分析できません。そのため本書では、一九五〇年代後半、六〇年代以降についてはほぼ分析していないのです。

本書は地域移動を扱った第七章、第八章を除くと、一九四〇年代後半から五〇年代前半ぐらいまでの時代で議論が終わっています。そのため、岩井先生のお話にあった、上昇志向の誘因、格差は乗りこえられない壁と認識されるという点に関しては、本書の分析では十分にできていません。最も大きな理由は、学歴と職業の間の関係について、詳細な分析ができていないということだと思いますが、加えて一九五〇年代前半までの職歴に焦点が当たっており、その後の高度経済成長期の職歴が分析されていないことにあります。

さらに戦後の職歴について本書では主として第三章で取り上げたのですが、実は当初から不十分な分析だと認識していました。最後まで徴兵経験者と未経験者の戦後の職歴の違いをどのような指標で表せばいいのか、いいアイデアが浮かびませんでした。第三章は、転職率や職業威信スコアといった連続量によって比較しています。ただそれだけでは十分ではなく、カテゴリカルな職業分類から違いを記述した方が、イメージしやすいし、違いも分かりやすいのではないかと思っていました。しかし、その方法が思いつかず、本書ではできなかった部分でした。

三、社会調査データの計量分析でできること

今回、あくまで計量分析にこだわって分析をおこなったわけですが、こうした計量分析から分かることの中で特に重要な点は、おそらくふたつあると思っています。第一に分布がわかるということ、第二に平均がわかるということです。つまり、平均と分散ということです。この二点は計量分析なら

ではの利点だと思います。

分布がわかるというのは、例えば終戦後の職業分布や戦前、戦中、戦後の階層帰属意識の分布といったものがあげられます。これらは計量的にしか求められません。戦前と戦後の分布を比較して、どのように違うのかを検討することができます。次に平均ですが、徴兵率や死亡率は比率ですが、これは一種の平均です。徴兵の平均年齢などもあるでしょう。平均は、比較を可能にします。上層ホワイトカラーと下層ホワイトカラーで徴兵率はどのくらい違うのか、徴兵経験者と未経験者で戦後の失業率はどのくらい違うのかといったことを計量分析によって明らかにすることができます。

計量分析によって、平均や分散を知ることができるということは、大きなメリットです。しかし常に注意しておかなければならないのは、そもそもデータは、客観的なのかということです。浜井先生には、統計データの分析について「より確度の高い歴史を描くための道しるべ」になると言っていただきました。ただ浜井先生もおっしゃるように「社会調査データは必ずしも完全なものではな」いと私自身も考えています。野上さんが指摘されているように、そもそもSSM調査データのサンプルは戦時中、戦前の日本人を代表しているのかは常に反省的でなければならないと思っています[8]。

ただ計量分析は、これまで膨大な蓄積のある歴史研究のアプローチとは違うアプローチです。計量分析という分析手法の枠組みの中から、戦争をめぐる問題を分析するというのは、これまでとは別の視点を見いだすという意味において、ある程度の価値があると思っています。

ところで今回不平等をテーマとした一番大きな理由は、戦争が平等化をつくりだすという従来の知見に対する違和感でした。さらにこの研究のきっかけが社会階層論における職歴研究の延長線上にあったこともあります。また計量分析のメリットを生かすためには、不平等という視座が有効だと考えたためでもありました。

平均と分散という特徴は、確かに計量分析でしかできないことだと思いますが、だからといって計量分析は、質的分析とは異なる特殊な分析手法だとは思っていません。図4は、分析の流れを図式化したものですが、計量分析は、データがあってそれを計量的な方法で分析します。ここまでは分析パートで、そこから解釈をしていく必要があります[9]。先に述べたように、SSM調査の計量分析では個人を分析しているのであって、その結果を社会とつなげていくためには解釈が

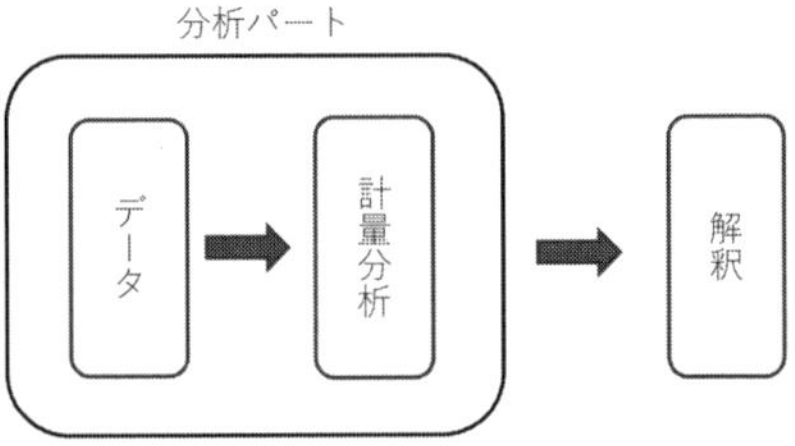

図4　分析の手順

必要になります。この図の計量分析の部分に、質的分析を入れると、質的研究になるのだと思います。つまり質的データの分析でも基本的に研究の流れは同じだろうと考えています。

　当たり前のことですが、量的データの分析であれ、質的データの分析であれ、データに含まれる情報でしか分析できないわけです。そして計量分析であれ質的分析であれ、データから分かることというのは社会や個人のごく一部にすぎないと考えられます。

　こうしたごく一部の情報だけでは、戦争のことはわかりません。そこから戦争を描いていくためには解釈によって補完するしかありません。ＳＳＭ調査データのような場合であれば、戦争研究のための調査ではないので、かなりの部分は解釈によって補完しなければ研究が成立しないと思います[10]。

　このように考えると、文書、公的資料、証言記録といった質的データを読みこんで、そこから行間を解釈していくという作業と、計量分析によってデータを記述し、因果分析していくという作業はそれほど大きく違わないと思うのです。もちろん計量分析は数学的に厳密なので、確かな事実を示すというように思われるかもしれないとは思います。しかし結局のところ、計量分析の結果というのは解釈のためのひとつの手掛かりを与えてくれるにすぎないのではないかと思うのです。

　つまり社会調査のデータは数あるデータのひとつに過ぎないと言えます。それゆえ、文書や資料を分析するときに、その出所や背景を考慮するように、社会調査データの分析においても、データの出所を注視する必要があるのです。今回利用したデータは、戦後におこなわれた調査データです。さらに回顧データです。当然、野上さんが指摘された代表性やサンプリングについては、社会調査データを分析する場合は常に念頭に入れておくべきです。特に本書のようなデータの利用の仕方をする場合は、データの代表性やバイアスを頭に入れておく必要があります[11]。

　しかし実際は、ＳＳＭ調査データの代表性に問題があるのか、バイアスがあるのかは、わかりません。比較することのできるデータがないためです。特に戦時期については、比較できるデータがないため、現状では確認のしようがないんです。そのため、逆に開きなおって、このデータだけで分析するしかありません。

例えば第五章「生活水準の不平等」では、一九五五年時には生活水準では戦前水準に戻っているとしても、意識レベルではまだ戻っていないことを明らかにしました。しかしこれは実は、データがゆがんでいるからと解釈することもできます。要するに回顧データなので、過去がよく見えてしまうという可能性もあるのです。しかしそれはあくまで仮説の域を出ませんし、確かめようがありません。

SSM調査データにはどのようなゆがみがあるのか、回顧データであるが故のデータの不正確さについてどこまで言えるかというと、よく分かりません。何が正しいかはよく分からないので、気になる部分についてはできるだけ他のデータソースから補強していくという作業しかありません。

戦後であればデータがあるので、今後はそうしたデータを通じて、複線的な研究をおこなっていくことが重要だと思います。私自身、本書刊行後、別のデータセットで視点を変えた分析をおこなっています。例えば貧困の形成（静岡）調査によって戦災母子家庭の分析をおこなう、あるいは京浜工業地帯調査によって引揚者の分析をおこなうということをしています。このように異なるデータで異なる視点から分析することによって補強できるかどうかということを確認していくことが必要だと考えています。

一方で、計量分析というのは非常に分析の精緻化が進んでいて、因果推論やベイズ統計などさまざまな分析手法が利用され、できるだけ因果関係を厳密に特定していくという作業が最近注目されています。しかし私は、分析パートの部分を精緻化しているだけでは、戦争研究さらには歴史研究全般において、新たな貢献ができるかというと懐疑的です。

さらに言えば、社会調査の精緻化も近年大きく進展していて、因果関係を特定するためにランダム化比較実験のような方法が注目されています。しかし歴史研究ではそもそも不可能です。このように考えると、計量で歴史事象を分析するということは、分析を精緻にやっていくということではないのではないかと思っています。

ではどのような方法がいいのかと考えてみたとき、私はクロス集計表などの単純な分析の積み重ねが大事だと思います。こうした単純な分析によって、何がわかるか、何が言えるかをまずは地道に丹念に明らかにしていくことが大事だと思います。複雑な多変量解析を積み重ねていっても、厳密な因果を特定することは戦争研究では難しいのではないかと思います。多変量解析は、変数間の関連を精緻に検討するための確認作業として、私は使っていました。

さらに、計量分析のデメリットについても考えておきたいと思います。計量分析は平均と分散が大事だという話をしましたが、外れ値というものを無視する分析になってしまうことが多いのです。戦争研究においては、社会全体が戦争によってどのように変化したのか、影響を受けたのかという研究がある一方で、外れ値に焦点を当てる研究も極めて重要だと思います。戦地での経験、引揚経験、空襲経験といった経験は、多様であるし、ほとんどの人が経験しないような経験をされた方もいると思います。また政治家、経済人、文化人など社会に大きな影響を与えた人たちがいます。計量分析では、そうした人びとに目を向けて見えてくる戦争の実態というものは、掬い取れません。

四、計量分析の展開可能性

計量分析では、具体的な事例を取り上げることは、ほとんどありません。しかしだからなくてもいいという話ではありません。岩井先生の論考にありますように、計量分析をおこなう際に、具体的な事例を参照していくことはとても重要だと思います。しかし一方で岩井先生がされているように丁寧に事例を追っている研究者は少ないように思います。それゆえ、岩井先生のされている研究のプロセスというのは、ひとつの理想とすべき計量分析の形だと思います。

自分自身の研究を振り返ると、分析を進めていくために具体的事例を考えたことはあまりありませんでした。もちろん計量分析の結果が見当外れでないかどうかを確かめようと思い、本書の場合であれば例えば、『私の履歴書』（日本経済新聞社）や『日本陸海軍総合事典』（秦郁彦編、東京大学出版会、二〇一五年）などから徴兵経験者の経歴を調べたことはありました。しかし個々のサンプルについて丁寧には見ることをしてきませんでした。

もともと歴史研究や戦争研究において計量分析はこれまでほとんどなく、事例研究が中心的におこなわれてきたかと思います。そのため計量分析をおこなっていくためには、事例を追っていく、事例を知ることから始めざるを得ません。事例からわかること、わからないことは何なのかという問題意識が計量分析においては大事だと思います。
例えば階層研究であればほぼすべてが計量分析であり、膨大な研究の蓄積により領域が確立しています。それゆえ計量を前提として研究が成立します。その中で精緻な研究をすることが目指されています。しかし戦争研究においては計量による先行研究がほとんどないので、事例から始める必要があります。事例研究や文書資料を読みこんだ研究を参照することから出発します。それゆえ必然的に計量研究と事例研究というのは、相互補完していくことが求められるのだと思います。

このように戦争研究において、異質ともいえる計量分析の方法によって今後何ができるのかと考えたとき、三つの可能性を考えることができると思います。

第一に、データの発掘や構築の可能性があります。社会調査のデータについていえば、ＳＳＭ調査がそうですし、前述した貧困層の形成調査や京浜工業地帯調査など複数のデータがあるので、そのようなデータを利用することで、分析の可能性は広がっていると思います。どの調査も戦争をテーマにした調査ではありません。しかし戦争という観点から調査票を見ると、戦争をテーマにした新たな分析ができるのです。ＳＳＭ調査がまさにそうであるように、まだ分析されていないデータセットがあるのではないかと思うのです。

第二に、新たにデータ化していくという可能性があります。こちらも可能性はかなり広がっていると考えています。[12]

例えば、厚生省が一九五六年に引揚者在外事実調査という調査をおこなっています。引揚者に対する全数調査です。引揚前の居住地や職業、引揚に関する情報、引揚後の職業、家族構成などの情報が含まれています。この調査の原票は一部の県で閲覧することができます。例えば、大阪府の調査票は閲覧可能です。このような調査票やデータはまだ埋もれているのではないかと思います。そうした資料を発掘し、データ化していくことで計量分析の可能性を拡げることが可能です。

第三に、第二の可能性と重なりますが、質的データの計量分析の可能性があります。戦争研究において質的データは大量に蓄積されているはずです。そうした質的データをデジタル化することで、これまでとは異なる観点から分析してみることが可能となるはずです。浜井先生が、膨大な資料をどう分析するかというお話がありましたが、ひとつの可能性として計量的な分析があると思います。

野上さんからご質問いただいたことと関わりますが、本書の分析をしているとき、途中から、戦時期や戦後混乱期の庶民の感覚、当時の戦争のリアリティ、不平等感といった、戦時期の人々の心理、感情がとても気になっていました。本書では職業経歴を中心におこなっているので、人々の行動に注目しています。しかし、次第にそれだけでは不十分だと考えるようになってきました。第五章の生活水準の不平等は、階層帰属意識をテーマとしていますが、これは、職業経歴だけでは不十分だという反省から生まれた研究でした。しかし、これだけでは不十分であることは明らかです。さらに当時の人々の平等感、公平感、怒りや喜びといった感情までも含めていくことで、当時の状況と戦争の影響が見えてくるのではないかと思っています。この点も本書で戦争研究をするようになってはじめて気づいたことでした。現代を対象にした分析の場合、時代の雰囲気、人々の考えていることというものをわかった気になって分析しています。しかし歴史的な分析をおこなう場合は、それができません。

この点に関して社会調査データでは限界がありますので、別の選択肢として考えられるひとつの研究例として、証言や日記を題材とした研究が考えられます。計量分析という観点からであれば、テキストマイニングの方法でアプローチすることができます。例えば、大量の日記をデータ化し、それを分析することによって当時の人々の意識の分布や特徴が抽出できるのではないかと思います。

ここで注意しておきたいことは、先ほども述べたように計量分析はあくまでもひとつの分析の可能性に過ぎないということです。計量分析の方法にはさまざまな手法がありますが、基本は数え上げることです。それゆえできることとできないことがあります。計量分析でできることとわかることを見極めて、その利点を生かして利用することが求められるでしょう。

このような計量分析の可能性を広げるためには、量的研究と質的研究が協同して研究していくことが必要になると思います。戦争研究には、先ほど述べましたようにこれまで膨大な質的研究の蓄積があります。その蓄積を踏まえつつ、計量研究において何ができるかを考えていくということが大事になると思います。しかし現実には、膨大な研究蓄積を踏まえた上で計量研究をひとりの研究者がおこなうことは、かなり困難を極めます。それゆえこれからは分業していくことが必要でないかと思います。その中で重要となるのは、質的研究、量的研究がそれぞれ何ができて何ができないのかを見極めていくことです。そのためには対話しかないと思います。量的研究をおこなう研究者は質的研究がよくわからず、質的研究をおこなう研究者は量的研究がよくわからないということがあると思います。それゆえ実はそれぞれの研究において何が課題なのかがわからない。同じ対象を研究しているにもかかわらず、問題が共有されていないのではないかと思うのです。

同時に、役割をはっきりさせるのもいいと思います。計量研究をこれまでおこなってきた私が、質的研究をしようとしてもうまくできるわけがありません。また質的研究をこれまでおこなってきた研究者の方が、これから計量分析をおこなうのも多大なコストがかかります。

ここで少しだけ自分の最近の研究を紹介したいと思います。戦争研究ではないのですが、戦前の高学歴ホワイトカラーの職歴分析を、最近はじめました。この研究は経済史と経営史の研究者との共同研究です。現在は、神戸高商の『学校一覧』という同窓会の名簿から職歴データを作成し、分析しようと考えています。職歴データの分析については私が分析担当ですが、『同窓会報』の中にあるライフヒストリーの質的分析、あるいは戦前の学歴や経済、労働の歴史的背景については、共同研究者にお願いしています。このように分業することによって、何か新しい知見が得られるのではないかと期待しています。

戦争研究もまた、このように共同で研究できる可能性があると思っています。一方例えば、社会階層研究の最前線においては質的研究と量的研究の研究者が協同して研究するというのはかなり難しいと思います。計量分析がますます複雑化、高度化していることで、質的研究との隔たりは大きいのです。それに対して戦争研究というのは、まだそこまで分析が複雑化、高度化していないし、またその必要もないので、量的研究者と質的研究者が共同していくことが可能だと思います。

五、本書が取り残した研究対象

本書で分析できていない、あるいは十分に分析できていない分析対象について、少しまとめてみたいと思います。

第一に復員者が挙げられます。本書ではＳＳＭ調査を利用して復員者の分析をおこないました。ただ引揚前地がわかりませんので、外地からの復員なのか内地からの復員なのかがわかりません。徴兵経験の影響を考えるとき、徴兵時にどこで何をしていたのかは極めて重要です。しかしＳＳＭ調査にはその情報がありません。職業移動と経歴調査も京浜工業地帯調査も復員者の分析が可能ですが、ＳＳＭ調査と同様、どこから復員してきたのかはわかりません。しかし出身地、徴兵前の居住地は分かるので、そこからどの部隊に配属されたのかを類推し、さらにどの戦地にいって帰ってきたのかが特定できるかもしれません。

第二に引揚者が挙げられます。ＳＳＭ調査には居住歴の情報がないので、引揚者の分析はできません。職業移動と経歴調査と京浜工業地帯調査では、居住歴があるので引揚者を特定することができます。ただ職業移動と経歴調査は一九八三年の実施なので、そもそも引揚者のサンプルが少なく計量的な分析が難しい。それに対して京浜工業地帯調査はサンプル数が多いので、引揚者の分析は計量的に分析することができます。しかも引揚前の地域もわかるデータとなっています。復員者については復員前地はわからないのですが、引揚者については わかるので、どこから外地に行きそしていつどこへ帰ってきたのかがわかるデータになっています。

第三に地域の分析です。沖縄、広島、長崎、東京といった特定地域の分析を、社会調査データから分析できる可能性があるかと思います。沖縄については、ＳＳＭ調査で出身地から沖縄出身者について分析しようと考えたことがありました。しかし一九四五年以前に出生した者だけだとかなり人数が少なく、分析を断念しました。同じように広島や長崎についても分析は可能かもしれませんが、こちらもデータ数の問題があります。実際に原爆投下時に広島や長崎にいたのかどうかは、ＳＳＭ調査ではわからないという問題もあります。

ただ、京浜工業地帯調査に関しては地域分析が可能かもしれません。居住歴をたどることで、東京と横浜の空襲の影響を分析することができます。他にも可能性はあるかもしれません。どのような可能性があるのかを探すこと自体が非常に面白い作業だと思います。

第四に女性に関する分析です。ＳＳＭ調査は一九八五年調査以降に女性票があります。また職業移動と経歴調査については女性票があります。さらに京浜工業地帯調査でも一五〇〇名以上の女性が回答しています。さらに貧困層の形成調査から母子家庭を分析することもできます。こうしたデータを組み合わせることで、女性の戦前、戦中、戦後の職歴や生活を多面的に明らかにすることができると思います。

第五に、浜井先生からご指摘いただきましたが、朝鮮籍や台湾籍の人の分析は必要です。しかし、現時点ではデータが存在しないため残念ながら不可能です。

さらに、浜井先生にご指摘していただいた軍人軍属ないしその遺族についても、不平等という観点からもぜひとも研究していくことが望まれる対象だと思います。ただ現状ではこちらも残念ながら難しい状況にあります。

ここからわかるように、実は戦争が与えた影響といっても本書がおこなった分析は戦争に巻き込まれた人々の一部を対象にしているに過ぎないということです。それが研究上の瑕疵というわけではないと思いますが、結果を解釈する、あるいは結果を一般化していく際には考慮しなければならないと思いますし、まだまだやり残していることは数多くあるということです。

おわりに

一九九八年の数理社会学会の学会誌『理論と方法』にて「計量歴史社会学」という特集が組まれました。おそらくこのときから広く計量歴史社会学という言葉が使われ始めました。しかし計量歴史社会学が歴史研究、戦争研究において、十分に認知され普及しているかというと、必ずしもそうとも言えないのではないかと思います。そこで何が必要なのかと考えたとき、三つの点が必要になってくると思います。

第一に、これまで述べてきたように、データは存在しているものの、まだ分析させていないデータがあるので、その可能性を探究していく必要があると思います。

第二に、計量分析の結果をいかにしてわかりやすく伝えるかを考えていく必要があると思います。岩井先生から本書がわかりにくいとのご指摘をいただきました。私は本書を執筆する過程で、通常の計量論文よりは図表の比重を高めてわかりやすくしようと心がけていたのですが、やはり難しい、理解しにくい部分があったのだと再認識しました。今後計量歴史社会学が認知度を上げていくためにはわかりやすい分析結果の提示が求められると思います。例えば細かい数字を読まなくても理解可能な結果の提示の仕方などを考えていかなければならないと思います。

第三に、いかに質的研究者と量的研究者が対話する機会を得ていくかを考えていく必要があると思います。この点に関しては、今回の合評会は私自身にとってはとてもありがたい対話の場になりました。こうした機会が今後増えていくことを願ってやみません。

本日はありがとうございました。あらためてお礼申し上げます。

注

（1）盛山和夫「ＳＳＭ調査」（社会調査協会編『社会調査事典』丸善）七〇〇頁。

（2）佐藤（佐藤俊樹「特集　計量歴史社会学」『理論と方法』二三号、一九九八年）は、社会学にしかできない歴史研究の可能性として、社会調査データの歴史的分析を挙げている。

（3）例えば、佐藤俊樹編『近代日本の移動と階層：1896-1995』（１９９５年ＳＳＭ調査研究会）。

（4）同前、一六頁。

（5）同前、一三頁。

（6）産業に着目した研究として岩井先生の研究がある。岩井八郎「戦時期から戦後における高学歴の流動性と戦後階層システムの形成――ＳＳＭ調査の再分析から一九四〇年代を読み直す」（『社会学評論』六九巻三号、二〇一八年）三五五～三七二頁。

（7）個人を対象とした分析することがマクロな変動への関心を失う危険性については、蘭信三・中里英樹「計量的歴史社会学の展開と可能性――家族史研究を中心として」（『理論と方法』二三号、一九九八年）が指摘している。

（8）佐藤前掲、一四頁。

（9）ここでいう解釈は、説明を念頭においているが、記述や理解においても同様だと考えられる。説明／記述／理解については、野上元「社会学が歴史と向きあうために」（野上元・小林多寿子編『歴史と向きあう社会学』ミネルヴァ書房、二〇一五年）一～二一頁を参照。

（10）蘭・中里は、「計量的歴史分析は、技法によって分析の優劣が決まるのではなく、基本的には資料の質、資料と技法との上手な組み合わせ、そして何よりも、それを支える「歴史解釈」によってその分析の優劣は決まる」（前掲論文、五二頁）と述べている。

（11）佐藤香「方法としての計量歴史社会学――階層・移動研究を中心として」（『社會科學研究』五七巻三―四号）一三頁。

（12）社会調査のデータ化については、佐藤香・相澤真一・中川宗人「歴史的資料としての社会調査データ」（野上・小林前掲書、二〇一五年）四五～六四頁。他にも例えば一橋経済研究所では、一九三一年から一九四八年までの農家経済調査のデータ化をおこなっている（一橋大学経済研究所附属社会科学統計情報研究センター『農家経済調査データベース編成報告書vol.1農家経済調査マニュアル集成１』）。

全体討論

野上　渡邊先生には、非常に丁寧におふたりの先生のコメントに答えていただきました。そして、渡邊先生が今後いろんなところに繰りだしていきそうなのも感じられたのではないかなと思います。

この本はわたしたちに対してじゅうぶん衝撃的だったわけ

ですけれども、私たちに限らず、まだまだこれから大暴れしてゆきそうだなという感じがすごく致しました。また、この研究会のやっていることとの意義みたいなのにもつながるようなお話も頂けて本当にうれしく思っています。

すぐに全体の討論に行ってもいいのですけれども、ここでもう一度、浜井先生・岩井先生に、渡邊先生に頂いたリプライに対してコメントいただけないでしょうか。

岩井　渡邊先生、さすがにバランスの取れた素晴らしいリプライをしていただきました。とても感銘を受けました。渡邊先生は私より一〇歳ほど若いので、今後もこの分野の研究をリードしていただきたいと大いに期待しています。渡邊先生のおっしゃるとおり、このような機会があり共同研究が進めば、研究は大きく前進するでしょう。ひとりで仕事をしていても、アイデアはそれほど出てきませんよね。私はこのテーマにつきましては、この数年ひとりで取り組んでいましたので、アイデアが限られています。

戦時体制といいましても、例えば自分の父方の祖父が職業軍人で衛生兵だったことを思い出し、敗戦になってパージされ地元に戻って農業をしていたというような身近な事例から考えていました。それぞれが身近な事例を持ち寄りながら、研究会でいろいろと新しいアイデアをぶつけ合い、データ分析の可能性を探るのはとても良い方向だと思います。

それから、渡邊先生が単純集計やクロス表が一番とおっしゃってしまうと困るのですが、ライフコース、パネル調査データを分析する統計手法は近年著しく発展しまして、私には追いかけるのは無理だと諦めました。結局、プリミティブなところに戻りました。昔のデータのほうだと以前から使っている手法でもなんとかなるところがあります。ライフコースの計量社会学は、海外では大規模な調査データがあるので、分析手法も飛躍的に進んでしまいました。

しかしその一方でデータの収集もとても大切です。渡邊先生はＳＳＭ調査以外にもデータを集めておられます。とても大事なことだと思います。

それから、橋本健二さんたちとのプロジェクトで、京浜工業地帯で一九五〇年ごろに実施された調査の個票が東京大学の社会科学研究所にあり、コード化する作業をしました（私はその作業をしていませんが）。その調査に経歴のデータがあり、現在一般公開されています（渡邊先生が言及されている京浜工業地帯調査）。

このように、データにアクセスがしやすくなっています。

取りあえず補足させていただきます。

浜井　一言だけコメントしたいと思います。渡邊先生には特に計量分析の手法や見方、限界などについて丁寧に解説していただいて、大変、勉強になりました。ありがとうございました。

私は戦後外交史研究が専門なのですが、戦没者の「遺骨収集」をテーマにしていたことでこの戦争社会学研究会とご縁ができたということがあります。そしてこの研究会で、渡邊先生も含めて、これまであまり接することがなかったような研究分野の先生方ともディスカッションすることができ、今回も大変貴重な機会だったのですが、今後、共同研究として諸分野のアプローチを持ち寄って相互に刺激仕合うことができれば、さらに研究を深めていくことができるのではないかと思います。

また、話が広がってしまうので、ここでとどめておきたいと思うのですが、戦争と社会的不平等とか、あるいは戦争と平等化といったテーマを取り上げる際には、やはり国際的な視点を取り入れる必要が出てくるように思います。もちろん今回は、SSM調査のデータに基づく研究であり、明確に日本国内の文脈を分析対象としていたわけですが、日本の事例が国際的な視点ではどのように位置づけられるのかといったことも気になってくるところでして、総力戦体制の時期における諸外国との比較とか、そういった研究の展開もいずれ考えていくことが必要になってくるのではないかと思います。

野上　両先生、ありがとうございました。それではお待たせいたしました。会場にいらっしゃる皆さまも質問をしたい方がたくさんいらっしゃるのではないかと思われます。まず挙手のボタンを押していただき、お名前とご所属をお話しいただいた上で質問していただければと思います。よろしくお願いいたします。

発言者1　岩井先生が古舘伊知郎のファミリーヒストリーの例を示してくださって、とても理解しやすかったです。渡邊先生と岩井先生に対して、「こういうことは可能でしょうか」という質問をしてみたいと思います。

例えば戦後社会の中で、元兵士、復員兵がこんなに苦労したんだという言説、語りというのは沢山あります。私は文学関係者や知識人の研究をしてきて、野間宏とか椎名麟三とか——椎名麟三は兵役には行っていませんけれども——そういう人たちの文章を読んでいると、そうした苦労話が出てきます。野上先生がやっておられた水木しげるもそうです。

彼らがどこまで全体を代表しているかどうかは横に置いておいて、そういう、例えば元兵士の戦後の生活の苦しさを語った著名なAさんという人がいたとして、Aさんの語りを、調査に表れている経験の平均値と比較することはとても意味があると思います。というのは、Aさんの語りは戦後社会の中でみんなに当てはまる共通体験として受け止められてきたけれど、実際は平均値から隔たっていたものだった可能性もある。もしそんなことが明らかにできたら面白いだろうなと思いながらお話を伺っていました。

それで質問ですが、こうした計量的な調査分析の結果を用いて、世論に対して影響力のある知識人の体験語りの偏りや隔たりみたいなことを指摘できるのではないでしょうか。渡邊先生、岩井先生、よろしくお願いします。

野上 なるほど、面白そうな試みですね。では渡邊先生、いかがでしょうか。

渡邊 ご質問の点に関して私は可能だと思います。その際大事なことは、ふたつあると思います。

第一に、数量化するということです。平均値を求めるのであれば、Aさんの体験を数量化しなければなりません。数量化するためには、体験をなんらかの指標によって数値に置き換える必要があります。例えば、最もわかりやすい数値例としては、兵役に就いた年齢や結婚した年齢などがあると思います。

第二に、体験のどの側面に着目するかを決めるということです。おそらく体験全体をひとつの数値であらわすことは難しいと思います。今お話しした数値例も体験の断片にすぎません。体験はさまざまな要素が積み重なって作られています。それらを細かく見ていけばそれだけ人々の間の違いは大きくなっていくので、隔たりを知るということは可能です。しかし、そうした細かさが大事なのではないと思います。大事なことは、研究者が体験のどの側面の違いに着目するかということだと思います。数量化するということは、一方で精密さをあらわしますが、他方で大雑把さ、単純さもあらわしています。体験自体、あるいは体験の持つ意味の違いというものを捨象して、数値によって表現できる範囲で体験を簡略に理解するということが大事なのだと思います。

岩井　私だと単純ですが、このようにすると思います。生まれた年次とそれぞれの年齢時の年次を重ねて、時代の文脈を読めるようにします。一九二〇年生まれなら二〇歳が一九四〇年になるということです。ライフコース研究ですので、年齢と時代の交差に最も注目しなければなりません。そしてライフヒストリーを手がかりにして、古舘さんのもファミリーヒストリーで紹介しましたように、それぞれの年齢時点を時代の文脈に置く作業をします。例えば一九五〇年の経済史のデータなどは大変充実していますので、それらを手がかりに時代の全体像をイメージして、その中にライフヒストリーを位置付けようとします。古舘さんの例は、うまくできたように思いますが、うまくいかない場合のほうが多いかもしれません。

野上先生はご存知ですが、今年の日本社会学会で戦時体制下における女性のライフコースの変化について報告をしました。その際、データをわかりやすく読むためにと、例えば林芙美子の伝記を見たり、プロレタリア文学の女性作家の履歴も調べたりもしました。何度も転職しているので驚きました。『キャラメル工場から』を書いた佐多稲子の場合、一一歳からキャラメル工場で働き、執筆活動に携わるまでに料亭の女中、書店の店員、カフェーの女給などを転々とし、結婚、出産、離婚、再婚も経験している。戦後になってから落ちついて作家として語っておられますけれども、小林多喜二の死にも立ち会っていて、すごい経歴でした。

先ほど渡邊先生がおっしゃっていたように「外れ値」ですよね。残念ながら、このようなパターンは計量的な研究で捉えることは無理です。しかし統計分析から導かれる一般的なパターンと対照させることは大事だと思います。そのような作業も少しはしております。それぐらいです。

知識人の場合、この方法で時代との対応関係を読めると思います。

発言者1　もうひとつ、「こういうことは可能でしょうか」という質問があります。

私は研究でフィクションを扱うことが多いんですけれども、作品に描かれている戦後の生き方、ライフコースがその時代をどの程度代表しているのかを見極めるのが難しいのです。

表1-9　徴兵率・戦死率の違いによる戦死者数を除いた徴兵率

	徴兵率（%）								
戦死率（%）	10	20	30	40	50	60	70	80	90
10	9.1	18.4	27.8	37.5	47.4	57.4	67.7	78.3	89.0
20	8.2	16.7	25.5	34.8	44.4	54.5	65.1	76.2	87.8
30	7.2	14.9	23.1	31.8	41.2	51.2	62.0	73.7	86.3
40	6.3	13.0	20.5	28.6	37.5	47.4	58.3	70.6	84.4
50	5.3	11.1	17.6	25.0	33.3	42.9	53.8	66.7	81.8
60	4.3	9.1	14.6	21.1	28.6	37.5	48.3	61.5	78.3
70	3.2	7.0	11.4	16.7	23.1	31.0	41.2	54.5	73.0
80	2.2	4.8	7.9	11.8	16.7	23.1	31.8	44.4	64.3
90	1.1	2.4	4.1	6.3	9.1	13.0	18.9	28.6	47.4

他にどれぐらい見られたとか、どういう評価があったとか、いろいろと調べながら見極めるしかない。例えば、『拝啓天皇陛下様』という映画の主人公（渥美清）は戦前から戦後にかけて階層移動をせずに下層労働の世界で働き続けます。ああいうフィクションに描かれた人間のライフコースについても、著名人の体験語りのときと同じように、経験の平均値からの隔たりの評価を、やろうと思えばできるんだろうなというなんとなく手掛かりをつかむことができました。

野上　他に質問はございますでしょうか。

発言者2　質的研究を中心にやっている者ですが、渡邊先生のご本は、計量研究ならではの推計や推論の工夫がみられて、そこが面白かったです。例えば四五ページの注一二にある表1-9「徴兵率・戦死率の違いによる戦死者数を除いた徴兵率」です。

　渡邊先生の本を読むにあたって、戦後に調査して得られたデータは、戦死者の影響をどういうふうに補正するのかなという点が気になっていました。その問題について、渡邊先生は注釈を詳細に書いておられて、表1-9では、徴兵率と戦死率を組み合わせて「戦死者を除いた際の徴兵率」を理論値として計算されています（例えば実際の徴兵率が六〇％でも、戦死率五〇％なら、戦死者を除いた集団の徴兵率は四二・九％となるように、戦死率が高くなるほど実際の徴兵率より値が低くなる）。

そこで私も「こういうことは可能でしょうか」という質問なんですけれども、SSM調査はかなり精密なサンプリング調査で、特定の世代の徴兵率を先生は算出されていると思うんですけれども、それをその年代の実際の徴兵率と組み合わせることで、表1-9から戦死率を推計できるのではないか。そういう計算は可能でしょうかという質問です。

渡邊　理論的には可能だと思います。当然ですが、SSM調査の対象者に戦死者は含まれていません。そのためSSM調査データから徴兵率を算出すると、戦死者の分の徴兵数だけ過小にカウントしてしまうことになります。そのため戦死率がわかれば、戦死者数がわかるということなので、その数を加えることで、実際の徴兵率を計算することができます。つまり例えば現実の徴兵率が実際に分かっていれば、SSM調査データの徴兵率のデータから戦死率を推計することも可能だということです。ただ注意しておきたいことは、SSM調査データは戦後の日本人を母集団にしており、戦時期の母集団とは誤差があるので、近似値と理解した方がいいと思います。

発言者2　戦死率というのはいろんな説とかいろんな方がいろんなデータから推計しているのがあって、SSMのサンプリングの特性を使って、他に分かっている、マクロな統計から分かる徴兵率、世代や職業等の徴兵率とサンプリング調査で得られた徴兵率の差を組みあわせると表1-9みたいな理論的な表から戦死率が分かるのかなと思って、とても興味深く読みました。

もうひとつ伺ってもよろしいでしょうか。SSM調査は回答者から見た親の情報も入っていると思うんですけれども、父親の徴兵経験や戦死の有無といった情報を組みこんだ親子の分析というのはSSM調査の研究のほうでは行われているのかしらという質問です。これは渡邊先生と岩井先生にお伺いします。

渡邊　親については主な職業と学歴を中心とした変数しかないので、親の徴兵経験は実は分かりません。このデータを使う限りでは本人の職業経歴の部分のデータで分析するしかないというところがあります。

今の話とは少しずれるのですが、親子という視点から戦争の影響を分析するために、SSM調査のデータで戦災母子家庭の分析ができないかと考えたことがありました。二〇〇五年調査以降のデータであれば、父親が幼少期に亡くなっていて母子家庭であるかどうかができます。ただ一九九五年以前の調査データではわからないので、データ数の問題から断念しました。

このように親や出身家庭の情報というのは、実際には限られています。社会階層研究では、世帯主として父親を前提としており、父親の階層的地位がわかればいいため、徴兵経験があるか、戦死したのか、といった情報はないのです。

発言者2　そもそも、質問項目の中に、親の徴兵経験を尋ねる項目がないということなんですね。

岩井　旧職業軍人はありますよ。

渡邊　職業軍人はあります。親の主な職業として職業軍人を挙げている人はいます。

岩井　父親の職業までそのコードを私はチェックしたことがありません。コード表は、今回渡邊さんの著書を読んだときに再度チェックしました。一応コードはあります。55とか65のコードが与えられていますので、父親が旧職業軍人のサンプルを取り出せますが、数は非常に少ないと思います。

父親の情報があまり正確ではないかもしれません。最近調査をしていても、父親の職業を覚えていないと回答する人がいます。回答したくないという場合もあります。以前のSSM調査で父親の情報を正確にチェックするために、父親が何年生まれかを尋ねる設問を提案しましたが、研究会で却下されました。

父親については、主な職業についての設問が一般に使われています。その情報は、大丈夫だと思います。

野上　次の質問をお願いいたします。

発言者3　ドイツの現代史、特に空襲の研究をしている者です。私も「こういうことは可能でしょうか」という質問をして、研究のヒントを頂きたいと思います。

私の関心は、職業と人びとの結びつき方にあります。誰に紹介されてどういうふうに職業に就くかとか、なぜそういう転職が可能だったかです。いわゆる社会階層のほかにも、同級生ネットワーク、学校や同郷の先輩後輩ネットワークもあります。例えば富山県出身の人が銭湯にお世話になる。銭湯業というのはかなり富山県出身の人たちが東京へ出てくるときの中心地となったりしたわけです。

マクロな傾向というよりは、ミクロな事実関係の発見や、そこから社会史的な質的研究につながっていくような質問項目やデータが何かありますでしょうか。

野上　少ない数のアンケート票であっても、逆に質的に利用してしまおうみたいな感じでしょうか。では、渡邊先生。

渡邊　非常に興味深いですし重要な問題だと思うのですが、このデータでは難しいです。少なくとも私がこれまで扱ってきたデータによる計量分析では、入職や転職の経緯はわかりません。そこは、きょうのお話でいうと行間を読むことによってしか埋めることができません。社会調査データからわかることというのはかなり大雑把な事柄であり、部分的な情報のみです。そのため、それを補完するためには他のデータソースや研究を参照するしかありません。

ただこれだけだと社会調査データの計量分析に価値がないと思われるかもしれませんが、他方で計量分析でなければ見えてこない事実もあるとも思っています。計量分析によって何がわかって何がわからないのかの限界がわかることが大事で、分析からあきらかになった知見というものが、歴史研究者の方々の研究に対して何らかのヒントとなればいいのではないかと思っています。量的研究のみで完結することはできないというのが、私の現状認識です。

さらに少し付け加えますと、最近のＳＳＭ調査であれば、なぜ転職するのかとか、どういう経緯で職業に就くのかなど、さまざまな質問項目が新たに加わっています。そのため例えば高度経済成長期以降のみを対象とするのであれば、ある程度入職や転職の経緯の研究が可能となります。しかし戦前、戦中、戦後といった時代を扱う場合には、調査票に項目がないために分析は難しいのです。

岩井　よろしいですか。付けくわえますけれども、渡邊先生はＳＳＭ調査だけではなく、昔の職研（雇用職業総合研究所）が実施した「職業移動と経歴」調査の個票データも利用しておられます。その職業経歴データはたいへん充実していると思います。

私がそのデータを使いたいと思った時はまだ公開されていませんでしたが、今は公開されています。確か入職経路の情報も細かく集められていました。一九八一年に実施された調査ですから、一九一〇年代生まれの方から分析できます。

職業経歴が詳細に調べられていて、渡邉先生が使った地域移動も調べられています。また調査の回収率は、七〇％を超えるほど高い。私が使った女性調査だと八〇％ほどの高い回収率でした。一九八〇年代は回収率がよかったのです。

野上　例えば、自衛隊に入った人、警察予備隊に入った人などでいえば、ＳＳＭが一九五五年からあるのだとするとかなり拾えるという感じですか。発足ぐらいから全部カバーしているとほぼいえる、みたいな。ちょっと気になるのですけれども。渡邉先生、前におっしゃっていましたよね、どうでしたでしょうか？

渡邉　一九五五年から二〇一五年までのＳＳＭ調査のサンプルをあわせると、二四〇人ほどの自衛官の経験者がいます。四人が女性であとは男性です。調査時点で自衛官の人は三六名しかいません。自衛官は職業上、こうした社会調査にはなかなか答えていただけません。ＳＳＭ調査が職歴を尋ねる調査（つまりかつて自衛官だった人を知ることができる）であるがゆえに、二四〇名ものサンプルを集めることができるのです。

世代では一九一六年生から一九八八年生までが含まれています。入隊年は一九五〇年代から二〇〇〇年代まで散らばっています。細かい分析は難しいですが、自衛隊員の職歴をたどれるデータが他にないのであれば、貴重な情報ではないかと思います。ＳＳＭ調査データを分析するのであれば、任官前と退官後の職歴を見ていくとの同時に、学歴や出身階層といった属性との関連を見ていくことができます。さらに、可能性としては時代的な変化を追うことができます。自衛隊の社会的な位置づけの変化とともに自衛官はどう変わったのか、変わっていないのかを職歴から追うことができます。ちなみに入隊年齢の平均値は一九・四歳、平均在職年数は一一・五年です。ただ中央値は六年なので、大半は五年以内に離職しています。

野上　任期もありますし。そういうふうに職歴からみる警察予備隊や自衛隊の構成員の研究を量的にやっているのは、あまり見たことはないです。自分の勉強不足かもしれないですけれども。退職後、どこに就職をしているのかとか、どんな前職から自衛隊に流れこんでくるのかというのが結構分かるわけですよね。

渡邊　まだ本格的に研究しているわけではないので、自衛隊に関する量的研究があるのかはよく知りません。ただSSM調査のようなデータは少ないのではないかと思います。SSM調査の利点は、日本全国民を対象にした無作為調査であること、そして一九五五年からの継続調査であることです。つまり自衛官経験者とそれ以外の職業の人々を同じ枠組み（変数）によって比較することができる、また自衛隊発足時からの入隊者を時系列的に追っていくことができるということです。

野上　私としては、それもやっちゃうの、みたいな気持ちになってしまうわけです（笑）。

以前、自分の作った歴史社会学の本（小林多寿子さんとの共編『歴史と向きあう社会学』ミネルヴァ書房、二〇一五年）を作ったときに佐藤香さんが執筆者に入ってきてくれて、それに先行する研究会で計量歴史社会学という名前を知りました。その頃から、こうやれるんだという驚きの連続でしたが、それはあくまで方法論としてのものだったと思います。それがついに！　という感じです。ここまでハマるとは、という驚きと感動です。

でも、さっきも聞いていてすごく思うのですけれども、データを集めて分析して解釈するというのは結局自分（たち）と同じことをしているような感じがすごくします。その一方で、下ごしらえと分析作業のタイミングがちょっと違うところなどは非常に面白いなと思いました。

私などは、データを集めているときにどきっとするときがあるんです。これはいい表現を得たとか、こういうインタビューを得たとか、いい資料をコピーできた、きょうは良い日だったみたいな感じなんですけれども、渡邊さんの場合、入力作業のときは、全貌はあまり見えないわけですよね。データを少しずつコンピューターに流しこんで、それで出てくるのを待つ。下ごしらえの間はどんなになるか分からないというのを延々と、もちろん何かの確信はあるのだと思うんですけれども、下手をすると半年ぐらい（?）データ入力をやるという……。というわけで、すごく似ているところもあるのですが、研究のスタイルとしては、ちょっと違う感じもしました。

私などは、発掘や収集を進めながら、論文を書くのに十分かを探りながらやるのですけれども、この方法の場合、ちょっとずつやってみるかというよりは、データをある規準で整えていく最初の工程が重要な鍵を握っていて、それをあとでもう一回やり直すというのはちょっと地獄ですよね。それとも割と簡単なのですか。例えば、調査ごとにカテゴリーが違っているのをそろえましたと。それを一回分析してからもう一度そろえなおすこともあるんでしょうか。今のは質問したいんですけれども。

渡邊　通常二次分析をおこなう場合には、私たちは、調査票自体にアクセスはできないので、すでにあるコードで分析するしかありません。そのコードをもとにさらに分析目的に従って分類コードを作ります。本書の場合であれば、職業五分類などです。ただこの分類に至るまでは、さまざまな分類を試行錯誤で作っています。できるだけ細かい分類から二分類や三分類までの分類を考えてみました。ある分類が適切な分類だったのかは理論的にも導くことができると思いますが、分析したあとではじめてわかるということも多いからです。例えばある分析をしてみようとアイデアを思いつくと、まずまる一日か二日かけて分析するための変数、つまりデータの整備をおこないます。この整備の段階で新たな分類や指標を作成します。データが整備できてはじめて分析するのですが、分析してみたらまったく見当外れであったということが大半です。分析してみてはじめて問題点に気づきます。このようなときは、また一からデータの整備をはじめます。実際職業経歴データのような複雑なデータの場合は、分析できるようなデータに整備していくという、分析の前処理の作業が研究の大半になります。

また調査票に戻ってコードをつけ直すということに関しては、SSM調査では、佐藤俊樹先生や橋本健二先生のグループが、SSM調査データの再コードをしています。ただこれは非常に大変です。

野上　原票が残っていればこそというのはあるわけですね。

岩井　それぞれのやり方があると思います。私の場合は、一九六五年のSSM調査データから始めました。六五年調査の分析の後、そのコードに合わせて五五年調査のデータを合併させました。それから、七五年も合併させました。渡邊さんのように全部のデータを同時に扱っていません。また八五年調査以降は、合併させていません。

プリミティブな方法です。出てきた結果を確かめながら進めましたので、その感触が良く個人的に納得しながらの作業でした。

野上　精密にやる。六五を基準にして前と後ろをつなげていくと。

岩井　ええ。六五年調査のデータは、先ほどから出ていますように多くの人が再分析のために再コーディングをしています。よく使われていて、いいデータになっていると思います。

野上　さっきも出てきた話だと思うのですけれども、ある分類で二百数十という数の標本が出てきましたと。この数だと、ちょっとクロスするだけでもうだいぶ数が減ってしまう。だから、数量的に言えることは少なくなる、言えなくなっていくというのが全体の傾向としてはあるんでしょう。けれども、逆に少なくなりすぎてサンプルが二〇とかになると逆に質的に使いたいなという感じになったりはしないのでしょうか。そうすると、例えば自衛官の職歴のある人を二〇個ぐらい得て、それをひとつひとつみてゆくという……。

そしてそれに加え、ある意味隠し武器である自由回答欄もあるんですよね。佐藤俊樹さん（『不平等社会日本』中公新書、二〇〇〇年）などは、これが一番面白かったと、どこかで言っていたと思うのですけれども、そこまで行くと質的にもできちゃう。逆に質的な研究をしている人間からすると、手記集とか投稿欄には、大体、執筆者の背景情報がなくて、名前と本当に大ざっぱな情報しかなくて精細度の高い属性の情報がない。職歴が全部分かるなんていうのは逆に新鮮だったりする。

そういう量的なものの延長というか、量的な分析作業のなかで出てきたものをまた今度は質的に使えるというのもできないのかなと思ったのですけれども、渡邊先生、岩井先生でもいいですけれども、お願いします。いかがでしょうか。

岩井　私から。

匿名性の問題に直面します。例えば、昔のデータでも個別の事例のように扱ってしまいますと、匿名性が担保できているのか問われます。その分析結果が公表されてしまいますと、現在の調査データでも将来そのような使われ方がされるのではないかと社会調査の匿名性に対する信頼が低下するかもしれません。そのような倫理的なハードルをクリアできれば安心です。私から言えることはそれだけです。

野上　何かの情報と組みあわせたら特定できちゃうということになる…。

岩井　そういうことは、最近、問題になりました。地点の情報、都道府県名を公開したら職業や学歴が分かるので個人が特定される可能性が出てきます。そのため、都道府県名も現在では伏せています。

野上　では、個別性が高まっていくとそういう問題もあるということですね。

渡邊　岩井先生と同じ意見です。ＳＳＭ調査の場合ですと、現在公開されているデータは地域、地点情報について大雑把なものしかないんです。今岩井先生がおっしゃられたように、細かい地点情報は個人を特定してしまう可能性があることを懸念しているためです。

しかし一方で、例えば片瀬一男先生（片瀬一男『若者の戦後史――軍国少年からロスジェネまで』ミネルヴァ書房、二〇一五年）や橋本健二先生の研究（橋本健二『はじまりの戦後日本――激変期をさまよう人々』河出書房新社、二〇一六年）などでは、社会調査のデータの中から個別事例を紹介しています。単に計量分析の結果を示すよりは、こうした事例をあわせて紹介すると非常に面白いと思います。

私自身、本書の第九章で職業軍人の分析をしたのですが、この分析は片瀬先生の研究に触発されてはじめました。

野上　アンケート調査の場合、もう一度同じ対象者に連絡を取ってデータ利用の範囲変更の許可をもらう、あるいは改めてインタビューを申し込む、などということは無理なのですね……。素人考えですみませんでした。

他の質問はございませんでしょうか。いかがでしょうか。

渡邊　少しだけ追加でお話させてください。さきほど岩井先生に、ピタッときた分析手法は何かというお話に対して、私自身はクロス集計表というお話をしました。いろいろと分析をしましたが、自分の中ではクロス表が一番わかりやすいし、面白いと思います。ただ近年はデータ分析の方法はどんどんと発展しているので、それを使うことで可能性が広がるのであれば使うべきだとも思います。例えば、欠損データの分析は今後やってみたいと思っています。

欠損データの分析方法についてもさまざまな方法がありまず。歴史研究や戦争研究で扱うような昔のデータになると、データが部分的にしか残っていないみたいなことがあると思います。SSM調査データでも欠損は多いです。こうしたデータを補完することで、サンプル数の問題からできなかった分析手法が使えるのであれば、分析の可能性を広げるという意味において、重要だと思っています。

ただ個人的には、最新の分析手法がはやっているので、試しに使ってみることにはまったく興味がありません。ただ過去のデータを今から収集することはできないので、存在するデータをどのように分析していけば、そこから新しい情報をすくい取ることができるかということになります。そのために最新の分析手法が利用できるのであれば、積極的に使ってみたいと思っています。

野上　「最新のことには興味がないんですけれども」というのがまたかっこよく聞こえます（笑）。では、全体討論の時間もこれぐらいにさせていただければというふうに思っております。本日はありがとうございました。

特集2　二一世紀における空襲の記憶と表現

二一世紀における空襲の記憶と表現

（空襲・戦災を記録する会全国連絡会議第五〇回大会シンポジウム）

日時　二〇二〇年八月二九日
形式　オンライン（ユーチューブでのライブ配信）

司会　**柳原伸洋**（東京女子大学、アウクスブルク大学）
報告者　**福島幸宏**（東京大学）
工藤洋三（空襲・戦災を記録する会全国連絡会議）
楢崎茂彌（多摩地域の戦時下資料研究会）
柳原伸洋
猪原千恵（岡山空襲展示室（当時））
片渕須直（アニメーション監督、日本大学）
討論者　**山本昭宏**（神戸市外国語大学）
岡本充弘（東洋大学）

はじめに

司会・柳原伸洋（以下、柳原）　二一世紀に入り、およそ二〇年が経過しました。新聞やテレビでは、空襲被災都市の空襲周年日に、「体験者の減少」が触れられ、そこでは、とくに継承の問題が多く取り沙汰されます。

本シンポジウム「二一世紀の空襲の記憶・表現」では、空襲・戦災を記録する会全国連絡会議の第五〇回大会ということもあり、二一世紀以降の空襲をめぐる新たな工夫や表現を扱うことにしました。これらは、昨今の継承の実践例であるとともに、「これから」を考える材料にもなるでしょう。[1]

そこでまず、登壇者の方々に、各自のご活動や取り組みを報告していただきます。その後、これまでの二〇年を振り返り、同時に今後の二〇年、あるいは未来について議論していきたいと思います。

本日のスケジュールを具体的に確認しますと、まず空襲・戦災を記録する会全国連絡会議の事務局長の工藤洋三さんから開会の挨拶、そして「空襲・戦災を記録する会の五〇年と今後のあり方」という報告をしていただきます。続いて楢崎茂彌さんの報告、その後に司会・柳原が、健康上の問題でご欠席された渡邉英徳さんの共著『AIとカラー化した写真でよみがえる戦前・戦争』について短い報告をします(2)。そして、猪原千恵さんの「空襲・戦争の博物館展示」、最後にアニメーション映画監督の片渕須直さんの「空襲とアニメーション」の報告となります。その後に、登壇者によるトークセッションと質疑応答を予定しております。質問やコメントは、「ユーチューブ・ライブ(YouTube Live)」のチャット欄にお願いします。すでに現時点で、約一二〇人の方が視聴されています。ありがとうございます。

では早速ですが、「空襲・戦災を記録する会全国連絡会議」の事務局長、工藤洋三さん、報告をお願いします。

「空襲・戦災を記録する会の五〇年と今後のあり方」(工藤洋三)

工藤洋三(以下、工藤) 私に与えられたテーマは「空襲・戦災を記録する会の五〇年と今後のあり方」ということで、以下の順序でお話しさせていただきます。

一、会の創設から最初の三〇年
二、過渡期の試み
三、最近の二〇年
四、今後の課題

一、会の創設から最初の三〇年

まず会の初期の活動です。これについては、『空襲通信』第三号に今井清一先生が創設時をふり返り以下のように述べていらっしゃいます。

一九七一年に始まった全国連絡会議は、この二〇〇〇年の神戸大会で第三〇回を迎えることになります。これを発足させた中心人物の松浦総三さんや早乙女勝元さんも、全国会議はせいぜい五、六回も続けば良い方だ、と口に出していました。

また、横浜の空襲を記録する会の小野静枝さんは『空襲通信』第二二号で、松浦総三さんが「今年で終わるか、一〇年続くか、二〇年続くか、これから、どうなるか、ともらした言葉が忘れられない」と回顧していらっしゃいます。

当時は、だれも五〇年も続くとは考えていなかったことがわかります。それが予想外に長続きした理由について、今井先生は以下のように述べておられます。

三〇回も続いたのは、年に一度だけ各地の会の方々が顔を合わせて空襲体験や運動の実情を学び合うことができたのと、懇親会や二次会でお酒も呑んでそれぞれの苦労や喜びなどをじっくりと話し合うのが楽しかったからでしょう。連絡会議は開催地の会が準備し、各地の会は参加したければ参加する、参加しなければ会費も払わないという、実にゆるやかな会議です。

さらに、私が注目したのは、今井先生が会の創設期の会を担った女性たちについて触れていらっしゃることです。

全国連絡会議の最初の五回は東京、東京、名古屋、横浜、神戸と大都市で開かれました。空襲を記録する運動は、都市によって違いはありますが、下町で焼夷弾の下を逃げ惑い、身近な人びとを亡くした無念の思いを二五年たってようやく語り始めた女性たちと、そうした人たちを纏める世話役、神戸でいえば三木本さんたちと君本さんのようなコンビが、作り出しました。

現在でこそ女性活躍推進というようなことが言われていますが、会は当初から女性が活躍できる環境で、これは私たちが誇って良いことだと思います。

二、過渡期の試み

以上述べたように、最初は大会のたびに「いつまで続くか」というような状況でしたが、創設三〇年の前後に、会の存続を前提とした準備が始まったように思います。

まず、一九九九年八月に会報『空襲通信』の準備号を発刊しました。第三号からは原稿をメールで投稿していただき、編集もパソコンによって行うというスタイルを確立しました。今月二二号を発刊して、会員交流、会と非会員をつなぐ会報として発展しています。

次に、二〇〇〇年七月には、米軍資料の調査・活用に関する研究会がスタートしました。全国大会の期間中はなかなか米軍資料について本格的に議論できないという問題を解決するために始まりました。

さらに、二〇〇一年八月には「米軍空襲資料に関する調査研究情報を交換する」e-groupを発足させました。こうした取り組みの背景にあるのは、体験者の高齢化に対する取り組みを求められたことや、世の中のデジタル化があります。

三、最近の二〇年

上に述べた過渡期の試みを経て二〇〇七年には会則を決定、代表や事務局、会の意思決定のしくみを決め新しい歩みを始めました。

全国大会を年一回、開催することが会則に盛られましたが、開催地決定はますます厳しくなり、ほとんど一年を通じて次期開催地の議論をするようになりました。全国大会から独立して開催していた「米軍資料の調査・活用に関する研究会」は、二〇一七年の千葉大会から全国大会に組み入れ、大会の日程は、二泊三日となりました。メーリングリストを使った交流のほか、今年からは新型ウイルスの影響もあり、『空襲通信』の編集や大会の準備にオンライン会議が加わりました。

二〇一九年には、幹事会の中で、空襲・戦災を記録する会全国連絡会議の解散に関する提案がありました。戦後七五年を迎えたこの時期に、単純な解散に賛同する意見は少なかったものの、広く構成員の意見を聞いてみようということになりました。山梨大会で参加者にアンケート調査を行い、その後メールによる回答も受け付けました。

アンケート調査の結果ですが、最初の質問「会の存続」に関する回答では、会を今後とも存続すべきと回答した方が全体の九五％、「解散してもよい」の三％を大きく上回りました。

次に「会の名称について」です。これは、会の発足当初は、全国のさまざまな会の連合体という性格が強かったため、会の名称に「連絡会議」が入っていますが、体験者の高齢化にともない一〇〇名以上の会員を擁していた地方の会も会員数が減るとともに、数人規模の新しい会や個人で空襲を調べる人が増えてきたという現状を踏まえた提案でした。回答は、会の名称から「連絡会議」を外し、「空襲・戦災を記録する会」と変更する案が五三%に達しました。「会の名称を変更しない」が二六%、「その他の名称」は二一%でした。

会は現在会費を徴収していませんが、この点に関して「会費を徴収しても良い」が八四%で、「会費を徴収しない」の一六%を上回りました。

アンケート結果については、今後幹事会で検討して会の方向を決めていきたいと考えています。

四、今後の課題

以上述べてきたことから今後の課題について触れます。

第一に、今後全国各地で地道に空襲・戦災の記録に取り組んでいる人たちに会に参加していただく必要があります。

第二に、やはり今後は若い人たちへの継承という意味で、ホームページ、SNSなどで会活動の発信機能を充実する必要があると思います。

第三に、WEB会議システムを使った会員間および他団体との交流が重要だと思います。今回のオンラインによる経験から、従来地理的な制約からなかなか全国大会に参加できなかった方々でも、オンラインであれば、旅費や宿泊費の心配なしに参加することができ、調査や研究結果を交流することができると思います。

最後に空襲資料の可視化について述べます。「米軍資料はとっつきにくい」という意見をしばしば耳にします。確かに英文で書かれた文書を読み解いていくことは時間や根気が必要です。そうした問題を少しでも解決していくために、昨年末から米軍資料のメーリングリストで呼びかけ、米国戦略爆撃調査団の統計資料を整理し地図の上にプロットして可視化する作業を行いました。データのタイプや確認作業はたいへんですが、一旦作業を終えると、B29により空襲を受けた場所を日本地図上で確認することができるだけでなく、各県ごとにデータを表示したり、時期を限って表示することもできます。この作業をB29の空襲だけでなく、海軍の艦載機や極東航空軍による空襲についてまとめておけば、日本本土空襲の全体像を明らかにし、これから空襲・戦災について調べてみようという人の入門的な資料になるのではないかと思います。こうしたデータの提供も含めて若い人たちにわかりやすい形で伝えていくことが重要ではないかと考えています。

柳原　どうもありがとうございました。では次は、多摩地域の戦時下資料研究会の檜崎茂彌さんのご報告です。どうぞよろしくお願いいいたします。

「地域の空襲体験者の証言を映像で残す取り組み」（檜崎茂彌）

檜崎茂彌（以下、檜崎）　こんにちは。地域の空襲体験の証言を映像で残す取り組みを紹介します。東京というと二三区を想像されますけれども、東側の区部よりは、市町村からなる西側の多摩地区のほうが広いのです。私が住んでいる立川市は、新宿から中央線の特別快速で約二五分の所にあります。もう少し西に行くと、東京の中で唯一、中小都市空襲を受けた八王子市があります。マリアナ諸島からのB29による初空襲を受けた中島飛行機武蔵製作所は、立川より東側にあります。

戦前は立川駅で降りると、すぐそばに立川陸軍飛行場がありました。立川陸軍飛行場にはご覧の通り爆撃目標番号が振ってあります。そして、隣に、陸軍機を製造する立川飛行機（もとは石川島飛行機製作所）が移ってきました。少し西には海軍の飛行機を製造する昭和飛行機、そして、昭和飛行機の飛行場が開設されました。立川陸軍飛行場の北には、陸軍と海軍の発動機（エンジン）を作る日立航空機立川工場（もとは東京瓦斯電気工業）が移転してきて、西隣には陸軍航空工《こう》廠《しょう》が創設されます。この六つの軍事施設に爆撃目標番号が打たれており、立川周辺は軍事関連施設・工場が集中した地域でした。

航空工廠は陸軍が自分で飛行機を製造する唯一の工場でしたが、米軍がリトモザイク（爆撃目標の指示するための合成写真）で航空工廠と表示している地域には、陸軍航空技術研究所、前線に飛行機を補給したり修理したりする立川陸軍航空廠、さらに陸軍のレーダーを研究する多摩陸軍技術研究所がありました。周辺にこれだけの軍事関連施設・工場が集中していたので、立川は前後一三回といわれる大小の空襲を受けて、三三五人以上の方の命が奪われています。

一九七二～七六年にかけて、立川市役所の文芸同好会のメンバーが、敗戦当時成人だった空襲体験者を中心に三〇〇人以上に取材して、『この悲しみをくり返さない　立川空襲の記録』という本にまとめています。私は立川の空襲についてはこれ以上やることはないのではないか思っていました。

二〇一一年に工藤洋三さんに連れられて、米国の国立公文書館に行きました。そして、立川関係の資料を調査し、四月二四日空襲をB29が上空から撮影した空中写真を入手しました（図1）。この日の爆撃の主目標は日立航空機立川工場でした。日本時間午前八時五二分に、この写真の真ん中にある

図1　1945年4月24日8時52分撮影、上が日立航空機立川工場、下が立川飛行機砂川工場；米国立公文書館所蔵

砂川八番（現・立川市の北部）で、爆弾が爆発しています。翌年の二〇一二年は立川市の平和都市宣言二〇周年にあたり、平和事業としてこの写真や、さまざまな多摩地区の戦争遺跡の写真を展示しました。すると、この写真を見た中野さんという女性が、私の家はここ（砂川八番）にあり、すぐそばで爆弾が爆発したので、自分は防空壕《ごう》に入っていたのだが、上から自宅が倒れてきて生き埋めになり、何とか救い出されたのだと話されました。

そこで、この空中写真と中野さんのお話を組み合わせて、中野さんが体験を話す形で空襲の実態を伝えるビデオを作ることを思い立ちました。

ビデオは、なるべく現地で撮影しようと考え、中野さんが埋まった場所で話をしてもらいました。

中野さんの紹介で、自宅が空襲で焼かれ、焦げた柿の木が今でも庭に残っているという方に取材が出来ました。更に、立川飛行機砂川工場から逃げてきて空襲で亡くなった工員の死体を処理した方だとか、翌日に単機空襲を受けて、家の下敷きになった方など、情報が次々と寄せられました。

しかし、ビデオには起承転結が必要なので、まとめをどうしようかと悩みました。（画面を示し）これは空襲で傷ついた

砂川国民学校（現立川市立第八小学校）の二宮金次郎像です。脚がありません。金次郎像の土台は別の家に保管してあったので、この像を再建して、空襲や戦争の悲惨さを伝えたい、という砂川国民学校卒業生の豊泉喜一さんたち市民の運動が始まり、遂に像が学校に建てられることになりました。

そこで、像の再建をまとめに持ってきたビデオを制作しました。二〇一五年、戦後七〇年の記念事業として、この「砂川空襲の記録」を四月二四日に近い四月二六日に上映しました。新聞が報じてくれたお陰もあり、定員八〇名の会場に参加者があふれるほどの盛況になりました。ビデオの最後の部分を見ていただきます。

（ビデオ）**立川市立第八小学校飯田校長**　この二宮金次郎をぜひ直してくださいとお願いした理由のひとつに、金次郎さんというのは本を読みながらたきぎを背負っているのですが、この直していただいた金次郎さんは、本が壊れたままになっています。この壊れたままというところが、この立川の砂川村にも戦争の被害をもたらしたということなんだなということで、生涯にわたって、そして、この町にずっとそれを語り継いでほしいなということで、ぜひということでお願いしました。

（ビデオ）**豊泉喜一さん**　私は戦争が終わった時は一五歳でした。戦争を体験した人は亡くなり体験を話せる方がいなくなりました。だから、爆撃というのは恐ろしいものなのだ、二度と戦争をしてはいけないんだ、ということを、この二宮金次郎を見ながらこれからも皆さんに語り継いでいただけるようにこの像を再建しました。

（ビデオ）**特別授業を受けた六年生**　一番最初に感じたのは、今私たちが生きているこの一秒一秒を戦争で亡くなってしまった方々は、どれほど生きたかったかということを感じました。

楢崎　戦争体験の継承ということを主なテーマにこの四〇分ぐらいのビデオを作りました。上映後、小学生用に二〇分ぐらいの短縮版を作って、第八小学校に寄付しようと思い、校長さんに持って行くと、五年生、六年生に見せて、毎年これを授業で見せていきたいと言われ、とても作った意味があったなと感じました。

その後も、当日の爆撃の主目標だった日立航空機立川工場に勤めていて空襲直後に工場に駆け付けた方、砂川国民学校で爆死した先生たちの遺体を集めた方、B29は自分の土地に墜落したのだという方、墜落現場に自転車で駆けつけた方など、沢山の証言が寄せられました。ビデオは後から新しい証言を加えて、次々と作り直すことができるという利点があります。

戦後七〇年に当たる二〇一五年に多摩地域の自治体ではさまざまな平和事業が行われました。これは各自治体の取り組み一覧表です。立川市はビデオ「戦争は庶民も加害者にする～三多摩での米軍機搭乗員虐待事件」をトップで紹介しています。これは私が作った約一時間のビデオです。事前に記者会見をして二紙が報じてくれたこともあって、柴崎学習館(公民館)で上映したのですが、一〇〇人以上の方が見に来てくれました。上映後、質問がたくさん出て、新たな目撃者も名乗り出ました。NHKが取材に来て首都圏ニュースで流してくれました。

ビデオの内容は、多摩地域に墜落した米軍機の搭乗員やその遺骸に出会って、空襲を受け続けてきた庶民たちはどのように反応したのだろうかということを、当事者の証言だとか史料で明らかにして、伝えようとしたものです。立川では捕えられた搭乗員が憲兵隊に連行され、翌日小学校の校庭で捕虜の背中を市民が次々と叩き、最後は捕虜を別な場所に連れて行き、軍人が殺害をするという事件が起こっています。この事件はBC級戦犯裁判にかけられたので、膨大な裁判記録が残されています。そのほか、今の青梅市、東村山市、調布市、などにもB29が落ちています。墜落機についてのGHQの詳細な調査を入手する一方、なるべくたくさんの目撃者を探しました。知らない人同士が同じことを言っていれば、これは間違いない。この方の話がGHQの資料と照らし合わせてどうなのかなどを解明しながらビデオを作りました。

昨日の米軍史料研究会で、八月一五日は実は快晴ではなかったのに、みんなが快晴だと記憶しているという、記憶の上書きについての報告がありましたが、記憶の上書きにも配慮しながら作ったつもりです。

二〇一五年には「砂川空襲の記録」を七回、「戦争は庶民も加害者にする」を三回、上映する機会を得ました。翌年には、「戦争は庶民も加害者にする」を立川市の各種団体や地元の自治会、さらには八王子市、青梅市、国立市、東京農工大学などでも上映して、多くの人に見てもらいました。また東京大空襲戦災資料センターでもボランティアの方々を対象に上映したりして、作った甲斐があったと思いました。

また、立川市立小学校の先生たちの社会科部会の夏の研修会に呼んでもらい話をしてビデオを上映しました。そして、何校かの小学校でもビデオ上映と話をしました。子どもたちが退屈しないように、ビデオは五分ぐらいに分けて上映しています。

継承という面では、ある程度意味があることができていると思います。

立川は一九四五年の二月一六日・一七日に、米艦載機による初空襲を受けています。これは米艦載機による本土初空襲です。二〇一三年の函館大会で、艦載機に搭載されているガンカメラの映像を米国立公文書館が一定期間無料で公開していると教わり、ダウンロードして調べてみると、立川初空襲の映像が出てきました。初空襲の日に立川市役所の屋上にあった防空監視哨に勤めていた方、空襲によって立川飛行機の中の防空壕に生き埋めになった方に取材することができました。そこで映像と証言を組み合わせて、二〇一七年二月、「立川初空襲の記録」というビデオを作成し上映しました。一部ですが、ちょっと見ていただきたいと思います。

（ビデオ）**江澤近男さん**　二月一七日は艦載機の大空襲だった。そのときはちょうど私、監視哨にいたのです。艦載機が雲霞の如く押し寄せてきましたね。ばーっと立川飛行機の工場に爆弾を落としたり、機銃掃射をやって、それは怖かった。横から弾飛んでくるからね。流れ弾ずいぶん来ましたよ。

ナレーション　これは、東北の方向から立川飛行機砂川工場に襲いかかる艦載機が撮影した映像です。立川飛行機砂川工場にあった組み立て工場にロケット弾が命中しました。立川飛行機にお勤めだった市川辰雄さんは、この日の空襲で生き埋めになってしまいました。

（ビデオ）**市川さん**　一回死んでるからね、立川で。空襲で埋められて、病院へ行って生き返ったんですよ。

楢崎　空襲体験者たちに取材する時に、世間話をすると、空襲以外にも戦争中のことを後世に語り継ぎたいと思っておられることをすごく感じました。そこで、当時の立川市立錦国民学校（今の立川三小）六年生だった狩野さんの証言ビデオを観てください。

（ビデオ）**狩野さん**　昭和二〇年頃、学校に軍隊が来た、一五〇人くらいかな。校庭に〝たこつぼ〟というひとり用の防空壕を掘ったんです。運動なんかできないよ、子どもは。兵隊は朝、先生とかみんな見ているところで朝礼をするわけだよ。そうして防毒マスクの訓練のときがあるんだよ。中にはぐずぐずしたのがいるわけよ。すると「貴様、何やっているんだ」って、みんなの前で平気でぶん殴るんだよ。殴るのは当たり前なんだね、日本の軍隊っていうのは。でも、子どもながらに嫌だったね。あれは、補充兵か何だって来ているんじゃねえの。いい年しているんだもん。てめえのおやじが殴られてるようなもんだよ。

檜崎　今の三小でこのビデオを上映しました。自分たちの学校に軍隊が移ってきて、こうしたことが起きたことを知った子どもたちの反応は大きなものでした。

二〇一七年からは、このように、市民の戦争体験も映像にして上映しています。昨年は、当時の中学生の軍事教練や勤労動員の記録。戦争に動員された女性たちの証言を集めた「銃後の護り」。立川の南側の地域の空襲の証言ビデオ。この三本を制作上映して立川市の学習館で上映しました。

さらに一橋大学の学園祭、東京学芸大学の学園祭、青山学院大学では講義の時間をもらって上映をしています。このように大学生にも空襲・戦争体験の継承をしようと努めています。

まとめに入ります。地域の空襲体験者の話を直接映像で見る、聞くということは、体験の継承にはとても有効ではないかと考えています。地域に住む個人の空襲・戦争体験は、現在にも共通する普遍性があるのではないかと思います。現在も空襲が行われ、戦争で傷つく人たちが出ています。証言映像を残すことには意味があると思います。

地域に住む人たちの体験は、子どもたちや市民に、「あのおじいちゃんが出てる」、「あそこにあんなものがあって、こんなことが起こったのか」と、戦争体験を身近に感じる有効な方法ではないかと思っています。全国各地で空襲体験者の証言を映像で残すことができれば、とても意味があることだと考えています。

次に課題です。学園祭での上映などに努力していますけれども、大学生がほとんど見にきてくれないという現実があります。若い世代に関心を持ってもらうにはどうしたらいいだろうかと思い悩んでいます。それから、たくさんの人に見てもらう工夫。図書館に置く、学校に置く、あるいは東京大空襲戦災資料センターにビデオコーナーを作ってもらい上映してもらうというようなことが考えられます。けれども、さっき言ったようにビデオは、どんどん新しいものを付け加えていくことができます。すると、ここで完成ということがないので、「完成したから図書館に置いてもらおう」とはなりにくいところがあり、これもひとつの課題です。

それから、保存アーカイブズのようものを作り、全国各地で制作したDVD、取材した元ファイルが集められれば、戦争体験を継承するとても有効な方法となるのではないかと考えます。デジタル映像はいつの間にか失われてしまう、あるいはDVD自体がなくなるということが十分考えられるので、やはり活字で残しておくということも大事なのではないかと考えるようにもなっています。それでは、最後にまとめということで、この女性の証言ビデオ見てください。

（ビデオ）**磯部タマ子さん**　防空壕に入っていたのです。そうしたら、上のほうでヒュルヒュルと音がしたんですよ。それで大きな音がドーンとして。すぐに外には行けないですよね、周りにいつ落ちるか分からないから、だから、あっ、何か落ちたと。

それで、あっ、今度はここにも落ちるだろうと本当に思いました。今度はここなんだろうなと。で、死ぬんだろうなと、あのとき本当にそう思ったんです。そのときに、逃げなきゃとか、もう私の命はおしまいなんだ、もうどうしよう、これでもう終わっちゃうんだと、そんなこと思わないんですよね。もうなすがままという。当時はもうその中で国から決められちゃっているので、国の言われることはごもっともで、自分たちはみんな受け入れていたのでしょうね。

楢崎　こんなことは繰り返してはいけないというふうに思います。でも、戦争体験がない私が訴えるのではなくて、ビデオで体験のある方が直接訴える方がずっと説得力があるのではないかと考えています。今後もビデオの制作を続けて、継承していきたいと思っています。ありがとうございました。

柳原　どうもありがとうございました。楢崎さんの御報告を今回のシンポジウムのテーマ「二一世紀の空襲の記憶・表現」に位置づけると、映像作品、特に証言の撮影についての報告になるかと思います。課題や悩みについては、後半のトークセッションで展開しましょう。

では、続いて私、柳原の報告となります。そこで司会は、本日のユーチューブ・ライブ配信などでご協力いただいている福島幸宏さんに御願いしたいと思います。

司会・福島幸宏（以下、福島）　東京大学の福島幸宏です。同時に、パブリックヒストリー研究会の立ち上げ人でもあります。早速ですが、庭田杏珠、渡邉英徳『ＡＩとカラー化した写真でよみがえる戦前・戦争』について柳原さんからご報告いただきます。

「庭田杏珠・渡邉英徳『ＡＩとカラー化した写真でよみがえる戦前・戦争』（光文社、二〇二〇年）のパブリックヒストリーとしての可能性」

（柳原伸洋）

柳原　庭田杏珠さんと渡邉英徳さんの『ＡＩとカラー化した写真でよみがえる戦前・戦争』（光文社、図1）に関して報告します。とくにパブリックヒストリーの可能性に関連付けて、コメント報告をします。

この本は、現在とても話題になっていて、加えて帯には、後にご登壇いただく片渕須直監督が「すずさんの時代にたどり着きたいと思っていたら、ここにもタイムマシンを作ろうとする人たちがいました」という一文を寄せられておられます。

本書には、約三五〇枚のカラー化写真が収録されています。戦前の広島・沖縄・国内の様子、そして開戦から太平洋戦線・沖縄戦・空襲・原爆投下・終戦期の写真などです。これらを自動カラー化の後、写真提供者の証言や資料、さらにＳＮＳでも情報を集め、時代考証を踏まえて仕上げたということです。

庭田さんと渡邉さんが取り組んでおられる「記憶の解凍」プロジェクトについて、本書内の説明を部分的に引用しつつ概説します。

この「記憶の解凍」プロジェクトは、ＡＩと人のコラボレーション、それは終わりなき過去の色彩の記憶をたどる旅とされ、本プロジェクトの一環、途中報告としてこの本が出版されました。

これは、終わりなきプロセス、作業であるということですね。歴史学を研究する私自身にも重要な言葉です。

ここでは、本書を紹介するだけではなく、幾つかの視点から同書を分析し、思考・議論の材料を提供したいと思っています。

この書籍を理解するにあたって、ネット記事「ビジュアライゼーションからストーリーテリングへ――『記憶の解凍』プロジェクト・インタビュー――」が参考になります。ここでは、庭田さんと渡邉さんがインタビューに答えておられます[3]。

本記事内で、「多様な視点をトリガーにしながら、戦争について深く知る機会を提供できたのかな、と思っています」と、渡邉さんは答えています。実際に提示されているのは「史料」なんですね。そして、この史料に色を付けている。元史料とカラー版のふたつを見比べることで、読者が何を考えるのか、後ほど少し展開してみたいと思います。

AIとカラー化した写真でよみがえる
戦前・戦争
庭田杏珠 × 渡邉英徳
（「記憶の解凍」プロジェクト）
すずさんの時代にたどり着きたいと思っていたら、ここにもタイムマシンを作ろうとする人たちがいました。
―― 片渕須直（映画『この世界の片隅に』監督）
図1　庭田杏珠・渡邉英徳『AIとカラー化した写真でよみがえる戦前・戦争』（光文社、2020年）

渡邉さんのお話の引用を続けます。ＡＩは写真データだけで学習するので「歴史」のことを知らない。実際には資料や、あるいは当時を生きた人の証言や対話の積み重ねでカラー化が進められていく。特に写真は、さまざまな日常生活の場面を映し出しています。これを色付けすると、細部、例えば手に持っているこの道具は何色だったのかとか、この花は何でどういう色だったのかとか、ということを「対話」する機会を創出する。つまり戦争を体験して、戦争の被害、それについて話すのだけではなくて、むしろ大半の部分は彼や彼女が生きた日常生活の細部、まさに、ものや風景を巡る対話が発生するわけですね。

昨今、証言のインタビューの手法で、単に体験だけを聞くのではなくて、体験の前後の日常生活もインタビューに記録していく動きがあります。背景には、映像の記録媒体の容量が大きくなり、たくさん記録・保存可能になったことがあります。また、後に登壇いただく片渕さんのアニメーション映画『この世界の片隅に』も、極めて日常生活の細部や日常の道具が多く描かれており、この細部の描写とも関係してくる背景かと思います。

次に、渡邉さんと庭田さんのインタビュー記事を参考にして、「パブリックヒストリーの可能性」というテーマで切り込んでいければと思います。本インタビュー後半で、実はパブリックヒストリーという言葉も渡邉さんから挙がっています。

まずは庭田さんの発言を見てみましょう。彼女は大学生で、高校時代にまさにこの「記憶の解凍」プロジェクトというものを渡邉さんと一緒に始められたということです。彼女の言葉を一部引用します。

テクノロジーやアートを通じて、そうした空間やテーマに興味関心を抱き、想像し、さらにはそれぞれが感じた想いを発信してもらうことが可能になるのではないか、とも考えているんです。

この想像から喚起された発信の機会の創出が、今後、重要になってくると考えます。

「空襲を記録する会全国連絡会議」の大会と関わらせるなら、今次はオンライン開催となり、なんとか「発信の機会」をつくり出したいという意図も運営サイドとしてはありました。

次にやや長くなりますが、渡邉さんの記事から引用させてください。

庭田さんと僕は、歴史を綴るヒストリアンではなく、実践的に作品をつくり、表現していくクリエイターです。そうした「表現」によって、社会全体に記憶の継承のモチベーションを形成していくことがミッションです。そして、AIというテクノロジーそのものは歴史を継承することはありません。継承するのは「ひと」なんです。私たちの活動によって、そうした人の営みを、改めて照らしなおすことができるのではないか――僕は、そう考えています。(4)

庭田さんや渡邉さんはご自身をヒストリアンではなく、クリエイターだと自認しておられます。そして、私は歴史を研究するヒストリアンであり、「ヒストリアンとしての立場」で本書について考え、これを庭田さんや渡邉さんへ応答したい。そして、読者を含めて公共《パブリック》に還元していきたいのです。

思考や議論の材料の提供として、やや付け焼き刃ですが、ドイツの事例を探しました。実はドイツでもカラー化の試みがあります。ややインテリ向けの雑誌『シュピーゲル』のサイトには、記事「突如、世界がちょっとカラフルに」が掲載されていました。[5]これを参照しつつ、話題提供できればと思います。

本シンポジウムのタイトルは「二一世紀の空襲の記憶・表現」です。まずテクノロジーに関して、皆さんと一緒に考えたい。つまり、ＡＩとカラー化に関してです。そして、本日の報告全体にもテクノロジーが絡んでくると思うのです。

マルティン・ハイデガーによれば「技術とは顕現させるあり方のひとつ」であるとされます。[6]眼前に隠されたものを突きつけてくるものだとされます。渡邉さんと庭田さんの御著作が私たちに突きつけてくるのは、カラー化というテクノロジーによる「隠されていたもの」の暴露です。これに、どのように応答するのかは、本シンポジウムのタイトルとも関わります。

ここでは、私たちが現在、どのような技術環境に置かれていて、そこで何をしているのか。何をさせられているのか。そして、もしできるならば、やはり何をすべきなのかまで考えられればと思います。この関心から、本書の「使い方」を提案したいと思います。

庭田さんと渡邉さんの用いる「解凍」という比喩を使えば、カラー化された写真とは「溶けた存在」です。つまり、つかみどころがない、捉えどころがない。これを私たちはどのように考えるのか。これは、既に突きつけられて「しまっている」問題であり、考えざるを得ない状況にある。この思考材料を提供するのが本報告です。

これは「学校や研究外の公共における歴史のあらゆる表現形態」というパブリックヒストリーの定義を引けば、[7]同領域のひとつだと考えられます。また、パブリックヒストリーには「歴史学の知見や技能、そして思想を活かす幅広い実践」も含まれますので、[8]研究者が渡邉さんたちの本の思考材料を提供するということもパブリックヒストリアンの仕事のひとつです。

先述の『シュピーゲル』の記事では、カラー化した写真は、それを見ている私たちの欲望が映し出されていると指摘します。批判的には、ノスタルジックな情動、懐かしさを感じ、それに読者は満足する。しかし、これだけでは消費されるにすぎない。

他方で「迫り来るリアルさ」もあります。たとえば、ヴェッベリン強制収容所の写真。アメリカ軍が収容所解放時に収容者の写真をカラー化している。この迫ってくるリアルさは、一種の怖さというか、グロテスクさも伴っています。いずれにせよ、感情を揺さぶられるわけです。

他に、撮影者の存在です。カラー化は撮影者が実際見ていた色に近づきます。ただし、「撮影者への接近」は色々な意味を解放することにもなります。撮影者や被写体が置かれていた状況、つまり、例えば差別の構造などもカラー化することによって私たちに現前化します。端的に、肌の色や服装の清潔さや不潔さ、つまり植民地支配下の差別の構造を突きつけてきます。それは、この時空間にいる被写体と撮影者の置かれている状況を想像する契機となります。

『AIとカラー化した写真でよみがえる戦前・戦争』とパブリックヒストリーとの関係では、白黒の写真とカラー化された写真が両方置かれている点が重要です。白黒とカラーとの往還が可能だからです。カラー化で何が浮かび上がり、何が消されているのか。そして、カメラマンと被写体が置かれている時空間について考えることで、歴史研究者の思考法を体験できるようになっています。

先ほどの庭田さん、渡邉さんのインタビュー記事に戻れば、「対話の可能性」も生まれます。これは、記憶継承の社会的なモチベーションへの寄与でもある。これに関しては、渡邉さんたちの取り組みを知り、単に「なるほど」ではなくて、歴史研究者も対話の可能性を求めていく。庭田さんと渡邉さんの著作・活動について考える場を持つ、そういうリアクションも大切だと思います。

福島　ありがとうございました。いろいろこの後の布石を打っていただいたような報告だったと思います。私からは二点補足しておきます。ひとつは色の問題です。これはカラライズの技術が出てくるときからずっといわれている話なんですけれども。ご存じのように、占領期もしくはそれ以前から、カラー写真は大量にあることが早稲田の佐藤洋一さんたちの研究でかなり分かっていて、今、神戸の衣川太一さんを中心に、占領期のカラー写真が実はかなり発掘されつつあるわけです。

そこで明確になってきているのは、フィルムの種類とか現像のやり方によって色の出方が全然違うので、色というのは何だろうというのが、カラライズの作業を通じて、また前後して占領期のカラー写真が出てくることによって、色の問題が、それがあまりにもビビットなので、もう一回出てきているということです。

それから、柳原さんが報告の中で指摘されていたと思うんですが、衝撃的な幾つかのアートとかのクリエイトの仕事が出てきて、この先の日常以外のところへの延翼というか、その場面がどういう構造の中で出てくるのかということを、あの衝撃を受けて、歴史学なり、そうじゃなくても、いろんな学問分野があれを元に構造までどうやって切り込めるかということを考える段階に新しく、今、来ているんだろうなということを少し考えます。片渕監督の作品もそうですし、庭田さん、渡邉さんのお仕事はそういうかたちで捉えていくものだろうなというふうにちょっと、今のお話を聞いても思ったところです。すみません、コメントっぽくなっちゃったんですけれども。

柳原　どうもありがとうございました。次に、岡山空襲展示室の猪原千恵さんのご報告に移ります。

「空襲・戦争の博物館展示」（猪原千恵）

猪原千恵（以下、猪原）　皆さんの先鋭的な取り組みをたくさん見せていただいたのですが、私はもともと近現代史が専門でもありませんし、そんなに最新鋭の展示の取り組みをしているつもりもありません。ただ、岡山空襲展示室という、空襲に特化した展示施設にここ一五年ほどずっと関わっているということで、今回お話を頂いたのかなと思っています。

今回、「空襲と戦争の博物館展示」というタイトルを付けさせていただいていますが、空襲に特化した展示施設というのはそれほどありませんで、特に公営のものは少ないのではないかなと思います。例えば展示業者さんに施設内部の展示まで含めて完成した状態の展示施設をつくって、そのままあまり手を入れることなく維持していくという施設は多いのですけれども、岡山のように学芸員を雇って運営している施設は割合珍しいと思っています。

岡山空襲展示室は岡山シティミュージアムという、岡山駅の西口に隣接したビルの5階にあります。岡山市の博物館の中にある岡山市福祉援護課の施設です。

日本の空襲や戦争を伝える展示施設の定義はなかなか難しいのですが、岡山空襲展示室のような施設は、一般的には平和博物館、あるいは戦争博物館と言われるものに相当すると思われます。平和博物館とは何か、ということについては村上登司文氏は「(平和博物館とは)文献、絵・写真、芸術品等の展示物を体系的に収集し、その収集物から平和について歴史的な視野を与え、平和教育の目的に役立つように一般大衆に展示する、もの[9]」としており、山根和代氏は「『平和に関連した博物館、美術館、場所、センター、教育機関、図書館』はまとめて『平和のための博物館』と呼ばれています[10]」としています。

しかし平和に対する考え方、戦争や戦災に対する表現は施設によって随分違います。私としては、古市憲寿氏の「(戦争博物館とは)戦争を記憶し、それを現在へ伝えるミュージアム[11]」という定義が最も多くの施設を含めるのではないかと思っています。

では「戦争を記憶し、それを現在へ伝える」展示には何が必要なのだろうかということを考えてみます。いきなり展示を作ることはもちろん出来ませんで、展示を作りあげるためには資料や情報を収集する必要があります。なかでも空襲・戦争の展示を作る上では、是非とも必要なことに、戦争・戦災体験者の方への聞き取り調査があると思います。聞き取り調査については、この分野の展示に関しては特に不可欠だとかなり早い段階から身に染みましたので、ここは強調して申し上げます。

こちらは展示を作り、維持していくために必要不可欠な仕事を図化したものです(図1)。

展示は、伝えたい内容を、資料とテキストなどで構成して伝えるものですが、そのためには資料と情報の収集が必要です。戦争・空襲の展示の場合には、現段階では聞き取り調査も重要でしょう。そして、展示を構成する資料と情報の整理・管理・研究が必要となってきます。

例えば所蔵資料を整理して、目録を作って、管理をしていく。その管理をするということの中には、近現代資料の場合、音声や映像のデジタル化や資料の修復とか補修ということが含まれます。とても傷みやすい脆弱な資料が多い近現代の資料を展示する際には、実は他の時代よりも気をつける必要があります。また先ほどの楢崎さんのご報告にもあったように、動画とか音声のデータ管理も難しい問題で、例えばデジタル化して長く保存していくということも大事な仕事のひとつだろうと思います。

次に私たちの岡山空襲の展示を構成している資料の種別をご説明します(図2)。

聞き取り調査による証言の展示も私たちはあわせてやって

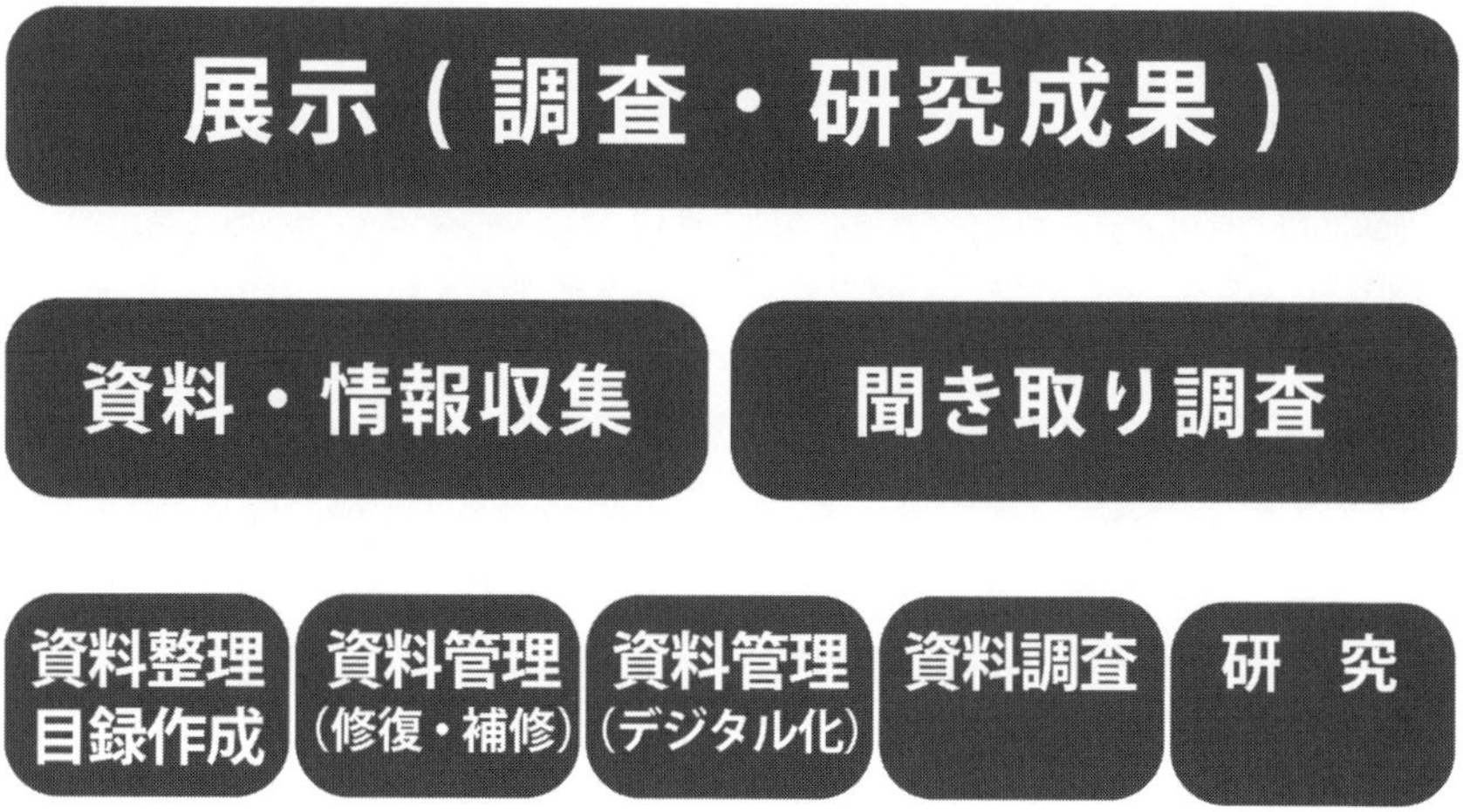

図1　戦争・空襲を展示するということ
—展示を作り上げるために必要なこと—

いるのですが、ここでは証言はちょっと除いて、実際に展示している資料についてご説明します。岡山空襲展示室の状況なので、他の館とはまた少し様相が変わってくるかもしれません。

まず、空襲の直接的な証拠、焼夷弾のような兵器があります。これは岡山空襲で使用されたM74という焼夷弾ですが、これも米軍資料といえます。米軍資料には、ほかにも文書や画像、動画があります。

それから、戦争の被害に遭ったことを示す資料。例えば空襲による火災などで焼けて変形した陶磁器類などです。次にガスマスクや防空頭巾、印刷物など当時の生活に関係する資料ですね。それから古写真、これは岡山空襲後に撮影された写真の焼付です。あとは罹災証明書なんかの文書などの紙資料。こうした資料、モノを組み合わせて展示を作っていきます。御所蔵先からお借りしてきたり、自分達で収集した資料です。

しかし、こうした近現代の資料はその重要度、位置付けが各施設によって異なっていて、収集・保存するのかしないのか、という判断基準がまちまちであるというのが現状です。

例えば、よく展示される兵器類、焼夷弾のようなものです

図2　戦争・空襲に関する展示を構成する資料の種別
①〜⑥　岡山空襲展示室所蔵資料、⑦は工藤洋三提供、資料名称などは28ｐに記載

①焼付（岡山空襲後の内山下付近の様子）②「常会の誓い」（岡山市北方一丁目町内会）③国策紙芝居④岡山空襲で溶けた古銭⑤梶原少佐遺品（千人針腹巻）⑥岡山空襲で投下されたM74焼夷弾　①〜⑥岡山空襲展示室所蔵、画像データ提供　⑦米軍が撮影した岡山空襲中の市街地の様子　原資料所蔵　米国国立公文書館所蔵　画像データ提供　工藤洋三

が、こうした兵器は一般の博物館では、実はこれまでほとんど収集してこられませんでした。今でも保存の必要な重要な資料としては見てもらえないことが多い。ということは、残りにくい、集めにくい資料であるわけですね。

　また旧日本軍関係の資料や戦死なさった方の遺品などは、遺族会などでは集めて展示なさったりしておられますが、では、歴史学系の博物館でこういったものをこれまでにきちんと収集してきたかというと、むしろ自館の収集の対象ではないとして、収集も保存もされてこなかった傾向にあると思います。

　それから、戦時中あるいは終戦直後の生活に関係するような、例えば衣類などの資料ですね。こちらに関しては、民俗資料の一部として扱われており、近世以前の資料に比べれば保存の優先度としては低く扱われている傾向にあったと思っています。

　これらに対して、戦時中の書類などの文書類は、割合きちんと収集・保存される傾向にあって、文書館などでは収集しておられます。それから写真資料、古写真も最近では収集されるようにはなってきていると思います。

ただ、焼夷弾などの兵器類と、戦時中の書類、こちらは町内会の「常会の誓い」ですが、例えば、これを両方持っている方がおられて、これらを文書館さんなんかに、「これは私がずっと大事に持っていたものですが、寄贈したいんです」と申し出られたときに、よくあるのが、文書館では、うちはこういう紙の書類しか受け入れませんよ、焼夷弾とか兵器の類は要らないんですよということで、一部しか受け取られないことが今でもあると思います。

何が言いたいかといいますと、空襲の展示をするときにはこうしたいろんな性格の資料を組み合わせて、私たちはなるべくその時代のディテールをお伝えしたいと思うわけです。同じ時代の同じ空間にあった資料ですから、ひとつの会場の中で一緒にご紹介して、その当時、どういう背景で何があったか深く広く知っていただきたいと思うわけなんですね。

ただ、それぞれの資料の価値や、評価は平等ではなく、中には大事に扱われていない資料もあるということです。戦災資料として、同程度に貴重なものであるという捉え方が、戦争・戦災をテーマとして扱う施設以外の施設ではされていない状況があるのではないかなというふうに思っています。

岡山の場合ですと、空襲に関係するものであれば岡山空襲展示室に寄贈すればいいんだとなればいいのですが、例えば岡山空襲で罹災した書類のような紙の資料と、焼夷弾を両方保管しておられて、それを公文書館のような性格の施設に寄贈を申し込んだら、紙の資料は受け入れるけれども、焼夷弾は不要といわれたので、捨ててしまった、というようなことも悲しいかな、もしかするとあったかもしれません。

それから、こうした空襲とか、戦争に関する資料のコレクション、これはもちろん皆さまご存じのように各地で、多くは民間の団体の方々によって資料が収集され、伝えられてきていることが多いと思います。非常に多くの都市に対して空襲が行われたわけですが、終戦直後からいろんな都市でこうしたひどい戦災、状況をきちんと後世に伝えなければいけないんだという皆さまの義務感でもって、資料や証言を収集して、各地でコレクションが作られていったのではないかと思います。

こうしたコレクションは、平和を求める市民運動などの活動のひとつとして、証言や資料が集められていっているので、

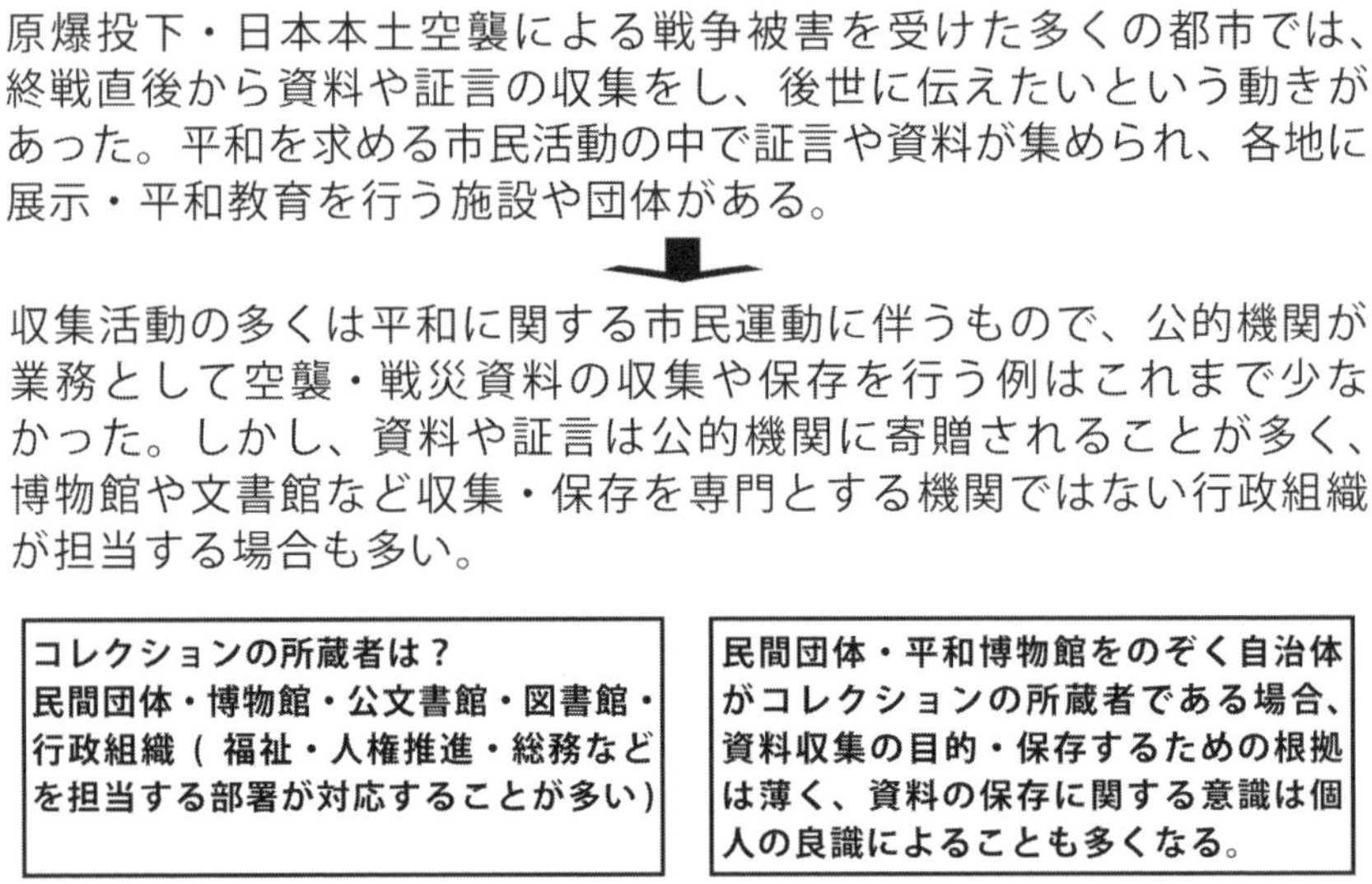
原爆投下・日本本土空襲による戦争被害を受けた多くの都市では、終戦直後から資料や証言の収集をし、後世に伝えたいという動きがあった。平和を求める市民活動の中で証言や資料が集められ、各地に展示・平和教育を行う施設や団体がある。
収集活動の多くは平和に関する市民運動に伴うもので、公的機関が業務として空襲・戦災資料の収集や保存を行う例はこれまで少なかった。しかし、資料や証言は公的機関に寄贈されることが多く、博物館や文書館など収集・保存を専門とする機関ではない行政組織が担当する場合も多い。
コレクションの所蔵者は？
民間団体・博物館・公文書館・図書館・行政組織（福祉・人権推進・総務などを担当する部署が対応することが多い）
民間団体・平和博物館をのぞく自治体がコレクションの所蔵者である場合、資料収集の目的・保存するための根拠は薄く、資料の保存に関する意識は個人の良識によることも多くなる。

図3　空襲・戦争を伝える証言と資料、コレクションはどう形成されるのか。

特に地方の場合は多いと思うんですけれども、公的機関よりは民間の団体さんがお持ちでいらっしゃることが多いかと思います。

ただ、公的機関のほうにもこういった資料の寄贈というのは、実は終戦直後から少しずつ蓄積していくことが多いようです。岡山の場合もそうですが、自分たちが遭った岡山空襲に関する記念の品、これはとにかくお役所に預けておけばいいんだということで、市役所や図書館、そういったところにどんどん寄贈されていくわけですね。

しかし、先ほど申し上げたように、例えば焼夷弾なんかだと歴史的資料ではないんじゃないかという扱いになるので、自治体の、博物館でも、美術館でも引き取られない、じゃあ、どこが引き取りますかという話になります。コレクションの所蔵先（図3）ということであげていますけれども、行政組織の中では、平和に関することを扱う部署や、総務関係の部署が引き取ることが多くなります。岡山県の場合は、倉敷市でしたら、戦災あるいは戦争に関する資料の管理は総務課の担当です。津山市だと人権推進課が担当。それから、わが岡山市の場合は福祉援護課が担当です。ただ、岡山市の場合は福祉援護課の施設として岡山空襲展示室という、一応博物館類似施設のようなものをつくって管理しているということになります。

こうした資料のコレクションがもう七五年以上かけて、各地で形成されてきているのですが、その価値付け、評価がきちんとされていないことが多いと思います。自治体の場合は特にそうですけれども、一般行政職の方の管理下にこうしたコレクションがある場合、それをどのように保存し、管理しなければいけないのかということについては、職員個々人の良識に頼るという、非常にあやふやな中で管理されていくことが多いわけです。

岡山の資料も同じような課程を経て、空襲に関する資料が蓄積されていったわけですが、ただ、私たちのように一応学芸員をおいて展示施設を運営している岡山であっても、戦争や戦災に関する資料が、文化財とはっきり言えますかということになると、まだはてなマークが付いている状況ではないかなと思います。

何が申し上げたいかというと、戦後七五年を経て、戦争や空襲を伝える資料が今どんどん散逸していっているということが良くいわれていますよね。例えば個人の方が自宅で保存している資料があるけれど、寄贈したくても受け入れてくれる施設がない。それから後でお話しますが、こうした近現代の資料は脆弱であることが多く、長く伝えていこうと思うと、当然、修復とか保存処理とかデジタル化が必要であって、それにはコストがかかります。でも戦争や空襲を伝える資料を保存・保管するためにコストが必要だという認識はあまり共有されていないのではないかと思います。

戦争や空襲を伝える資料は、後世の平和のために必要な、貴重な歴史的資料ですよと。自分たちの地域の歴史を理解するために必要な文化財なのですよということが認識されて、文化財としての価値付けをこれからしていかなければいけないのではないでしょうか。

今、いろんな民間団体さんの平和に関する運動の中で戦災や戦争に関する資料が集まってきたんですよというお話をしたんですが、岡山市ではどのように資料が集まったのかというのを簡単にご説明します。

岡山の場合はちょっと特殊でして、岡山空襲の翌年、一九四六年には岡山市が予算を付けて、岡山市の町別戦災調査資料という、いわゆる被害調査報告書みたいなものを作っているんですね。ただ、これは刊行されませんでした。恐らくですが、ＧＨＱに対する何らかの配慮があったのかもしれないと思っています。ただ、手書きの原稿の原本は残って大事に岡山市立図書館で今も保存されています。それから、一九六〇年に岡山市史戦災復興編を作るときにまたたくさんの資料が収集されて、これも岡山市立図書館で保存されています。

それから、一九七五年に朝日新聞社が全国で何カ所か巡回した「岡山大空襲展　炎と恐怖――あれから三〇年」という展覧会を開催しています。この一〇年後にも開催されていますけれども、こうした展覧会、それから今日まで続いている「岡山戦災の記録と写真展」(12)などの展覧会で資料を集めて展示するたびに、資料が収集されて、証言も集まってくるということになります。これは朝日新聞社が天満屋というデパートで開催した『あれから三〇年　岡山大空襲展』の図録とチケットです。この当時の朝日新聞を見るとちょっと面白いんですけれども、一般の方に貴重な資料を展示したいので貸してくださいということを新聞に掲載して呼び掛けているわけですね。提供くださった資料は展覧会の後に速やかにお返ししますとも書かれています。だから、当時は展示された資料は返却されたのでしょうが、実は、この図録に掲載されているM47という焼夷弾なんかは、現在岡山空襲展示室の所蔵資料の中にあるわけですね。ということで、こうした展覧会を通じて資料もまた集まってきているのだろうと思います。

次に岡山空襲展示室ができるまでの経緯をご説明します。現在岡山空襲展示室が入っている施設は岡山シティミュージアムという岡山市立の博物館で、二〇〇六年に開館しました。(開館当初は岡山市デジタルミュージアム)岡山市の博物館ができたので、それまでこの「岡山戦災の記録と写真展」という毎年開催されてきた岡山空襲をテーマとした展覧会について、以後は岡山市デジタルミュージアムと福祉援護課が共催で開催しようということになりました。それまで、この展覧会に学芸員は全く関わっていませんでしたが、以後は岡山市デジタルミュージアムの学芸員が企画を担当していくことになるわけです。その後、岡山市は岡山空襲に関する常設展示施設をつくるということを決定します。このために準備を経ていって、二〇一二年に展示室の床面積が二〇〇平方メートルという小さな施設ではありますが、私どもの岡山空襲展示室ができました。

岡山空襲展示室の常設展示では、米軍資料研究の成果なども加えて展示をしていますが、年に一度、岡山空襲のあった六月二九日あたりに「岡山戦災の記録と写真展」という規模の大きな展覧会を開催しています。これは私が一番最初、二

○○六年にこの展覧会を担当したときのチラシです。恐ろしいぐらい予算がついていなくて、このときの予算は大体カラーPPC用紙二締分だったのですが、これはその予算で購入した紙でコピー機を使って印刷したチラシです。だんだん予算を認めていただいて、二〇一〇年にはやっとチラシとポスターを印刷会社さんに依頼して刷ることができるようになり、二〇一三年になって初めて図録を作る予算が認められました。こうして、何と一五年も同じテーマの展覧会を担当したわけですが、この「岡山戦災の記録と写真展」は今年、四三回目を無事迎えることができました。

これが今年の「第四三回　岡山戦災の記録と写真展」会場の様子です。コロナ対策でビニールなんかも張ったりしています。展覧会を開催するためには、資料調査などを行いますが、今でも新しい発見が沢山あります。そして、毎年新しい資料のご寄贈もありますので、展覧会の内容は例年かなり異なります。また、展覧会をご覧になっていただいた方から、情報や資料を提供いただいて、さらに関係する資料が集まってくるということになります。現在、約九〇〇〇点の資料を岡山空襲展示室では所蔵しております。なかなか整理作業が追い付いていない状況です。

今年の「岡山戦災の記録と写真展」では、月並みなのですが「資料と記憶の保存と継承」ということを、テーマとして掲げさせていただきました。さっき申し上げたように、文化財としては、あまり認められていない戦争や空襲に関する資料ですが、この資料の劣化を防いで後世に伝えるために、いろんな配慮をしなければならない時期が来たんではないでしょうかということを訴えさせていただきました。このテーマは、ご来場くださった方にも共感いただけたのではないかと思います。

どういうことかというと、博物館だったら当然行うことですが、紙や布、あるいは金属、古写真など、それぞれの資料に応じた保存処理や修復などの処置をし、適切な保管環境において長く保たれるようにしていきましょうということです。岡山空襲展示室ではこうした米軍の兵器も、焼夷弾なんかも収集していて、ご寄贈いただくと喜ぶんですけれども、この焼夷弾は鉄製なので、大抵錆が進行していて、さらに赤錆が進行するとやがて形を保てなくなります。そのままだと、もうなくなってしまいますので、全国的にあんまりやっていないことですが岡山空襲展示室では、痛みのひどい焼夷弾の脱塩・錆の除去・樹脂含浸などの保存処理を業者さんに委託して行っています。紙資料についても、必要なものは専門の先生にお願いして補強などを目的に修復をしています。こうしたことにちゃんとコストと人手をかけないと、この時期の資料はもう長く保たなくなってきているんではないでしょうか、ということをテーマとしました。

もうひとつ申し上げたいことに、米軍資料の展示への活用があります。これはできれば同業の方には声を大きくして言いたいのですが、ぜひ米軍資料をもっと活用した展示をしていただきたい。この会に参加なさっていらっしゃる方はもう十分活用なさっているので申し上げるべきではないかもしれないのですが、普通の歴史系の博物館なんかで、空襲あるいは戦争に関する展示をしたときに、米軍資料があまり活用されていないと感じることが多いので、どれだけ有効なデータであるかというのを広く知っていただきたいと思っています。

これは岡山空襲の前、五月一三日に米軍が撮影した岡山市街地の空中写真と、それから七月五日に撮影された空襲後の空中写真なんですけれども、この二点は工藤先生にご提供いただいて、岡山空襲展示室開室当初から展示している写真です。こちらは会場の様子ですけれども、大体三メーター角ぐらいに伸ばして写真パネルにしています。岡山空襲展示室の展示品の中ではもしかすると一番お客様が関心を持ってみてくださる展示品かもしれません（図4）。

以前は、この画像データのプリントアウトに、来場者の方に岡山空襲の際に自分のいた位置に付箋を貼っていただいて、当時どこでどんな体験をしましたかというアンケート調査をしました。すると一〇〇本以上の付箋がこういうふうに貼られて、それを基に一生懸命聞き取り調査をしたり、お話を聞いたりということをしていったわけです。米軍資料、特に画像データというのがとても有効であるということだと思います。

それから聞き取り調査についてです。私が一番最初に岡山空襲に関する展示を担当したときに、聞き取り調査は、展示をするにあたって本当に必要不可欠だと感じました。岡山という地で起こった空襲について展示をするためには、実際に経験された方の細かいお話をうかがって理解することが必要であるということです。空襲時の体験についてだけですと皆さん大体三〇分ぐらいで、お話を聞けるのですが、展示を構成するための背景、知識を得るためにも、当時の衣食住に関する細かいこと、例えば学校に行くときにどんな靴をはいていきましたか、靴がなかったですかとか、そういうことも含

図4　米軍が撮影した岡山空襲前後の岡山市街地の写真パネルの展示風景　画像データ提供　岡山空襲展示室

めてなるべく細かく聞くようにはしています。

資料を収集したり、聞き取り調査をした内容を展示などに反映させていかなければならないのですが、こちらは人気のある展示品ですが、米軍資料研究会で教えていただいた情報と所蔵している焼夷弾の情報を元に岡山空襲で投下されたE48集束焼夷弾の模型とレプリカを作りました。特にレプリカは実物と同様に、素材に鉄を使って、同じ重量・形状のものを作っています。貸し出し用だけで四本ありますが、実際に持っていただいて、これが地上三三〇〇メートルぐらいから落ちてきたんだ、こんなものが人に当たったんだよということを子どもたちに教えるにはとても有効です。

長くなってすみません、これで最後なんですけれども、今までお話ししてきましたように、岡山空襲展示室が行っている展示は、非常に普通の、ごくごく一般的な展示施設で学芸員がやっていることなんですけれども、扱っているテーマが空襲と戦争ということで、これまで歴史博物館が扱ってきた内容と少し外れているといいますか、なかなか歴史学の中に混ぜていただきにくい内容であろうと思います。

注意していることとしては、岡山の地元の実物の資料ですとか、証言ですとか、そういったことをなるべく深く細かく情報を集めることにしています。得られた情報から私たちは展示を構成するのですが、説明の文章によって、ご覧になっていただく方の思考を誘導するのではなくて、なるべく展示資料そのものが持つ情報によって、戦争・戦災とはこういうことかと感じ取っていただける展示にしたいと思っています。それがひいては、平和に関して、あるいは戦争に関して理解を深めていただくということではないかな、と考えています。では、大変長くなりましたが、終わらせていただきます。

柳原　では、続いてアニメーション映画監督の片渕須直さんにお話しいただきます。どうぞよろしくお願いします。

「空襲とアニメーション」（片渕須直）

片渕須直（以下、片渕）　今回の話題についていうと、その他のもの含めて三つぐらいの私自身の立場が絡んでいまして、ひとつはもちろんアニメーションで映画を作る創作者であるということです。

もうひとつは、大学の映画学科で特任教授をしていまして、その受け持ち分野の中に映像心理学というものがあります。そこで例えば、映像というものがなぜ見ている人に認識されるのか、どのようにして認知されるのか、そういうことを調べるという立場も持っています。

それから、これは全然それらとも違うものなのですが、航空ジャーナリスト協会という団体に所属していまして、ここでは例えば航空機の技術が、明治時代にまでさかのぼる歴史の中でどんなふうに外国から伝わってきて、日本の中で使われるようになっていったか、というようなことを調べたり発表したりしていて、ある意味でいうと、ささやかながらヒストリアンの領域に首を突っ込んだりもしていたりもするわけです。

一番目の立場について、最近作である『この世界の片隅に』『この世界の（さらにいくつもの）片隅に』（図1）よりもはるかな以前の三〇年ぐらい前に、空襲体験を元にしたアニメーション映画もう一本の制作に参加しています。こういうものですね。（作品ポスターの図版を見せる）これは虫プロダクションで作られた、『うしろの正面だあれ』というアニメーション映画です。これは私は監督していなくて、有原誠治さんという方が監督をされた作品です。私はこの『うしろの正面だあれ』では、画面構成という立場で参加しています。画作りを全般に担当する立場だったんですね。原作がありまして、落語家の先代の林家三平師匠のおかみさんの海老名香葉子さんが、下町空襲でご家族を亡くされた話を児童書に書いておられまして、それを映画にしたわけです。

その頃のアニメーター、アニメーションの絵を描く仕事をしている人のことですが、その中にも実際の下町空襲とかを体験された方がいらっしゃったわけです。三〇年前ですから、そういう世代の方と一緒に仕事をしていた時代だったわけです。その方は、『うしろの正面だあれ』には携わっていらっしゃらなかったんですけれども、別の仕事でご一緒したときに、「こういう空襲の映画に参加しています」という話をしたら、その昭和一四年生まれのアニメーターの方が「自分もその空襲のときに、その下にいた」とおっしゃって。その方が「そのときB29に乗っている人を確かに見たんだ」というお話をされたわけです。画作りをする立場からすると非常に難しい課題を突きつけられた気持ちになりました。実際のB29を考えてみると分かるんですけれども、地上から乗っている人が見えるかというと、そうではないわけですね。そんなような飛行機ではないわけです。胴体の大きさに比べれば窓も小さいですし、夜間空襲では機体の中に明かりを灯してもいない。内部を明るくすると、丸いガラス窓の内側に光が反射して外が見えなくなったりしますので。それから、下に向いた窓がそもそもないわけです。でも、そこに確かに人が乗っていたという印象を、直接の体験者である方が感じられて記憶されていた。

図1　©2019こうの史代・双葉社／「この世界の片隅に」製作委員会

いってみると、物理的な体験ではないわけですね。心理的な体験としてそういうものが心に刻まれた。でも、そうした心の働きを取り除いてしまうと、単に飛行機の形をしたものを絵に描いて、ブーンと音を付けて見せるだけになってしまう。空襲を実際に体験された方の心の感触、記憶、そういう

図2　©2019こうの史代・双葉社／「この世界の片隅に」製作委員会

ものを欠いたまま映像化してしまうことになるわけなんです。これが自分にとってひとつの課題になったわけです。それからもずっとそのことを考えながら生活していて、かなり経ってから、『この世界の片隅に』という映画でまた空襲の場面を描くことになりました（図2）。

『この世界の片隅に』という映画と、『この世界の（さらにいくつもの）片隅に』という、同じような題名で似たような題材の二本の映画があります。後者は今、公開中のものです。今、映像を出しているのは、『この世界の片隅に』の方のフランス版のポスターです。海外でも公開されていたわけです。これにもやはり原作がありまして、こうの史代さんという広島出身の漫画家の方が描かれたもので、これは実話ではないんです。実話ではないけれど、戦争中の時代というものを主人公にして、その時代の空気感、雰囲気みたいなものを描き出したいというという意図で描かれたものです。ある意味、B29に乗っている人は見えたはずがないのだけれども、そこにそういう人がいたのを確かに感じた、そうした気分の方を描き出そうというような本であったわけです。

これはその原作『この世界の片隅に』のカバーを外した下にある表紙画ですが、こんなふうにたくさんの当時の日常生活に関わるものが描かれています。日常生活を起点として、それと同じ次元にあるものとして、空襲などの戦争体験、戦災の体験を描き出そうとされているわけです。

そして、これは第二巻の最後のページなんですけれども、左側に小さく字が書いてあります。奥付みたいですが、実はそうではなくて、拡大してみるとこういうふうに書かれているわけです。原作者のこうの史代さんの言葉です。

間違っていたなら教えて下さい　今のうちに

ある意味、戦争中という時代の中にいる存在を、戦争を体験していない世代である自分たちがどのように理解していけるだろうか。それを乗り越えて正確な理解を自分のものとしたい。こういう気持ちがこの本を描いた側のひとつの課題となっていたわけです。同時にそれは、同じ漫画作品を原作にとって映画を作る自分自身にとっても課題になっていきました。

この物語の舞台は広島県の呉市です。広島の原爆の爆心地からは直線距離で二〇キロ離れていますから、ほとんど直接の原爆の被害はなかったということになります。その二〇キロ離れた場所から見えた原爆のキノコ雲を、こうの史代さんはこんなふうに描かれています。こうのさんは、いろんな角度から撮られた原爆のキノコ雲の写真の中から、まさに呉から見たアングルのものを見つけて、このページに描かれています。

しかし、他の土地で原爆の瞬間を体験された方からは「自分が体験したキノコ雲はこんな形じゃなかった」と言われてしまったこともある、こうのさんはそうおっしゃっていました。ある特定の一点から見たきのこ雲の形、それこそ本当の姿であるわけなのですが、それと一般的なものとして共通認識されている原爆のキノコ雲のあいだにはそれなりのズレが生じてしまいます。けれど、少なくともこの原作の漫画の主人公がいる場所からはこの形で見えたのは間違いのだから、それが歴史的な事実がある以上、そのまま漫画の画面の上に決め込んでいこう、そう思われてページが作られているわけです。そういう考え方で描かれた漫画なのです、これは。

そうしたものを題材にして、自分たちも映画を作っていったわけです。そこで、まずできる限りを当時の実際のものに当たって調べようとしました。さっきの岡山の資料館さんほどじゃないんですけれども、M69焼夷弾の実物だとか、あるいは戦災関係だけじゃなくて当時のおしろいだとか、歯磨き粉だとかはどんなものだったんだろうか、そうした本物を手に入れたりしながら、そして手に取りながら、そうしたものの感触と肌触りを直に感じながら映画を作っていきました。おしろいの容器なんかは戦前のものや戦争中のものであっても、ふたを取るとちょっとおしろいの匂いが残っていたりして、戦前の女性のおしゃれの香りがここにあるんだな、なんていうことが感じられます。映画は視覚とプラス聴覚だけを武器として使えるものなんですけれども、それ以外の感覚まで踏み込んで描いていければなと思ったわけです。

そこでひとつまた課題になってくるのが、さっきの話題にあった、じゃあ、空襲にやって来た飛行機に乗っていた人が本当に見えたかどうか。これは画作りをする立場からすると、どんなふうに工夫を凝らしても見えないものは見えないのだというしかないわけです。もし、乗っている人をうっかり未検証なまま描いてしまうと、歴史的にはあり得なかったことを描いてしまうことにもなりかねない。

「乗っていた人が見えた」というのはいわゆるオーラルヒストリーであるわけです。オーラルヒストリーによくありがちな、戦後になっていろいろ見聞して覚えたことが加わって記憶が上書きされるが起こるというのはよくあることなんですが、この数多く存在する「空襲機パイロット目撃談」はちょっと違うな、というふうに感じていました。

例えば機銃掃射に遭ったという体験談では、これは自分自身で直接聞いた方のお話でも、それから本で読んだものにあった体験談でも、そうしたいろんな事例を併せてほとんど九割以上と思われる体験者が、飛行機に乗っていたアメリカ人の姿を見たという印象をどうも抱いていらっしゃるようなんですね。もちろん、条件次第では乗っているパイロットが実際に見えた例もあったのだろうとは思いますが、それにしても事例が極めて多い。多すぎる。これは記憶の上書きや混濁というより、もっと別の心理学的な現象なのではないかなと思ったんです。それは、実際には起こったわけではない、そんなふうには見えるはずがないこと。つまり物理的な事実ではないんですけれども、でも、体験者にとっては「心理的な事実」として存在していた。

そういうふうな「心の中の出来事」を映像の上でどんなふうに描いてゆくべきなのか。それを考えることが、自分たちの課題になっていったわけです。

そのときにひとつ、たまたまなんですけれども、得たもの

図3　©2019こうの史代・双葉社／「この世界の片隅に」製作委員会

がありました。映画『この世界の片隅に』からちょっとだけ映像を映してみます。これは主人公が機銃掃射に遭う少しだけ前の場面です（図3）。今回はリモートなのでコマ落ちせずちゃんと映っているかどうか、不安ではあります。今ちょっと見えましたが、主人公が走る画面の奥に、呉の市街地に侵入してきた低空のグラマンが見えるというカットです。

これですね。今、グラマンが飛んでいるわけですけれども、これはどういうふうにこうした動きを作っているかというと、ここに作業中の画面があるわけですが、これですね。（制作途中の段階のものが映される）こういう軌道を曲線で引いて、それをレールのように使って飛行機を飛ばしているわけです。ひとつのカットの中に何機も飛行機が出てくるわけですけれども、一機一機すべてについてこういう手順を踏んでいます。実際の場合、戦闘区域に入った飛行機というのは、捕捉されるのを避けるために水平直線運動はしません。それぞれ操縦する人が、ひとりずつ乱れた軌道で飛ばしている。それは、こんな飛び方になるんだろうなと、人の手で目盛の入った軌道を作り、それに合わせて絵に描いたグラマンを動かしました。完成画面ではこの目盛どおりに飛行機が動いています。

このカットの多数の飛行機の飛行について、自分たちでこんなふうな人為的に操縦して飛ばしている軌道で描いてテストショットを作ってみたときに感じたのは、真っすぐな直線で飛ばすよりも、乗っている人ひとりひとりがこう操縦するだろうなと思って引いた曲線で飛ばしたときには、そこにある明らかにその飛行機に乗っている人の意思みたいなものが画面の上に現れてくる。この小さなグラマンに乗っている人の「意思」みたいなものが映像の上に読み取れるような気がしてきたわけです。

実は、こういうふうな飛ばし方について映像学会の映像心理学研究会で心理学者の先生と話をしたことがありました。これはそのときに話題にした、もうひとつ別のアニメーション映画の画面です。これは『マイマイ新子と千年の魔法』という映画のカットなのですが、チョウチョウを同じように目盛に沿って、飛行機と同じように飛ばしています。

絵で描いてあるだけのものですから、ひょっとしたら枯れ葉に見えてしまうかもしれない、あるいはただの紙切れがひらひら落ちているように見えてしまうかもしれない。チョウチョウという生き物なのだと見てもらうためにはどうすればいいか。上から下へ落ちていくだけだったらそれが感じられないので、無生物の物体に見えてしまうかもしれない。ひらひらと落ちるだけじゃなくて、時々生きているものの意思で上に上がる瞬間を作るとよい。下から上に上がるときに、生き物であるということの意思が感じられる。こうした自分たちが採った方法論について、知覚心理学の先生から「まさにそのとおり」という解答を得ることが出来ました。人はそのように目から入ってきた情報に対して、そのように反応するのだと。自分たちが映像作りの上でやっていたことが、心理学方面の見識と一致したわけです。

そういうふうに自分たちの技法を知覚心理学の側から裏打ちしてもらったことがありました。飛行機の飛ばし方にしても同じで、飛ばし方次第では、飛行機が無生物的な物体として飛んでいるのではなくて、そこに乗っていた人が操縦しながら飛んでいるんだという「生物感」を画面上に作り出すことができる。

このグラマンのカットを作ってから、そうしたことを思い出したわけです。

そうしたとき、ある意味でいうと、私たちが相手にしていたのは人の記憶そのものであるかもしれないわけですね。実際にあった出来事の事実ではなくて、事実の中にあったある種の記憶の何か、記憶自体の印象といってもいいのかもしれません、それがどのぐらい後世に残せるかというチャレンジであったかもしれないなと思っています。こうしたものは、「実際に起こったのは何か」というのを、究極的にギリギリまで考え抜いた時に、初めて手に入れられることでもあります。

本当にあったこと、事実としてあったこと、それを、ある意味でいうと物体を介して訴えることができるようなことは必須なのですが、それを突き詰めたときに、まだその先にあったもっと違うものが、現れてくる。それはあるいは生活する中に、あるいは戦争体験の中にあったはずのいくつもの感触。心理的な記憶。事実そのものとは別にそうしたものも存在していたことを、丸ごと残していくことができないと、何かが抜け落ちたまま伝えることになってしまうのではないかなと思っているわけです。そのためには、「歴史的な事実としての出来事」と「体験者ならではの心理的な記憶」の境目をきちんとわきまえてかかることが大切なのだろうなと思うのです。

さっきの庭田さん、それから渡邉先生のご本なんかにしても、白黒の写真に色を付けるという作業をされているわけですけれども、私たちも映画を作る上で、原作者のこうの史代さんに、「自分は白黒で漫画を描いていたけれども、色を付けながらそれをやるのはもっと大変ですよね」なんて言われながら映画を作っていたわけなんですよね。そのときに、ここはこういう色だったんだ、こういうものはこういう色だったんだとある程度以上の知識を得て蓄積することを行いました。例えば、戦前から何年かごとの婦人用和服の流行色を追う、などです。それを元に、渡邉先生や庭田さんが作業されたものに関しても、その後に、いや、これはこういうときだったかもしれないですね、こういう色だった可能性がありますということを、実証的にお話しすると、渡邉先生はそれを後で、じゃあ、その色に直してみましょうかということをおっしゃるわけです。単に色がついているだけで当時の感覚を感じ取れるというところにとどまらず、当時実際にはどうだったかという下敷きをきちんと敷き込む、それが非常に大事なことだと思うんですね。

こうの史代さんの「間違っていたなら教えて下さい　今のうちに」という言葉。知っている方がいらっしゃるうちは、作品を投げかけてみて、その訂正や修正、そして新しいお話が出てきたら付け加える。あるいは色だったら塗り直す、動きだったらそれを描き直していくことによって、当時の感触に接近できればよいと思っています。

　これが歴史研究と映画作りやアートとの役割の違いとして認識されればと思います。しかし、アートが歴史研究ほどシビアではないという意味ではありません。むしろ、シュミレーションとして利用することで、これまでにかえりみられていなかったある種の余地のあることを発見していけるのだと思います。

　こうして、空襲体験や戦災体験の記録活動以外の部分で、記憶を後世に残すことに携わる。あるいは何かの役に立っていけるだろうと思います。

　この点では、二〇一六年公開の『この世界の片隅に』という映画あって、二〇一九年公開の『この世界の（さらにいくつもの）片隅に』では、同場面でもできるだけ、新しく判明したことは描き直しました。

　例えば、広島の原爆で消失した中島本町、今は平和記念公園になっている場所です。画面に出てくる、戦前そこに建っていて建物疎開で取り壊された建物について、その少し解像度の多い写真が出てきたので描き直しました（図4）。

　つまり、自分たちが作ったものは、それが終着点ではなくあくまで出発点だと思っているのです。映画の観客の方に強く求めたいのは、おこがましいのですが、映画に描かれたものから当時に対しての知見が広がったなら、次に皆さんが「どうしてそんなふうだったのだろう？」と気持ちを働かせていっていただければ嬉しいのです。

　終点として描いたわけじゃなくて、皆さんと共有して、それを出発点にしていただきたい。『この世界の片隅に』という題名は、その片隅の外に広がる世界があることを暗示しています。ひとつの片隅の外側には何があるのか、皆さんで想像し、発見し、広げていっていただければ、と思います。

　そのときに大切なのは、出来事や事実の確認から始めることです。それが、実際に体験した方と今の人たちとの心理的距離を縮めてゆくことになるのだと思っています。機銃掃射を受けた人たちが抱いた感情も、こういう映画を通じてヒントのひとつでも得てもらえるならうれしいです。

　このようなアニメーション制作の方法上の思想は、昭和九年生まれのアニメーション監督で、藤沢空襲を体験された池田宏監督から学びました。池田監督は、元々はドキュメンタリー志向の方で、アニメーションの世界に入ってからは『火垂るの墓』を作られた高畑勲さんの同期となりました。池田監督が、「君たちは実際に体験していないわけなんだから、

図4　©2019こうの史代・双葉社／「この世界の片隅に」製作委員会

戦時中を描いた映画を作るのは正直言うと勧めない」というようなことを言われたわけです。非体験者でありながらそれを描くにはどうすればよいか、強く意識しなければならない、そう言われたように思いました。この池田監督も、自分の藤沢空襲のときの機銃掃射では、戦闘機の乗ってきたパイロットの顔を見たとおっしゃっていたわけです。

映画『この世界の片隅に』を観ていただいた方のなかには、アニメーション映画としては珍しく七〇代、八〇代、中には九〇代の人も多くいらっしゃいました。私自身も映画館で、相当数のお客さんたちと話をしました。自分が体験した時代は確かにこうだったと言われることが多かったです。それは「非体験者である」我々が考え抜いて描いたことに対して得られた、ひとつの答え合わせであるように思えました。

ただ、一本のアニメーション作品は、当然ながら空襲をはじめとした戦災、戦争中の生活のある一面を描いたにすぎません。まだまだ原野として広がっている領域は多くあります。映画をご覧になった方々は、よろしかったらより想像と知識を広げていっていただければと思います。

柳原　どうもありがとうございました。今回のテーマは「表現」です。今日は、二一世紀に入ってからの多様な表現の実践者をお呼びしてお話を伺いました。片渕さんのお話は「表現」の可能性と、そこからわれわれが何を考えていくのかに関するヒントになるようなお話だったと思います。

本シンポジウムの趣旨と関係しているチャットのコメントを拾ってみましょう。今、コメントに「心理という言葉に危うさを感じる」や「資料をまずは峻別《しゅんべつ》してやっていくべき」というものがあります。これは私自身も歴史研究者という立場から同意見です。しかし、記憶研究という分野であれば、先ほどの楢崎さんのパイロットに対する認知の問題とか、片渕さんの「B29のパイロットの顔」の話もそうですが、記憶の形成過程を明らかにするというアプローチもあり、対話は可能だと思います。

片渕さんのお話で印象的だったのは「余地」という言葉でしょうか。歴史研究はもちろん万能ではなく、どうしても「漏れ」が出ます。今日の言葉では映画、あるいはアートがその余地を埋める役割を果たすのではないでしょうか。これは研究とアートのどちらが上とか下とかではなく、逆もまたしかりです。両者は相互補完的な関係にあること、そしてコミュニケーションの回路が確保されていることが重要かなと。

トークセッション「二一世紀の空襲の記憶・表現」

柳原　では、トークセッションに入ろうと思います。まずは、今回の共催団体である戦争社会学研究会会長の山本昭宏さんとパブリックヒストリー研究会の呼びかけ人の岡本充弘さんからコメントをお願いしたいと思います。まずは、山本さん、いかがでしょうか？

山本昭宏（以下、山本）　神戸市外国語大学の山本昭宏と申します。戦争社会学研究会の会長もしておりまして、このシンポジウムの共催団体として名前を連ねさせていただいております。

簡単に自己紹介だけすると、私は戦後日本の核エネルギーに関する言説とか表象をたどる研究をしてきました。歴史学を名乗ったり、文化史を名乗ったりしています。戦争社会学研究会という会は、社会学者だけが集っているわけではなくて歴史学者や宗教学者も集っています。空襲に関し、これまでにも日本近現代史研究者の長志珠絵さんや柳原さんに登壇していただいた「空襲の記憶」のシンポジウムや戦争映画をテーマとしたシンポジウムを開催してきました。詳細はホームページや過去の研究会誌『戦争社会学研究』のバックナンバーを参照してください。

自己紹介はそれぐらいにして、簡単にコメントだけ申し上げたいと思います。報告を伺いながら、よく知られた言葉ですけれども、歴史というのは現在と過去の絶えざる対話だというカーの言葉を何度も思い出していました。僕自身の反省も含めてですけれども、現代社会は、戦争体験でも、銃後体験でも、「体験」というものを体験者にずっと語らせてきたのではないか、そういう反省に似た思いが私はあるんですね。そういう思いを持っているが故に、今日登壇された皆さまがそれぞれの現場で戦争を語っておられるという点に、敬意を持ちました。

コメントをもうちょっと続けたいと思います。柳原さんのスライドに、「記憶の継承のモチベーションを形成していく」という言葉がありました。また、「手段」という言葉も使っておられたと思います。そういうモチベーションとか手段という点に私自身も関心を持っているので、ちょっとコメントさせてください。

手段というと、目的というものが付いてくるわけです。さきほど、私は、戦争体験を体験者に語らせてばかりきたのではないか、と言いました。ただ、やはり、体験者じゃない私たちが、戦争体験を継承していくことの目的について、なかなか語りづらいところがあるなと感じています。目的を語りづらいから、その手段としてのメディアや運動に焦点を当ててきました。

例えば、ものすごい最新技術によって銃後の生活をリアルに共感できる映像を、作れたとして、それを見た人が、あっ、何だ、銃後の生活でもそれなりに楽しく毎日生きているじゃないかというふうに思って、「あれ、戦争というのは別に全然普通なんじゃない?」と、思う人がいるとしたら、それは手段を追求し過ぎて共感できやすくしたが故の、間違って届いちゃった誤配みたいなことになり得るわけですよね。もちろん、そういう例は少ないとは思いますけれども。

何が言いたいかというと、一体どこまで相手に委ねるのかという問題ですね。戦争を「見る」ということ、あるいは空襲を「見る」ということをめぐっては、それを見る人にどこまで委ねるのかという問題があると思うのです。その点、アニメーションも、展示も、あるいは工藤さんたちがやってこられる活動も語りが入ってきますから、そういった調整はできると思うんですが、一枚とか数枚単位で見る写真というメディアの場合は、そのあたりの方向付けとかストーリーが難しい問題として浮上してくるんじゃなかろうかと思いながら聞いていました。

そもそも何のために継承するのかという目的を問い直したいし、そのために何が出来るのかということを自分の宿題として今日頂いたかなと思っています。今日は本当にありがとうございました。長々としゃべって申し訳ないです。以上です。

柳原　いえいえ、今の山本さんのコメントに対して今後のトークセッションの中で反応される方がおられれば、反応していただければと思います。では岡本先生、よろしくお願いします。

岡本充弘（以下、岡本）　今日は大変参考になりました。自己紹介をということですが、個人的には、僕は一九四五年に生まれたので、疎開先で育ちました。疎開先で生まれて疎開先で育ったんです。それで戦後、東京の本郷、ど真ん中に戻りましたが、その家の庭にコンクリ製の防空壕がありました。防空壕というと普通、土に掘ったりしますけれども、ものすごく立派なコンクリート製の防空壕です。物心が付いたら庭にそのコンクリート製の防空壕があったということで、戦争の記憶というのはそこから始まります。とても自分にとっては大きな記憶でした。

個人的なことはさておいて、パブリックヒストリー研究会というものを今、行っていますけれども、パブリックヒストリー研究にはいろいろな流れがあります。しかし、そのひとつの大きな流れは今日のような普通の人々、あるいは個人個人の中にある歴史を重視するということです。それからもうひとつは、今日話した方が所属されているような博物館あるいは歴史、遺跡、遺物ですね。そういうものの中に残された歴史を文書的な歴史以上に重要視していこう、これがパブリックヒストリーというもののひとつの大きな考え方です。

従って、パブリックヒストリーはオーラルヒストリーとか、ビジュアルヒストリーというものを大変重視しています。今日皆さまが話してくれた映画、アニメといったサブカルチャー、それから、今日も大変重要なテーマになりましたけれども、記憶ですね。記憶。それから、あとはメディアとの関係です。そういうものを研究会として行っていて、それで今日は共催者に加えていただいたということで、大変ありがたく思っています。

この会は、基本的には何回かやったんですけれども、コロナのために駄目になってしまって、なかなか開催ができなくなっていて、今日は共催ということでお願いしました。それとは別にウェビナーですね。ズーム（Zoom）を使った研究会を、ちょっと私的ですけれども、毎週金曜日の夜にやっています。これは、パブリックヒストリーというテーマは海外で非常に研究が盛んになっていますから、その海外の研究の動向を欧文の論文なんかを読みながら研究しているというものであって、毎月テーマを決めています。九月はデジタルです。それから、一〇月は今日テーマとして取り上げられた記憶と歴史の関係です。

最後に今日の会のコメントみたいなものでひとつだけ、僕にとって非常に印象に残ったことを言うと、多分、ユーチューブで見ている方もそうだと思いますけれども、白黒フィルムのカラー化という問題ですね。これはもう非常に大きなテーマだと思います。

今日、柳原さんが説明してくれましたけれども、これはドイツだけではなくてイギリスなんかでもとても盛んで、今年の初めに公開された、僕の記憶では、原題は『They Shall Not Grow Old』（邦題『彼らは生きていた』）という題名だったと思いますが、第一次世界大戦の兵士の記録を、白黒フィルムをカラー化したものがあります。

それから、ＢＢＣがイギリスの工業化に伴う労働者の生活状況を、その当時のフィルムをつなぎ合わせてカラー化をしているという大変興味深い、これはＮＨＫでやりましたけれども、そういうものが最近では試みられています。これに対しては批判もいろいろあるようですが、だけど、こういう映像を見たときに自分たちが一番気付くことは何なのかというと、歴史の中に入るという経験ですね。自分が過去の中にいる人と同じ存在であるという感覚を持てるという、そういう問題が恐らくこうした試みの中にはあると思います。渡邉先生の本も僕、書評しましたけれども、やっぱりそういう歴史の中に対して、それを見た人に入っているという感情を抱かせるという大きな役割が明らかにあると思います。

ところが、問題を提起すると、こういう感覚はカラーの劇映画を見ても私たちの中に生じないんです。カラーの歴史的な映画には一九三〇年代にアメリカで作られた、有名な『風と共に去りぬ』があって、日本では一九五〇年代からカラー劇映画というものが作られ始めますけれども、こういうものを一回見ても、最近では『永遠の0』なんて戦争映画を見ても、むしろ過去に対する猜疑《さいぎ》感しか生じないんです。自分たちとはこれは違うものなんだ。明らかに、これは現在構築したものにすぎないという、過去の実際とは違うという違和感を私たちの中に作り出すという問題があります。

どうしてこういう問題が生ずるのだろうか。同じ過去の色付けであっても、どうしてこういう問題が生じていくのだろうかということはとても興味深い問題で、そういう問題を私たちの研究会では考えています。

柳原　どうもありがとうございました。では登壇者の方でユーチューブ・ライブのチャット欄のコメント等に対して何かリプライがあればお願いします。

猪原　チャットには、体験者の方に事実誤認があるんじゃないか、史料批判しなければいけないんじゃないかということが書かれています。これは聞き取りをしているとすごくたくさん出てくる話ですが、私たちはその場で、そのまま採話をするんです。これは間違いの可能性はあるけれどもということで、そのまま記録して、外に出すときも、恐らく間違っているけれども、この人にはこういうふうに感じられたんだというふうに出すんですよね。

史料批判は歴史家であれば当然やるべきだと思いますが、聞き取り調査については、ひとまず批判せずに記録するべきだと思っています。私という当時を経験していない人間が、調査に当たっているわけで、その場合、実は聞いている内容のかなりの部分を理解していないんじゃないかというふうに早い段階から私は思っているので。

こういうふうに逃げて、焼夷弾が落ちてきたんだという話をテキストにまとめることは確かにできるんですけれども。私が聴き取り調査を始めた頃に、衝撃を受けた調査がありました。雨の日には下駄をはくんだよ、と言われたときに何故かわからなかったのです。雨の日にわらじとか草履を履くと底に泥が付いて歩けなくなるからなんですけれども、そういった細かい日常のニュアンスというものを、当時を知らない私は理解せずに聞き取り調査をしているわけですよね。生活の細かいところまでは絶対に理解できていないんだなと思ったことがありまして。まず同じ土俵に立ってお話を聞いているわけではない。かなりの部分を理解できていないけれど、それでも一生懸命拾い集めて記録しているというつもりで、いつも話は聞いているんです。また、話されている方にとっても、フィクションになってしまっていることもあります。でも話されているお話は修正せずに記録するべきだと思います。

ただ、私たちが後から内容を理解するために、何か確かなものがあるのかというと、それは残された実物の資料、そういうもので何とか穴を埋めていくしかないのかなと思っています。

楢崎　猪原さんがおっしゃっていることを僕も意識しています。映像を作るときには資料があって、ものがあって、人の話を聞いてということで組み立てていきます。僕はビデオを見た方が「これは事実だ」と思う可能性が結構大きいと考えて作っています。そうすると、この人とこの人の話を合わせてみて、これは間違いないなとか、日本側の資料や、米軍資料と照らし合わせてみるみたいなことをしながら制作を進めています。それでも完全な個人的体験というのは証明のしようがないところがありますよね。そういったところをどうしたものかというところはありますけれども、なるべく事実を提示するというところがアニメとは違っているところじゃないかなと思います。

この間、満蒙開拓団のアニメを見てすごく感動しました。アニメはある程度記録に基づいた上で、すごく感動するように作ることができますよね。僕がすごく感動するビデオを作る事ができるかというと、体験者の話を僕が伝えるというかたちになるから、無理に感動させようとするということができないなという気がするのです。なるべく事実を伝えたい。

それからもうひとつ努めていることは、僕がひとりで取材するとと相手がすごく緊張してしまう。例えば空襲の話を聞くということでこちらが構えると、相手が話したいことがたくさんあるはずなのに、それを落としてこちらが目的とする話だけを聞いてしまうということが起こりがちなので、必ず女性と一緒に行きます。女性がいると向こうが安心するところがありますから、多くはうちの妻と一緒に行く。駄目だったら学習館の女性と行くというふうなかたちで、いろんな雑談をしながら進めます。そうすると、戦争が人々の生活にどういうふうに影響したのかというような、当時の生活のディテールみたいなものが分かってきます。それも戦争の記録としては大事なことなので、例えば女性がどんな生活をしていたのか、女の子がどんなふうに日々を過ごしていたのか、を何人もの女の子だった人たちに取材してビデオ作りに努めています。また、当時こんな雑誌を読んだと聞けば、国会図書館などに行って確認することなどが大事かなと考えてビデオ作りを続けています。

片渕　私はアニメ側の立場の人間ではあるわけなんですけれども、楢崎さんがおっしゃるようにアニメーションだから事実じゃなく、感情を優先してものを作れるというのはひょっとしたら本当のことなのかもしれないわけですね。自分自身もそういう意味では、そういうことに陥りたくないな、陥らないほうがよいなと思ったものですから、実は『この世界の片隅に』という映画を作るときに、たくさん当時の方のお話を聞いたんでしょうということを言われたんですけれども、ものすごく正直に言いますと、ほとんど聞いていないんですよ。

オーラルヒストリーに頼らなければいけないというのは一番最後のところだと思っていて、それは自分として、ここまで分かったんだから答え合わせのためにみたいな感じだったんですよね。いってみると、できる限りのものを当時の記憶から自分たちで読み取るということをまずやって、構築されたものを持っていって相手の人の話を聞くと、あっ、自分たちの抱いてきたものはこういうことだったんだなということを確かめる最後の手段だったんです。

じゃあ、何をもって自分たちのイメージみたいなものを組み立てていったかというと、「当時撮られた写真」「当時の公的文書」「当時その日に書かれた日記」のような、いわゆる一次資料です。やはり一番大きくは写真ですね。写真資料というものは、その意味では揺るがせないですから。ただ、写真にキャプションがもし付いていたとしても、それは絶対信用しない。キャプションそのものを疑ってかかって、そこに映っている事実は何なのかというところから始めて、このキャプションは合っているのか、あるいはこれは何月何日にどこで撮られて、誰を撮った写真なのかということを突き止めていくわけです。

例えば呉市という町を舞台にしたわけですけれども、呉の市史編纂《へんさん》室に行くと、特に戦後すぐの当時はたくさん写真があったわけですが、これをいったん全部ファイルからばらばらにして町の地図に当てはめ直すわけです。そうすると、これとこれはアルバム上は別々のところに映っていたけれども、あっ、向かい合わせなんだ、同じ通りの向かい合わせなんだ。あるいは、ここにはこういうお店があったのだけど、それが建て替わってこういうふうになって、それが空襲で焼けて、焼け跡にこんなふうに復活した、そういう理解をした上で、こういう経緯のある町だったんだなという印象を築いてゆく。その上で当時の体験者の方のお話を聞きに行くというようなことをやっていたんです。

そういうふうにして、これが事実なんだとわかったものをある程度定着する目的をもってアニメーションを作っているわけです。人によってはCGでやるということもあるわけですが、実はCGで作るよりも、我々の「絵」の方が心理的距離感が、またちょっとややこしい言葉なんですが、見ている側の方との距離感を縮めるかたちがあるわけです。CGで描いたときに、すごく上手なCGというのももちろんあるわけですが、どうかするとどこかでよそよそしくなる、あるいは異化効果がものすごく発揮され過ぎてしまうようなことがあるわけです。不気味の谷という言い方がありますよね。そういうものが加わってしまうわけです。

そういう意味でいうと、アニメーションの場合は一度絵の上にならしてしまっていますから、そこで選択的に描かれたエッセンスのほうがうまく伝わるんじゃないかというところがあります。でも、そうしたところまで持ち込むためにはかなりのものを実は作り手側が調べた上でやらなければいけなくて、そういう意味でいうならば、まだ自分たちも足りないんですけれども、多くの場合はそこが足りていないんだろうなという気がしています。

柳原　どうもありがとうございます。今のお話から分かることは、表現者はそれぞれのやり方と見せ方を突き詰めているということです。これは、本シンポジウムの開催意図でもありありました。

空襲には、当然ながらその時点・地点があり、それを体験した唯一の個人が存在します。例えば一九四五年の何月何日のどこかで、誰がどのような被害にあったか、です。このひとつひとつがとても重要なのです。猪原さんの保存収集や記録、楢崎さんのドキュメンタリー制作、そして片渕さんのアニメーション制作、共通しているのは、その一回性の歴史的な点を掘り起こす、要は事実を掘り起こす作業をされている。そして、それを各自の「表現」に載せておられる。

そして、楢崎さんとも、猪原さんとも、片渕さんともまた違う立場で、私が研究者として今回シンポジウムを組んだのは、この共通性と表現としての表出のあり方の違いを浮き上がらせたかったからです。同時に、それぞれの領分や得意とすること、さらには限定性を浮き彫りにしたかった。

楢崎さんが課題とおっしゃっていたように、何らかの地点と地域に集中することによる限界はあって、けれども楢崎さんは自分の領分で表現されているわけです。それらの間をつないだり、広げてみたり、また違う方向から考えて、刺激を与える。そういう手段として、猪原さんの展示や片渕さんのアニメーションがある。カラー化もそうです。

では、手を挙げていただいていますので、福島さん、楢崎さん、そして猪原さんの順にお話しください。

福島　今の隙間を埋めるという話が、アートとかクリエイトの話に行く手前のところでもすごくあるなというふうに、今の話を聞いて、また、皆さんの今までの長い積み重ねのお仕事を後から追い掛けて考えたときにあるなと思いました。ひとつは、チャットでのコメントで、みなさんがきっちりした地図を作られている中で、例えば朝鮮半島とか、旧満洲とかの課題はどうなるんでしょうかというふうなことがあります。

要するに、戦後の日本列島で展開する運動になっているから構造的にそうならざるを得ないんですよね。だけど、帝国日本ということを考えるとそうではないわけです。そこの問題というのは、これもずっと指摘されている話だと思いますが、あるなというふうに思っています。

でも、皆さんもすごくヒアリングの話とかでも意識されているように、例えば都市とか日本の中の農村の問題でも、近年すごく、ジェンダーとか、他の課題とかで、いろんなかたちで周縁《しゅうえん》が、皆さんがお仕事を展開するなかでようやく可視化されているところがあって。そこから資料のないところをどう考えるかという話に最後いきたいんです。僕、京都府でアーカイブズを扱っていたことがあって、戦後に占領軍がやってきたときに、彼らは大体、二〇歳までいかないぐらいの戦場帰りの人たちがそのまま来ちゃうので、日本中で車をすっ飛ばしたり、爆弾を爆発させたり、けんかしたりして、事故と事件をたくさん起こすんです。米軍は補償金を払ってくれないので、日本政府が見舞金を出すんです。

その見舞金の調書を、西川祐子さんという生活史の方が閲覧されるのをずっと、京都府の職員としてお手伝いしていたことがあるんですけれども、明確になったのは、女性と朝鮮人が絶対出てこないんです。そんなわけないんですよね。必ず何かの被害に遭っているんですけれども、女性と朝鮮人は京都府に申請書を出さないので被害が見えないんです。それは、調書を全部繰る中で逆に分かってきた問題で、多分、そういう可視化されていない部分にどういうふうに想像で到達するかというか。

事実が分からないとまず駄目なんですけれども、そこから隙間の問題――隙間の問題とあえて言いますけれども――に行くか。それが多分、今、盛んにやられている闇市研究だったりとか、戦時期の女性の扱い、敗戦での女性の扱いをもう一回考えるとか、そういう話に多分つながってくるのかなと思っています。だから、アート、クリエイトの話もそうだし、戦争研究の中での跳躍のしかたみたいなことをちょっと考えたいなと思ってコメントしました。取りあえず以上です。

柳原　どうもありがとうございます。「日本の空襲」という語りや、分かりやすい例では東京大空襲という言葉を聞けば、下町での東京空襲をすぐイメージされるわけですが、もちろんそれ以外に数多く空襲されていて、山手空襲や八王子空襲もあるわけです。しかし、「東京空襲」と語ることで消えているものがたくさんある。だからこそ、この大会のように地域と連携しつつ、不可避に生じる「隙間」を埋めていくということが重要だと思っています。もちろん、朝鮮半島や満洲の問題もです。

檜崎　片渕さんが言われたことで僕が共通して感じることは、僕も戦後世代なので、僕が空襲について何か語ったり、戦争はこんなひどいですという話をしても、あまり説得力がないなという気持ちがすごくあります。ですから、継承者として戦争を体験した人がどう思っているのかということを伝えられれば、僕の役は十分かなというふうに感じているのです。

これは空襲だけのことではなくて、さっきから普段の生活みたいな話が出ていましたけれども、今年やろう、来年もやろうと思っていることは、当時は海外にいて、今は立川に住んでいる市民はどう感じたのか、戦争のときにどう生活していたんだろうか。朝鮮半島ではどうだったのだろうか。あるいは満洲ではどうだったんだろうかということを映像化することで、いわゆる大日本帝国に視野を広げることができると思います。例えば台湾で少年兵にされた中学生が立川に住んでいます。そういう方の証言映像を見て、広がりを感じてもらいたいと思っています。

今、一番困っていることは、当時国内に住んでいた、朝鮮人、台湾人の方に戦争中の話が聞けていないことです。このままでは、「立川市民の戦争」としては、十分な記録にはならないと思っていますので、体験者を見つけ出す努力をしています。発想はやっぱり帝国に広がる、今の日本列島だけに閉じ込めちゃ駄目だという意識は僕にもあります。

柳原　ありがとうございます。猪原さん、どうですか。

猪原　要は素材として一時的に受けたインタビューはもう全部だらだらと残しておく。そこから、楢崎さんがなさっているようなお仕事というのは、ひとつフィルターが入ってコンテンツを作っていくということなので、そこをきちんと分けてしまえばと思います。可視化もひとつフィルターを入れることですし、それをどういうふうに捉えるかというのは個々人の問題なのかなというふうに思っております。以上です。

片渕　さっきの話題にあった、朝鮮半島、台湾とか満洲とかは意識の外にあってしまうというのが分かってきたというお話、それから、何が空白なのか分かってきたということ、本当にそのとおりだなと思っていて。逆にいうならば、それ以外の「自分たちにとって既知」と思える面積を、本当に知り尽くすように埋めてかからないと、「まだあるかもしれない意識していなかった問題点」にへたどり着けないような気がするんです。それ以外のところをできる限り埋めることが出来たときに、それでも残る空白の面積が憶測以上のものとして見えてくるところがかなりあるような気がしていて。

まあ、個々人のレベルではある狭い領域についてかなり調べられていたりするんだろうけれども、それは、世界というのが無数のディテールからできているそのひとつのピースであるわけです。それらを横断するようなアーカイブ的なものが存在できたときここが抜け落ちていたんだと最後に抜け落ちているもののあることに気づくことができるような気がするんですね。何が分かっていたのかという、ある意味でいうならば、それをお互いに検索し合う、閲覧し合うようなことがうまくできないと、最後まで残ってしまった穴が見えてこないような気もするんです。

柳原　協働関係について、お互いが建設的に批判し合うということも重要でしょう。あるプロジェクトは一緒にやるし、別のプロジェクトでは、例えばお互いに協働はできないということもありだと思います。こういう関係を今後どう構築していくかということは、続けて来年度も話し合いたいなと思っています。

他にどうでしょうか。チャットのコメント等も拾っていただければと思います。ただし書き込み数がすごい数になっており、すべては拾えませんが……。香港から参加されている方もおられるようですね。今回はユーチューブ・ライブ開催で、地域を超えて、しかし、各地で地道にしっかりと活動されている方をつなぐということができたかと思います。

工藤　皆さんの意見を拝読して、いろいろ、地域を越えてやりたいことはあるんだけれども、例えば僕の立場だと、あと生きている間にどれぐらいのことができるだろうかと考えてしまうので、今日頂いたコメントは非常に重たいものだなというふうに思いました。

柳原　では、工藤さんにはまた最後に振るとして、岡本さん、山本さんもいかがでしょうか。

岡本　皆さんの努力をちょっと壊すような話で申し訳ないのですが、今、海外からも参加しているということなので話します。空襲という問題が海外で問題になるときは、例えばアメリカではエノラ・ゲイの問題なんです。つまり空襲する側の問題です。空襲される側の問題じゃなくて、空襲する側が、例えばスミソニアン博物館でどのように展示をされるのかということが海外では一番大きな問題になるわけです。

香港から参加されている方がいらっしゃるということですけれども、当然、日本も空襲をした。重慶などで大変大きな空襲をしたわけです。ですから、例えば特攻隊の兵士というのはあたかも被害者であるようにみなされるけれども、彼らのような空軍や海軍のパイロットは、日本の戦争の優位性が継続していれば、空襲の爆撃手だったんですよね。決して戦争の被害者ではない、そういう立場にあった人たちです。厳しい言い方だけれども、そうなります。

この話をなぜ僕がするのかというと、ハワード・ジンというアメリカの歴史研究者、ニューヨーク市立大学で大変ラディカルな主張をした人ですけれども、この人は第二次世界大戦の爆撃手だったんです。戦争を上から見ていた。爆撃する側から見ていたんです。ところが、戦後に爆撃した地域を訪れて、大きく歴史観を変えた。爆撃をされた側、下から見て非常にラディカルな歴史学の立場に立っていくことになります。

そういうわけで、皆さんのこの研究会の努力はものすごく大事だと思うし、無視する気は全くないですし、これをさらに継続していくべきだと思いますけれども、やっぱり空襲というものの二面性ですね。国際的な側面から見ていけば、どうしてもそういう問題があるんだ。日本人にとってもそういう二面性があるんだということをやっぱり議論の前提としていかないと、現在のような、はっきり言って、戦争を肯定するような若者に流れているものを本当に食い止めることはできないというのが僕の考えです。大変皆さんに申し訳ないのだけれども、あえてこの問題は提起したいなと思います。

柳原　空襲を日本国外に開いていく可能性は重要だと思います。それもオンライン化で「国境」を越えやすくなった利点だと思います。実は私も今、ドイツ・ミュンヒェン市から参加しています。

私は今、アウクスブルク大学にも所属していますが、同大学では空襲の国際的な比較研究プロジェクトがあって、そこではイギリス出身者とドイツ出身者が一緒に議論をするという、そういう場があります。

特に加害・被害性でいえば、楢崎さんの報告にあったパイロットのリンチ殺の問題というのは、「被害だけ」という語りを批判的な視点から見られる出来事だと思うんですね。時間が経過したことによって、逆に距離が置けて、それに取り組むことができるようになってきたこともあります。ドイツでも同じ状況で、最近、ドイツにおける爆撃機・戦闘機パイロットのリンチ殺害とその裁判についての書籍が出ています。

お待たせしました。山本さん、お願いします。

山本　先ほどの岡本先生と柳原さんの今のやりとりに共感しながら手を挙げていたんですけれども、私が最初にまとまらないコメントで言った、何のために継承するのかということにも関わる問題だと思います。また、私の専門のひとつである原爆にも関わることなので、一言だけコメントさせてください。

昔、映画監督の吉田喜重が面白いことを言っていました。原爆で死んだ人の視点というのは絶対に再現できないというんですね。つまり記録や証言は、キノコ雲の写真がわかりやすいですけれども、基本的には落とした側の視点や、生き残った人の語りです。原爆の爆心地にいた人が、そのとき上を見上げていたら何が見えていたかというのは絶対に映画ではできないんだということを吉田喜重が昔言っていて、ああ、なるほどと思ったんですね。

他方でアニメーションならできるというのも思うんですね。柳原さんが詳しいと思いますけれども、『火垂るの墓』で焼夷弾が落ちてくるのを下から見るという場面があります。あの瞬間、アニメーションを見るという体験の中で私たちは死んでいった人の視点に、フィクションですけれども立っているわけでしょう。私が言いたいのは、先ほどの被害と加害とか、アメリカのエノラ・ゲイとかの話に関連して、メディア文化による追体験という論点をかませることで対話の糸口が生まれる余地があるのではないか。

柳原　死には決して近づけない。そこには「表象の不可能性」があるのですが、ただし、想像の回路をどのように作っていくかということは重要だと思います。

例えば、証言集を読んで、証言からその社会を再構成するというゼミをしたことがあります。しかし同時に、この証言集を書けなかった人、つまり亡くなった人の立場から再構成する試みもしました。

ただし、かなり注意が必要で、若者たちにトラウマを残すようなことにもなりますので、準備がかなり必要でした。拙速に飛び付けるような教育方法ではないんですが、準備を段階的にしっかりとすれば可能だと思います。しかし、これも結局はやはり「フィクション」なんですよね。

檜崎　先程山本さんがおっしゃったことですが、初めてビデオを作る前にやった講演は、最初に重慶《チョンチン》空襲の話を持ってきました。NHKが二〇年ぐらい前に、日本軍が上空から重慶を爆撃している映像と、何を狙ったかという史料を組み合わせた日中戦争のドキュメントを放送しました。その一部を見てもらって、まず日本が先に都市空襲やったということを知るのは大事なんだということを訴えてから、ビデオ制作を始めているということを補わせてください。

柳原　ユーチューブ・ライブのチャット欄からひとつ。空襲映像・描写の「感情」の強調という点についてです。空襲に関するＮＨＫのドキュメンタリー、一九七〇年代のものと二〇一〇年代のものを比較して、『戦争と平和を考えるＮＨＫドキュメンタリー』（日本平和学会編、法律文化社、二〇一九年）という書籍に記事を書きました。「感情」に関していえば、二〇一〇年代の番組の方が語りがしっとりとしているというか、センチメンタルです。これに対して、一九七〇年代の方はからっとしていました。

この違いは報道にも現れています。渡邉さんたちの御著作の報告で、強制収容所の写真のカラー化をお見せしましたが、最近テレビでは、「これから死体が出てきます。気を付けてください」のようなメッセージが出るじゃないですか。もちろん、ショッキングな映像にトラウマを抱えておられる方もいるので、そういう配慮ではあります。このように「感情」に気を使いながらも、他方では感情をさらに揺さぶるような傾向もある。

こういうときに、今回の登壇者の方々のような実践者、この感情に絡め取られない強さを持っていると思うんですよね。ここから学ぶべきことはたくさんあるかなというのが私の感想です。

では、最後に事務局長の工藤洋三さん、コメントをいただけますか。

工藤　今日の会合をまとめるということにはならないと思います。非常に多岐にわたる点が出てきましたので。ただ、さっき柳原先生もおっしゃったように、今回、新型コロナウイルスの影響が広がるもとで、今年はきっと駄目だよねという話になったときに、対面式は駄目だけれどもオンラインに挑戦してみようと、そこから始めて、六月初旬から練習を、柳原先生を中心にずっとやってきたわけです。私たちは挑戦することによって非常に貴重な体験をして、いろんな意見を頂きました。それは今回のことをよく話し合った上で、じゃあ、これからどうするのという話を今からやっていきたいと思います。皆さん、今日はどうもありがとうございました。

柳原　どうもありがとうございました。

最後に御礼です。今回、このオンライン大会は、福島さんのご助力なしには実現できませんでした。また、オンライン・サポートに当たっていただいた「武蔵野の空襲と戦争遺跡を記録する会」の牛田守彦さん、愛媛大学学部生の竹中義顕さん、東京女子大学学部生の櫻田美月さん、同大学院生の中山恵さんに心から感謝いたします。本当にありがとうございました。

注

（1）本シンポジウムは「二一世紀の空襲の記憶・表現」として開催されたが、原稿化にあたり改題した。また、山本昭宏氏と岡本充弘氏は、当初は「共催団体からの挨拶」という位置づけだったが、ユーチューブでの学会のため、音声で反応可能なおふたりが結果的に討論者となった。これは、はじめてのオンライン学会開催ということもあるが、企画・司会の柳原の不手際である。

（2）当初は、渡邉英徳氏の報告が予定されていたが、体調不良により予定が変更された。

（3）Fumihisa Miyata「ビジュアライゼーションからストーリーテリングへ――『記憶の解凍』プロジェクト・インタビュー」Hillslife, 2020.08.14, https://hillslife.jp/learning/2020/08/14/rebooting-memories/（最終アクセス：二〇二一年一月三一日）

（4）同右。

（5）Solveig Grothe, Plötzlich ist die Welt ein bisschen bunter, in: Spiegel-Geschichte, 14.07.2016, https://www.spiegel.de/geschichte/nachkolorierte-schwarzweiss-fotos-eine-neue-dimension-a-1098796.html（最終アクセス：二〇二一年一月三一日）

（6）マルティン・ハイデガー／森一郎編訳『技術とは何だろうか』（講談社学術文庫、二〇一九年（Kindle版））、No.1490/2392.

（7）Gangolf Hübinger, In zwei Welten leben. Zu den Aufgaben des Historikers, in: Jacqueline Nießer, Juliane Tomann (Hg.), *Angewandte Geschichte. Neue Perspektiven auf Geschichte in der Öffentlichkeit.* Paderborn 2014, S. 40.

（8）菅豊「パブリック・ヒストリー――現代社会において歴史学が向かうひとつの方向性」（菅豊・北條勝貴編『パブリック・ヒストリー入門――開かれた歴史学への挑戦』勉誠出版、二〇一九年）（1）頁。

（9）村上登司文『広島平和科学』二五（広島大学平和科学研究センター、二〇〇三年）一二五頁。

（10）山根和代「平和ミュージアムと平和教育」（『住民と自治』六六四号、二〇一八年）八頁。

（11）古市憲寿『誰も戦争を教えられない』（講談社、二〇一五年）一九一頁。

（12）「岡山戦災の記録と写真展」は一九七八年に第一回の展覧会が開催された記録があるが、この名称の展覧会はそれ以前にも岡山市立中央図書館で開催されている。

投稿論文

乳幼児期被爆者による原爆体験の構築

――「愛知自分史の会」の事例から

愛葉由依
（名古屋大学）

はじめに

問いの設定

近年、被爆者の高齢化と絶対数の減少に伴い、原爆体験の継承についても喫緊の課題となっている。このような状況において、被爆者のなかでも比較的「若い」とされる乳幼児期被爆者は、自らの体験として原爆体験を語りうる最後の世代でもある。しかしながら、二〇一八年に共同通信が行った被爆者に対するアンケートの結果には、それらの人々が体験を語っていない理由として「親が焼死し、様子がわからず話せない」「小さくて何も覚えていない」といったことが挙げられている。[1] このことから、被爆時の状況を覚えていないことや、原爆で家族をも亡くし被爆時の状況を聞くことができなかったということが、それらの人々を原爆体験について語ることから遠ざけていることがわかる。他方、二〇二〇年に活動が再開された「愛知自分史の会」では、そのような被爆時の記憶がほとんどない乳幼児期被爆者が自分史執筆に取り組んでいるのである。

被爆者の「自分史の会」における自分史執筆の特徴と意味は、これまでの被爆者研究の指摘とも関連が深いものである。しかしながら、その実践が主題化されることはほとんどなく、その実践の変遷も未解明なままである。また、近年においては、乳幼児期被爆者が原爆投下時の体験の構築に取り組むという現象が見受けられるが、その現象は、被爆者の高齢化と原爆体験の継承の問題に関するこれまでの研究の中では顧みられなかった。乳幼児期被爆者は、自らの体験として原爆体験を語りうる最後の世代である。その一方で、原爆体験を構築するうえでの要となる被爆時の記憶がほとんどないという特徴があることから、これらの人々による取り組みは注目に値する。

以上を踏まえ、本稿では、全国に複数ある被爆者による「自分史の会」のうち、一九九六年の設立時から現在までの変遷をたどることが可能な「愛知自分史の会」に焦点を当てる。そのうえで、執筆者の被爆時年齢に注目しながら、一九九六年から二〇二〇年にかけての執筆者の構成と自分史執筆への思いの変化に伴って、その実践のあり方がどのように変容してきたのかを捉えることを目的とする。そして、被爆者の高齢化により体験の語り手が減少し、原爆体験の継承が困難になるなか、現在の「愛知自分史の会」の主要な執筆者にもなっている乳幼児期被爆者に焦点を当て、現在における被爆者の「自分史の会」の意義と役割を再考する。

なお、本稿では「原爆体験の構築」という観点から「愛知自分史の会」について記述分析していくが、この「原爆体験」とは、濱谷[2]が定義した、原爆が投下された日から現在に至るまで原爆に被爆した人々の身に起こったすべてのことを指す。そして、「原爆体験の構築」とは、その「原爆体験」において、乳幼児期被爆者の記憶から欠けていた原爆投下時のことを埋め合わせたものを、他者とともにつくりあげていくことを指す。

先行研究——社会学における被爆者研究と「自分史の会」

本稿で主題化する被爆者の「自分史の会」は、後述するように栗原淑江による呼び掛けを機に、一九九二年以降、全国の複数の地域で立ち上げられたものである。栗原は、自分史執筆の特徴と被爆者が自分史を書く意味について次のように指摘している。まず、自分史は調査などで質問に受動的に答えていくのとは異なり、目的を持って主体的、能動的に自分の言葉でつづる[3]という特徴があるために、「自分の人生についての新たな発見や希望」[4]を生み出すことができる。ふたつ目に、自分史では、自分を取り巻く社会や歴史と個人史を重ねて書く[5]という特徴があるために、「同世代を生きる人間の苦しみや喜びとして、若者たちにも共感し追体験しうるものになる」[6]。三つ目に、自分史では、被爆体験に限定せず、生まれてからこれまでの人生を書くという特徴があるために、自分にとって原爆が持つ意味を捉え直すだけでなく、戦争中の自分の行動や考え方の変化を明らかにすることにもなる[7]。そして、その自分史執筆の過程のなかで、被爆者は自分自身の人生のかけがえのなさや原爆と国への怒り、それらと対峙する生き方をあらためてたしかめてきたという[8]。

まず、これらの指摘とも関連深い、被爆者の主体性の構築や被爆者の原爆体験との向き合い方に関するロバート・リフトン、石田忠、濱谷正晴、直野章子の被爆者研究についてみていく。

リフトンは、原爆が被爆者の心にどのような影響を与えたのかという観点から、被爆者の心理的側面にはじめて詳細に迫った。そして、リフトンは、被爆者は自分の体験を再整理し、系統立てる「精神的再形成」を行うことによって生きていると指摘した[9]。

石田は、「〈漂流〉が〈原爆〉による人間破壊を象徴するとすれば、それに抗って肉体的・道徳的再生を遂げようとする主体的な営為が〈抵抗〉であ」[10]り、「〈漂流〉によっては被爆者は〈苦悩〉克服の課題からますます己れを遠ざけるのであ

る」[11]と指摘した。そして、石田は、被爆者が自ら語り始めることの重要性を主張する一方で、自分が被爆したことや原爆のことを忘れて暮らそうとすることは原爆に関するさまざまな不安におそわれることから自分を守ろうとするメカニズムにほかならないと指摘した[12]。

濱谷は、人々が何に被爆したのかを指し示す言葉が欠ける「被爆体験」に対し、あの日から現在まで、原爆に被爆した人々の身に起こったすべてのことを包含する「原爆体験」を重視した。濱谷は、被爆者における〈反原爆〉の思想は、おのれを苦しめてやまない原爆と対峙することによって形成されてきたと指摘した[13]。

直野は、「原爆被爆体験も被爆者という主体性も戦後日本における言説活動の所産」[14]であるという。また、思いだすのもいやという記憶の過酷さに加え、「隣近所、親戚や家族といった生活共同体こそが、原爆被害者を差別し、虐げ、その苦悩を深め、さらに、そうした現状を語らせないよう圧力をかけている」[15]ことが多くの被爆者の沈黙を招いたと指摘した[16]。

これらの先行研究においては、戦前・戦中・戦後の生活史なかで原爆と人間とのたたかいを捉えていくことや、被爆者という主体の構築過程を捉えていくことが重視されている。

そのことは、被爆者の「自分史の会」における自分史執筆の特徴や意味とも深く関連するものである。しかし、これまでの被爆者研究において、被爆者の援助者が被爆者の自分史を通してその思いを学ぶ重要性を指摘した黒岩を除いて[17]、被爆者の「自分史の会」を主題化したものはほとんどみられなかった。また、原爆のことを思い出すのもいやという理由で沈黙する傾向は、被爆時の記憶が鮮明な被爆者について特に言えることであると考えられるが[18]、被爆時の記憶がほとんどない乳幼児期被爆者についての検討は十分になされてきていない。

近年、被爆者が高齢化し、被爆時の記憶が鮮明な被爆者の数も減少するなかで、原爆体験の継承について言及した研究には、八木良広、直野、根本雅也によるものがある。

八木は、自身が研究を始めた二〇〇二年以降、継承活動がより盛んに行われるようになった一方、「原爆被害の問題や被爆者の生きざまについて公的な場面で語るに値するのは、何より被爆者（や被爆二世、三世、その家族や親せき）であり、他の人びとは二の次という風潮[19]」があったことに加え、聞き手や読者の原爆問題の受け止め方について、被爆者がその方向性を指示する状況も見受けられたという。しかし、二〇一二年に開催されたシンポジウム「核時代を生きる〜今こそヒバクシャの声を世界に・未来に〜」において、被爆者が原爆問題の受け止め方を次世代にゆだねる動きがみられ、それは、「直接的な被爆体験を持たない若い人たちによって「新たな語り」を生成する可能性」があると指摘[20]した。

直野は、現在まで、原爆被爆体験は被爆者の所有物であるという前提で議論が進められてきたために、被爆者の高齢化による体験の風化の加速が懸念されてきたという。しかし、原爆被爆体験は必ずしも被爆者の所有物ではなく、戦後日本における言説活動の所産であるため[21]、「「被爆体験の継承」とは、被爆者が同伴者とともに築いてきた理念を次代に引き継ぐことを指す[22]」と指摘した。

根本は、教育という枠組みにおいて一九八〇年代に組織化された体験語りの活動に着目し、その活動を行う十代後半から二十代で被爆した人々を中心に取り上げた。そして、これらの人々においては、自発的な応募ではなく他者からの「呼びかけ」が語り手になる契機になっていたことや、聞き手との相互作用のなかで語り手としての自己形成を行っていたことが共通項だと指摘した[23]。

これらの被爆者の高齢化と原爆体験の継承の問題に関する

研究は、被爆者から非被爆者の次世代への継承に焦点を当てる傾向にあった。その一方で、近年は、乳幼児期被爆者が原爆投下時の体験の構築に取り組むという現象が見受けられるが、それについては、ここまでみてきたような研究の中では顧みられなかった。

本稿では、被爆者の自分史執筆に焦点を当てるが、自分史に焦点を当てた主要な研究としては、小林多寿子によるものがある。

小林によると、一九八〇年代以降、自分史ブームが起きた[24]が、このブームを支えたのは戦争体験をもつ人で、一九九〇年代後半においては、一九二〇年代後半から一九三〇年代前半生まれの執筆者がもっとも多かったという[25]。小林は、このような人々が自分史を書くことは、人生の再吟味、アイデンティティワーク、次世代への継承となるだけでなく、苦労や苦悩などの否定的なものを肯定的な意味に転換し、執筆者を解放・救済へと導くという[26]。これは、栗原[27]が指摘した被爆者が自分史を書く意味とも類似している。

このように、小林は戦争体験と自分史について言及しているが、しかし、被爆者を自分史執筆の機会へと導いた背景、乳幼児期被爆者による自分史の執筆、被爆者の高齢化に伴う会の継続の困難さについての言及は、栗原によるものしか見受けられない。

栗原によると、自身が被爆者に自分史の執筆を呼び掛けた一九九二年は、被爆五〇年を間近に控え、被爆者の平均年齢も還暦に差しかかったところだった。そのため、被爆者においても、これまでの人生をふり返り、自分の人生の意味を確かめてみたい、自分の生きた証を子や孫たちに何らかの形で残したいという思いが強かったという[28]。

被爆五〇年に還暦を迎える被爆者の多くは、被爆時の記憶が鮮明な人々だと思われるが、栗原は、被爆時の記憶がほとんどない乳幼児期被爆者が自分史を執筆する意味についても言及している。栗原によれば、乳幼児期被爆者は、被爆時の記憶がほとんどなかったとしても、被爆者運動とつながっていった経緯を含め、自分史を通して様々な節目を書いてくことによって、自分の被爆者としての生き方を確認することができるという[29]。そして乳幼児期被爆者と支援者が協力しながらともに自分史を書き上げていくことができれば、「それは、核戦争の時代を生きた人間から、核兵器も戦争もない世界をつくりあげていく時代を生きる人たちへの、人間から人間への何よりのバトンタッチである[30]」と指摘する。

栗原はこのような背景と狙いのもと、一九九二年から日本全国の被爆者に自分史の執筆を呼び掛けてきた。しかし、二〇〇九年頃には、高齢化する被爆者に自分史を書いてもらうことに限界を感じつつあった。そのことも一因となって、二〇一三年には、一九九三年から二〇年間継続した「自分史つうしん ヒバクシャ」の発行に区切りをつけることにしたと述べている。(31)

この指摘が行われてからさらに時が経過したいま、被爆者の高齢化と絶対数の減少がより一層加速している。そこで、本項で検討してきた先行研究を踏まえ、いま、改めて被爆者の「自分史の会」に焦点を当てるとともに、乳幼児期被爆者による自分史執筆にも着目していく必要があるのではないだろうか。

対象と方法

本稿では、一九九六年に立ち上げられた「愛知自分史の会」に焦点を当てる。栗原は、被爆者の高齢化を一因として、二〇一三年には二〇年継続した「自分史つうしん ヒバクシャ」の刊行にも区切りをつけたというが、同じ頃、「愛知自分史の会」も類似した状況にあった。『文集第I集 過去から現在、未来へ そして世界へ』を刊行した二〇〇八年以降、その会の活動は中断されていた。その後、二〇二〇年はじめにおいて、他の地域では被爆者の「自分史の会」の活動が確認できなかった一方、「愛知自分史の会」では、二〇二〇年一月に活動が再開された。(32)「愛知自分史の会」に焦点を当てるのは、現在における被爆者の自分史執筆の状況の一端を読み取ることができるとともに、これまでの活動との比較をすることも可能となるためである。

具体的な方法として、一九九六年から二〇〇八年にかけては、二〇〇八年に刊行された『文集第I集 過去から現在、未来へ そして世界へ』を中心的な分析の対象とするとともに、補足的に当時の執筆者のひとりと世話人に対して行った聞き取りについても参照する。二〇二〇年においては、一月から二月にかけて「愛知自分史の会」と「木曜の集まり」に参与(33)しながらフィールドワークを行い、定期的にそれらの集まりに参加して自分史執筆を継続しているDさん、Eさんに特に注目する。それらをもとに、一九九六年から二〇〇八年にかけての「愛知自分史の会」における執筆者とそこでの実践、現在における「愛知自分史の会」の執筆者とそこでの実践を比較検討する。

本稿では、一節で被爆者の「自分史の会」と「愛知自分史の会」について概観した上で、二節で「愛知自分史の会」の執筆者の構成と自分史執筆への思いの変化について事例を示しながら考察し、三節で「愛知自分史の会」における自分史の執筆方法と執筆内容の変容について事例を示しながら考察する。

一、被爆者の「自分史の会」と「愛知自分史の会」

被爆者における「自分史の会」は、一九九二年の栗原による呼び掛けをきっかけに、全国の複数の地域で立ち上げられたものである。本節では、栗原の取り組みをたどりながら、被爆者の「自分史の会」の成り立ちをみていきたい。

一九四七年生まれの栗原は、長崎被爆者の生活史調査を行っていた一橋大学の石田忠のもとで一九六八年から学び、石田とともに長崎被爆者の生活史調査や、一九七七年の被爆者問題国際シンポジウムに向けた生活史調査にも携わった。(34)その後、栗原は、一九八〇年から一九九一年まで日本原水爆被害者団体協議会（以下、被団協）の事務局員として被爆者運動に関わった。(35)

そのような被爆者との関わりのなかで、栗原は一九八四年の「原爆被害者の基本要求」に集約された「ふたたび自分たちのような苦しみを誰にも味わわせてはならない」という被爆者の思想を、単なる「被爆体験記」ではなく、被爆前から今日までをつらぬく生活史・精神史的な記録として残してほしいと思うようになったと振り返っている。(36)その頃、自分史ブームが起きていたが、栗原は「「変動する社会や時代とのかかわりの中で、一庶民としてその人が何を考えどのように生きて来たかを書きつづった自叙伝（半生の記）」（『新明解国語辞典』三省堂）といった「自分史」の特徴は、まさに被爆者の人生の記録にこそふさわしいのではないか」(37)という考えから、一九九二年に被爆者に自分史の執筆を呼び掛けた。

その翌年の一九九三年から二〇一三年まで、栗原は「自分史つうしん ヒバクシャ」を発行するとともに、全国各地で自分史の書き方などに関する講座を単発やシリーズで開催した。一九九八年時点では、全国で二六〇人ほどの被爆者が自分史執筆に取り組み、「自分史つうしん ヒバクシャ」の読者も全国で五〇〇人ほどになっていた。(38)そのなかで継続的に「自分史の会」を開催していたのは、広島、長崎、福岡、愛知だった。[39]広島では、原爆被害者相談員の会が、自分史集『生きる』の発行ごとに執筆希望者を募り、原爆被害者相談員の会の有志らが原稿執筆を支え、『生きる』は第五集まで発行された。長崎では、自分史を執筆する被爆者が中心となった「つたの会」があり、自分史集『いのちの証』が発行された。福岡では、福岡在住の被爆者が中心となった「つくしの会」があり、この会でも自分史集が発行された。

本稿で具体的に取り上げる愛知では、栗原と付き合いが長かった荒木孝子の呼びかけにより、一九九六年に「愛知自分史の会」が立ち上げられ[40]、一九五七年に被団協の地方支部として設立された愛知県原水爆被災者の会（以下、愛友会）とも連動しながら活動が行われてきている。「愛知自分史の会」は、一九九七年九月から二〇〇〇年一月までの休止期間を除き、一九九六年から二〇〇八年の第五二回にかけて、一、二カ月に一回程度のペースで愛友会の事務所等で開催された。二〇〇六年の第四〇回には、栗原を招き、結成一〇周年のつどいを開催した[41]。そして二〇〇八年には『文集第Ⅰ集　過去から現在、未来へ　そして世界へ』が刊行された。荒木によると、二〇〇九年から二〇一九年にかけては、中心的な執筆者が亡くなってしまったことやその他の執筆者も高齢化し、外出が困難となってしまったことが主な理由となり、「愛知自分史の会」の活動は中断することとなった。しかし、近年、荒木は愛友会の役員を務める女性から会の再開を勧められていた。荒木自身も被爆者が自分史を書くことができる時間も少なくなっていると感じていたところ、自分史執筆への意欲を示した被爆者がいたため、二〇二〇年一月からの再開が決まった。そして同月はじめに行われた愛友会の新春の集いで、荒木が「愛知自分史の会」の再開を知らせた。

このように「愛知自分史の会」は愛友会とも連携しながら活動を進めていることから、「愛知自分史の会」の執筆者のほとんどが、愛友会の一員でもあり、その多くが愛友会名古屋支部の運営を行う「木曜の集まり」にも参加している。そのため、「木曜の集まり」が自分史の執筆状況の確認の場を兼ねたりすることもある。

二、執筆者の構成と自分史執筆への思いの変化

「愛知自分史の会」発足時は、一四名が参加した。原稿を持ち寄るようになった二〇〇〇年一〇月の第一五回からの常

連は、長崎で一六歳のときに被爆した男性Aさん、広島で二三歳のときに被爆した男性Bさん、広島で一五歳のときに被爆した男性の三名で、集会には、世話人の荒木を含め、毎回六名程度が参加していた。(42)二〇〇六年二月の第四〇回以降は、長崎で一四歳のときに被爆した女性Cさん、長崎で二四歳のときに被爆した女性、長崎で二〇歳のときに被爆した女性、広島で二〇歳のときに被爆した男性、広島で四歳のときに被爆した女性、広島で二〇歳のときに被爆した男性の六名が新たに常連に加わった。(43)荒木によれば、二〇〇八年に刊行された文集の執筆者は、被爆時に四歳だった一名を除くと、一四歳～三〇歳のときに学生、軍人、挺身隊、主婦などの立場で被爆し、被爆時の記憶も鮮明な人々で、これらの執筆者のなかには、愛友会の役員を務めてきた人や、被爆者運動にも積極的に関わってきた人、それに関わっていきたいという思いを強く持っている人も多くいたという。なかでも、執筆者のひとりである一四歳で被爆したCさんは、睡眠時や核ミサイル発射に関する報道時に被爆時の記憶がよみがえることがある人だった。

つまり、一九九六年から二〇〇八年にかけての執筆者は、一九二〇年代後半から一九三〇年代前半生まれが多く、小林(44)が一九九〇年代後半における自分史の執筆者は、一九二〇年代後半から一九三〇年代前半生まれの人々がもっとも多かったと指摘したこととも共通する。そして、栗原(45)も指摘しているように、被爆時の記憶が鮮明で、それらが脳裏によみがえってしまうことがしばしばあるような人が自分史を書いていたのである。それでは、これらの人々は、どのような思いを持ってこの会に参加し、自分史を執筆していたのだろうか。

執筆者のひとりのAさんは「愛友会に入ったのは前年(46)の一一月、まだまだ働ける六六歳だった。働かねばならない家庭の事情でもあったから、いきなり被爆者運動に飛び込める状態ではなく、自分史の例会に顔を出すのが関の山で、毎回欠かさずに参加はしていた。自分史に被爆の体験を書き残すことも大事だが、それ以上に一日も早く先輩諸氏の顔を憶えて、みんなと運動に参加できる日を望んでいたのが本音でもあった(47)」という。

そしてAさんは「一九九九年には(48)、名古屋で働いた二一年間に終止符を打って、身体的に自由の身になり、愛友会の新聞発送にも顔を出したり、暇にまかせて被爆の体験を原稿に書きためていた(49)」と述べている。

別の執筆者のBさんも、「ワープロを購入し毎日打ち込んでいる[50]」というほど自ら積極的に自分史を執筆していた。そして、それには「俺たちの目的は反核・平和で（中略）、目的に向かってコツコツと運動を進めることだ[51]」という思いもあった。

AさんとBさんは、個人で自費出版も行った。それに対し、Cさんは「（愛友会の）新聞発送の手伝いをしていたら自分史を書いてみないかと誘われて、一、二回参加した[52]」という。

このように、一九九六年から二〇〇八年にかけての執筆者は、Cさんのように自発的ではなく他者からの「呼びかけ」によって参加したという根本の指摘[53]とも共通する人もいた一方で、Aさんのように、被爆者運動に踏み出す第一歩として自発的に自分史の執筆に取り組んだ人もいれば、Bさんのように、反核や平和という目的に向かって自発的に自分史の執筆に取り組んだ人もいたことがわかる。さらに、Aさん、Bさんにおいては、自費出版をしたりするほど「愛知自分史の会」以外の場でも自ら執筆を重ねる傾向にあり、彼らの自分史執筆の動機には、被爆者運動や反核・平和運動への思いといった、石田[54]や濱谷[55]、栗原[56]が指摘したような反原爆思想が確認できる。

それに対し、現在の中心的な参加者は、長崎で四ヶ月のときに被爆した男性Dさん、広島で二歳のときに被爆した男性Eさん、長崎で一歳半のときに被爆した女性、長崎で九歳のときに被爆した男性、広島で〇歳のときに被爆した男性、広島で一五歳のときに被爆した男性、広島で四歳のときに被爆した女性の七名である。この七名のうち、広島で四歳のときに被爆した女性は、二〇〇六年から二〇〇八年にかけても「愛知自分史の会」に参加し、自分史を執筆していたが、この女性を除いた六名は二〇二〇年から新たに「愛知自分史の会」に参加し始めた人々である。このような七名のうち、執筆者となったのは、長崎で四カ月のときに被爆した男性Dさん、広島で二歳のときに被爆した男性Eさん、長崎で一歳半のときに被爆した女性の〇～二歳のときに被爆した三名である。一九九六年から二〇〇八年の執筆者に比べて、執筆者の被爆時年齢が低年齢化している。それ以外の四名は、愛友会の役員を務めている人や、被爆時の記憶が鮮明な人で、これらの人々は、今回、自分史を執筆する側ではなく、自分史執筆をサポートする側にあたっている。

本稿で着目するDさんは、長崎で被爆し、原爆で母を、別の事故で父を亡くしたため、長崎の養父母のもとで生活し、一六歳で北九州に、二〇歳前後で名古屋に移り住んだ。Dさんは、養母から少しは原爆のことを聞いてはいたものの詳しくは聞けていないままだった。愛友会に入ってまだ一年ほどだが、近頃は役員として運営にも携わっている。

Dさんとともに本稿で着目するEさんは、広島での被爆時の記憶はほとんどなく、母や四歳上の兄から少し話を聞いた程度だった。父は戦地で亡くなり、母は働きに出ていたため、Eさんは祖父母と多くの時間を過ごした。就職先の転勤で大阪を経て愛知に移り住み、愛友会に入ってまだ一年ほどだが、近頃は役員として運営にも携わっている。

つまり、現在においては、乳幼児期に被爆し、被爆時の記憶もほとんどないだけでなく、話を聞くことができる肉親を原爆で失い家族や養父母などからも詳しい状況については聞くことなく、近年まで被爆者運動とも無縁の生活をしてきた人々が執筆者となっているのである。

また、前述したような背景を持つDさんとEさんは、「あのときのことだけは、忘れないのよ。小さかったのにね」と語ったある被爆者に対して、次のように語った。広島で○歳のときに被爆した男性の「でも、良いことだよね、覚えてるんだもん。わしらは、思い出さんもんね」という言葉に共感するように、Eさんも「わからん、なんにも」、Dさんも「ましてや、四ヶ月じゃ」と続けた[57]。それでは、これらの人々は、どのような思いでこの会に参加し、自分史を執筆しているのだろうか。

Dさんは「ルーツを探しにいかないと」「こんなに話したことないですよ。他人様に。自分の胸にしまっとってもいかんなとは思います。だから手記でも書こうかな」と意気込む。Dさんは、同じ乳幼児期被爆者で愛友会の役員も務める男性の後押しで「木曜の集まり」など愛友会の集まりに参加するようになると、特にそのような思いが募ってきたのだという[58]。

Eさんは、「私もね、こうやって話すことも書くこともまずなかったですからね。女房にもこんなこと話したことないですから。女房も広島の人間なんですけど、私より六つ下だもんですから、当然原爆なんか全然知りませんからね。私が家を出たきり、ほとんど帰るようなこともないような状況になってますもんで、兄貴もなにも言わないし、私もなにも言わないし、知る機会がほとんどなかったんですね。僕も○○さん（一五歳のときに、広島の爆心地から少し離れたところにあった工場から、原爆の光とキノコ雲を目の当たりにした男性）が書かれた原爆のときの体験談を読んで、こういうこともあるんだな、というのを感じまして、もっと話を聞きたいなと思って、今日も来させてもらいました」[59]という。

ここまで見てきたように、Dさん、Eさんは、被爆時の記憶がほとんどないゆえに、被爆時の記憶があることがうらやましいという思いを抱く傾向にある。そのため、自分のルーツを探したい、これまで知る機会がなかった被爆時のことを他の被爆者の体験から学びたいという思いで自分史の執筆にあたっていることがわかる。乳幼児期以上の年齢で被爆し、被爆時の記憶が鮮明にある人々のなかには、石田[60]や直野[61]などの先行研究で示されているように、原爆のことは忘れたい、思い出すのも嫌などの理由で、体験を語ったり綴ったりしたがらない人も多いのに対し、Dさん、Eさんは被爆時の記憶がほとんどないことが一因となり、むしろ被爆時のことを知りたいという強い思いを持って、自ら積極的に自分史の執筆に取り組む傾向にあると考えられる。

三、自分史の執筆方法と執筆内容の変容

世話人の荒木によると、一九九六年に始まった「愛知自分史の会」では、はじめのうちは、特にテーマは決められておらず、被爆時のことや戦争中の思い出などを自由に書いてくる方法をとっていたが、二〇〇〇年一〇月の第一五回から二〇〇五年三月の第三六回にかけては、話し合いで決めた一定のテーマに沿ってそれぞれが執筆するようになった。具体的には、幼少期や学生時代の思い出や遊び、家族との思い出、食糧事情、配偶者、仕事、健康状態といった身近な生活や、原爆への思い、被爆者健康手帳の取得、集団訴訟、憲法九条といった被爆・戦争・平和に関すること、後世に伝えたいことなどがテーマとして扱われた[62]。荒木によれば、この頃は、執筆者それぞれが原稿を読み上げ、その聞き手が自分の体験と重ね合わせながら、対話が膨らんでいった。そのため世話人の荒木が彼らの自分史執筆を積極的にサポートする必要はなかったという。二〇〇六年二月の第四〇回以降は、テーマは自由課題となっていった。ちょうどこの頃からこの会に参加したCさんは「被爆体験だけを書けば良いと思っていたら、そうではなかった。だから、最初に被爆体験を書いて、次におばあちゃんのことを書いた。今はなかなか文章にできないけど、あのときはスラスラ出てきて書けた」[63]と振り返った。

このように、具体的に決められたテーマの内容や「被爆体験だけを書けば良いと思っていたら、そうではなかった」というCさんの発言から、一九九六年から二〇〇八年にかけて

の「愛知自分史の会」では、栗原が敷いた路線に沿って、戦前・戦中・戦後の生活史のなかで原爆と人間とのたたかいを捉えるという試みがなされ、そのなかで、執筆者それぞれが原爆や被爆者運動に対する思いを再確認していくということが重視される傾向にあったと考えられる。また、一九九六年から二〇〇八年にかけての執筆者は、被爆時の記憶が鮮明にある年齢の人々であったことや、Cさんも「最初に被爆体験を書いて、次におばあちゃんのことを書いた」と発言していることから、そのような人々の自分史執筆においては、世話人が積極的に参与したり、他の被爆者の記憶を借りたりする必要はほとんどなく、自らの記憶をもとに被爆時のことから書き始める傾向にもあったと言える。

そして、執筆者のなかには愛友会の役員として長年活動をしてきたり、被爆者運動に関わったりした経験がある人も少なくなかったために、執筆当時の被爆者を取り巻く社会的・政治的状況に影響を受ける傾向も強く、核兵器廃絶や集団訴訟、被爆者援護法、海外での語り部活動の話に触れられたり、それらへの思いが書かれたりすることも多い傾向にあった。また、前述したように、二〇〇〇年一〇月の第一五回から二〇〇五年三月の第三六回にかけては、執筆者の話し合いによってテーマが決められていたことから、実際の文集にもそれらのテーマに沿って執筆された自分史が多く、なかでも、被爆後の健康状態、被爆者の集団訴訟、憲法九条、次の世代に残したいことについて詳しく記述されているものが目立った。以上から、この頃の「愛知自分史の会」は、被爆時の記憶が鮮明にある年齢の被爆者が被爆者運動や反核・平和への思いを体現していく場になっていたと言える。

現在においても、戦前・戦中・戦後の生活史を書いていくという路線自体は変わっておらず、世話人の荒木から、「幼少期のこと」といった一定のテーマも提示されている。しかしながら、これまでと異なるのは、記憶が鮮明な被爆者や家族から詳しい被爆状況を聞くことができた乳幼児期被爆者、世話人の荒木が、被爆時の記憶がほとんどない乳幼児期被爆者のルーツを探したい、他の被爆者の話を聞きたいという思いに応えるように、彼らの自分史執筆をサポートしている点である。

Dさんと同様に、〇歳で被爆し、愛友会の役員になるまで長い間家族からも被爆時の状況を詳しく聞かなかったという男性は、「お互いの体験を全部知った上で、Dさんと、これから死ぬまで（愛友会の）活動をしていきたい」という思いで、Dさんの自分史執筆をサポートしようとしていた。そのため、この男性は、Dさんの話を聞いて、世話人の荒木とともに、家族のことや住んでいた場所など、当時の状況を探る質問をDさんに投げかけた。Dさんは、それらに答えながら、家族のことや当時住んでいた町について少しずつ語りはじめた。そして、地図を眺めながら「あぁ、ここだわ。この山里町。ここに小学校があるんですよ。多分、ここに防空壕がいっぱいあって、その入り口におって中へ飛ばされたという話は聞いてます」と回想した。さらに、Dさんは、世話人の荒木から配布されていた別の被爆者の自分史にある浦上天主堂の写真を目にすると、「この壊れたところで小さい頃遊んでたよ。がれきのなかで」と関連する記憶を思い出していた(64)。

また、九歳のとき、Dさんと同様に長崎で被爆し、原爆で両親を亡くし、養父母のもとや養護施設での生活経験もある男性は、独自に入手した一九四五年頃の長崎の爆心地付近の地図を持参してきていた。彼は、ルーツ探したいというDさんから、当時身のまわりにあった建物や地名などを聞き出し、手持ちの地図からDさんの生家を割り出した。そして、彼は早速それをコピーし、Dさんに手渡していた(65)。

そして、「木曜の集まり」では、愛友会の運営や事務作業が行われた後、参加者のひとりの男性が描いた紅い原子雲の話題になった。すると、その話を聞いていたEさんが、「私は乳母車に乗ってたんですけど、(四歳上の兄に)聞いたら、真っ赤な雲が出たよ、と。まさかそんなことは……とずーっと思ってた。だけど、それもそうなんだなと」思ったと語った(66)。Eさんの自分史には、幼少期の思い出、家族、学校、仕事のことが中心に書かれていたが、このような原爆体験の構築を経て、被爆時の「紅い雲」のことが追記された。

さらに、Eさんは、二〇二〇年一一月に、「愛知自分史の会」の活動にとどまることなく、愛友会の活動の一環として、愛知県の高校ではじめて語り部活動も行なった。Eさんは、自分史のなかで「原爆のことはなにも覚えていませんが、広島で生まれ育った者として、広島の戦後の様子の一端を話せたかな」とはじめて語り部活動を行なったときのことを振り返っている。

このように、現在の執筆者は、被爆時年齢が低年齢で、被爆時の記憶がほとんどないだけでなく、これまで被爆者運動とも無縁の生活にあった。このことから、現在の執筆者においては、原爆や被爆者運動に対する思いを再確認していくということよりも、原爆投下時に自分がどのような状態にあったのかを他の被爆者の記憶などを借りながら知ることが大きな目的であり、重視されていると言える。

そのため、現在の「愛知自分史の会」では、「木曜の集まり」とも連動しつつ、記憶が鮮明な被爆者や愛友会の役員を務める被爆者が、自分自身の記憶や体験を語ったり、世話人を含めた他の参加者が地図や写真、他者の自分史を用いたり、記憶を引き出す質問をしたりしながら、そのような執筆者をサポートする形をとるというのが特徴となっている。そのなかでも、特に、原爆で両親を失ったり、乳幼児期に被爆したりしたというような執筆者との細かい共通項がある被爆者が、乳幼児期被爆者の自分史執筆を積極的にサポートする傾向にある。したがって、現在における「愛知自分史の会」は、乳幼児期に被爆した執筆者が、このようなサポートする側の被爆者や世話人との対話を経て、これまでに聞いてきた話と照らし合わせたり、他の被爆者の記憶などを借りたりしながら、原爆投下時に自分がどのような状態にあったのかを知ることができる場となっている。

さらに、現在の「愛知自分史の会」においては、被爆時のことがわからないと言っていたEさんが自分史執筆を経て、愛友会の活動の一環として、語り部活動にも挑戦するようになっている。このことから、現在の「愛知自分史の会」は、栗原が主張するような被爆者から非被爆者の支援者への継承という意味があるだけでなく[67]、幼いときに被爆した人が自らの原爆体験を構築していくとともに、そのような人を自らの原爆体験を語る場へと送り出す場にもなっているということが重要な意味を持つだろう。

また、自分史の執筆をサポートする被爆者のなかには、「お互いの体験を全部知った上で、Dさんと、これから死ぬまで（愛友会の）活動をしていきたい」という思いを持っている人もいるということから、自分史を書くことは他の被爆者の人生を知ることにつながるという栗原の考察[68]に加え、現在の「愛知自分史の会」は、今後、ともに愛友会の中心を担っていく仲間として、人生を知り、お互いの関係を築く場となっていることも見えてきた。

おわりに

本稿では、一九九六年から二〇二〇年にかけての「愛知自分史の会」の変遷をたどるとともに、現在の「愛知自分史の会」の実態の一端についても明らかにしてきた。一九九六年から二〇〇八年の「愛知自分史の会」では、従来の研究のなかで重視された反原爆思想が執筆者においてもみられる傾向にあった。一方、現在の「愛知自分史の会」では、乳幼児期被爆者の原爆体験の構築や、愛友会の中心を担っていく仲間同士の関係づくりなどが執筆者や執筆者のサポートをする人に重視される傾向に変化しつつあることが指摘できた。さらに、現在においては、Eさんのような被爆時の記憶がほとんどなく、被爆者運動とも疎遠な生活をしてきた一方で、自らの体験として原爆体験を語りうる最後の世代でもある人が、自分史の執筆を通して自らの原爆体験を構築し、「愛知自分史の会」の活動以外の場で、実際に語り部活動にも挑戦するという実践も見受けられた。

以上から、現在の「愛知自分史の会」は、被爆時の記憶がほとんどなく、被爆者運動とも疎遠だった乳幼児期被爆者が自らの原爆体験を構築できる場であるとともに、乳幼児期被爆者を自らの原爆体験を語る場へと送り出す役割をも持つようになっていると言えよう。それに加え、その乳幼児期被爆者の自分史執筆をサポートする被爆者にとっても、今後、ともに愛友会の中心を担っていく仲間として、人生を知り、お互いの関係を築くという意義もある。これらの点が、これまでの先行研究では指摘されてこなかった知見である。そして、それらは、被爆時の記憶がほとんどない乳幼児期被爆者が中心的な執筆者となる現在の被爆者の「自分史の会」において重要な意義にもなっていると指摘できるだろう。

本稿で着目してきた「愛知自分史の会」は再始動したばかりであり、今後もさらなる展開が見込める。また、現在の「愛知自分史の会」における執筆方法は、被爆者の子ども世代が、家族史を書くというかたちで原爆体験を構築していくことにも、応用できるかもしれない。したがって、引き続きその活動を注視するとともに、他の地域の被爆者による「自分史の会」の動きにも目配りをしていくことを今後の課題とし、継承の今後の可能性を模索するための足掛かりとしたい。

注

(1)「中日新聞」二〇一八年七月二九日朝刊二面。
(2) 濱谷正晴『原爆体験』(岩波書店、二〇〇五年)V~VI頁。
(3) 栗原淑江「被爆者の自分史・私たちの自分史」(『架橋』三号、二〇〇二年)二〇一~二〇三頁。
(4) 栗原淑江「核兵器も戦争もない世紀へ——「被爆者の自分史」の試みから」(『季刊 戦争責任研究』二〇号、一九九八年)四八頁。

(5) 栗原前掲、二〇〇二年、二〇一～二〇三頁。
(6) 栗原前掲、一九九八年、四八頁。
(7) 栗原前掲、二〇〇二年、二〇一～二〇三頁。
(8) 栗原前掲、一九九八年、四八頁。
(9) 栗原前掲、一九九八年、五二頁。
(10) ロバート・リフトン『ヒロシマを生き抜く（下）』（岩波書店、二〇〇九年）。
(11) 石田忠『反原爆――長崎被爆者の生活史』（未来社、一九七三年）四頁。
(12) 同右、三二頁。
(13) 石田忠『原爆体験の思想化』（未来社、一九八六年）。
(14) 濱谷前掲、二〇〇五年、Ⅴ～Ⅵ頁。
(15) 直野章子『原爆体験と戦後日本――記憶の形成と継承』（岩波書店、二〇一五年）二二二頁。
(16) 同右、一〇六頁。
(17) 黒岩晴子「原子爆弾被爆者の保健、医療、「福祉」を考える――医療ソーシャルワーカーの役割と社会福祉教育の課題にふれて」（『社会学部論集』三五号、二〇〇二年）二一一～二三〇頁。
(18) 中澤は、統計学者の藤岡光夫が一般的に七～八歳を境にしっかりおぼえているかどうかわかれると指摘していることや、二〇〇四年三月に長崎市が行った「健康意識調査」では、七歳～一六歳で被爆した人の方が、一七歳以上で被爆した人よりＰＴＳＤをおこしやすいと言われていることに言及している。中澤正夫『ヒバクシャの心の傷を追って』（岩波書店、二〇〇七年）三四、一〇三、一〇四頁。
(19) 八木良広「被爆者と対話すること――原爆問題や被爆者の生に関する「新たな語り」の生成に向けて」（『日本オーラル・ヒストリー研究』八巻、二〇一二年）六四頁。
(20) 同右、二〇一二年。
(21) 直野前掲、二〇一五年、二二一頁。
(22) 直野前掲、二〇一五年、二二一頁。
(23) 根本雅也『ヒロシマ・パラドクス――戦後日本の反核と人道意識』（勉誠出版、二〇一八年）一五五～一五六頁。
(24) 小林多寿子『物語られる「人生」――自分史を書くということ』（学陽書房、一九九七年ａ）。小林多寿子「日本の自分史実践における「第二の生産者」と自己反省的言説」（『法學研究――法律・政治・社会』九〇巻、一号、二〇一七年）四七六～四九四頁。
(25) 小林多寿子「戦争体験と自分史――「記憶の共同体」をもとめて」（『日本女子大学紀要 人間社会学部』八号、一九九七年ｂ）一二七頁。
(26) 小林前掲、二〇一七年。
(27) 栗原前掲、一九九八年。
(28) 栗原淑江「今、「自分史」を書くということ～被爆七〇年をふり返って～」（『ヒバクシャ――ともに生きる』三二号、二〇一五年）二五～四〇頁。栗原淑江「被爆者が自分史を書くということ」（『女性のひろば』一八一号、一九九四年）六二～六五頁。
(29) 栗原淑江『「自分史」を書く・「自分史」を読む――原爆被爆者（問題）との40年をふりかえりつつ』（「ヒバクシャ2010――ともに生きる 第二七号」より抜粋、原爆被爆者相談員の会、二〇一〇年）一四頁。
(30) 栗原前掲、二〇一五年、四〇頁。
(31) 「中国新聞」二〇一三年二月一一日朝刊「被爆者自分史 志消えず 創刊20年 800編伝え終刊」。
(32) 広島においても二〇二〇年中頃から動きはじめてはいるが、再始動に向けてはまだ課題もあるように見受けられた。
(33) 「木曜の集まり」は、本文中で後述するように、愛知県原水爆被災者の会（愛友会）名古屋支部の運営のため、毎週木曜に区役所の共同スペースで役員等の数名が二時間ほど集うものである。ここでは、主に会の運営に関する話し合いや、資料作成、新聞発送、催しの準備等が行われている。正式名称はないが、本稿では便宜的に「木曜の集まり」と記述する。本文中で後述するように、「愛知自分史の会」の執筆者の多くが、「木曜の集まり」にも参加していたり、「木曜の集まり」が自分史の執筆状況の確認の場を兼ねることもあったりと、相互に連動している部分があるため、二〇二〇年一月二五日「愛知自分史の会」一回目の集まり、二〇二〇年二月六日「木曜の集まり」、二〇二〇年二月一三日「木曜の集まり」、二〇二〇年二月二〇日「木曜の集まり」、二〇二〇年二月二二日「愛知自分史の会」二回目の集まりにおいてフィールドワークを行った。なお、三月以降は新型コロナウイルス感染拡大防止のため、対面での調査は実施できていないが、世話人の荒木からDさん、Eさんが書き進めた自分史についてメールでの共有があり、筆者も電話でDさん、Eさんに近況を伺うやりとりをした。
(34) 栗原淑江『被爆者とその運動から学びつづけて――生活史調査から 記憶遺産を継承する会へ』（「平和の鐘」第七一～七四号連載）平和の種をまく会、二〇一七～二〇一八年）。
(35) 同右。
(36) 同右、一九九八年、四七頁。
(37) 同右、一九九八年、四七～四八頁。
(38) 同右、一九九八年、四六頁。
(39) 同右、一九九八年、四六頁。
(40) 愛知自分史の会『文集第Ⅰ集 過去から現在、未来へ そして世界へ』（愛知自分史の会、二〇〇八年）ⅲ頁。
(41) 同右、一二六頁。
(42) 同右、ⅰ頁。
(43) 同右、ⅰ頁。
(44) 小林前掲、一九九七年b、一二七頁。
(45) 栗原前掲、一九九八年、四九頁。
(46) 一九九五年のこと。
(47) 愛知自分史の会前掲、二〇〇八年、ⅰ頁。
(48) 「愛知自分史の会」が休会している間のこと。
(49) 愛知自分史の会前掲、二〇〇八年、ⅰ頁。
(50) 愛知自分史の会前掲、二〇〇八年、一二一頁。
(51) 愛知自分史の会前掲、二〇〇八年、一二三頁。
(52) 二〇二〇年八月二〇日、電話での聞き取りより。
(53) 根本前掲、二〇一八年。
(54) 石田前掲、一九七三年。石田前掲、一九八六年。
(55) 濱谷前掲、二〇〇五年。
(56) 栗原前掲、一九九八年。
(57) 二〇二〇年二月二〇日「木曜の集まり」にて。
(58) 二〇二〇年一月二五日「愛知自分史の会」一回目の集まり

にて。

(59) 二〇二〇年一月二五日「愛知自分史の会」一回目の集まりにて。

(60) 石田前掲、一九八六年。

(61) 直野前掲、二〇一五年。

(62) 愛知自分史の会前掲、二〇〇八年、一二三〜一二七頁。

(63) 二〇二〇年八月二〇日、電話での聞き取りより。

(64) 二〇二〇年一月二五日「愛知自分史の会」一回目の集まりにて。

(65) 二〇二〇年一月二五日「愛知自分史の会」一回目の集まりにて。

(66) 二〇二〇年二月二〇日「木曜の集まり」にて。

(67) 栗原前掲、二〇〇二年。

(68) 栗原前掲、二〇一五年。

投稿論文

戦後日本の政軍関係と自衛隊出身政治家の消長

――隊友会機関紙『隊友』の言説分析を中心に

津田壮章（京都大学）

はじめに

本稿は、戦後日本の政軍関係（civil-military relations）において、自衛隊退職者団体隊友会に所属する自衛隊出身国会議員の歴史的な輩出動向を通じた自衛隊退職者の政治への関与過程や、自衛隊施設立地自治体を中心に増加する自衛隊出身地方議員が地域政治でいかなる存在であったのかの解明を目的としている。こうした動向は、シビリアン・コントロールの対象が退職後にコントロールする側へ「越境」することを意味し、自衛官・防衛庁内局・政治家という政軍関係に流動性をもたらすものである。このため、隊友会の月刊機関紙『隊友』及び、防衛研究所等で進められている元自衛隊員のオーラル・ヒストリーを主な分析対象とし、政治家や選挙、防衛政策に関する当事者の語りを分析した。

自衛隊と政治の関係を扱う研究は、政治史分野で蓄積が進んでいる。その中でも、警察予備隊の発足から九・一一以後に至るまでの自衛隊と、政治・官僚・国民の平和認識との関係を、五五年体制の成立と崩壊や冷戦の終結等、自衛隊を巡る枠組みが大きく変化する時期を中心として歴史的に紐解いていった佐道明広の研究が特筆できる。佐道は、自衛隊の組織図や人事、自衛隊に関わる政治家や防衛庁内局官僚の言説を調査し、自衛隊と政治の関係について、戦後日本においては『軍による安全』と『軍からの安全』のうち、『軍からの安全』をきわめて重視してきた。再軍備過程で米国から持ち込まれたシビリアン・コントロールの考え方は徹底され、自衛隊の活動は法的に厳重に監視・抑制された(1)。

としている。そのうえで、自衛隊をめぐる政治的争点について、

これまで『政治の論理』の前に『軍事の論理』が抑え込まれてきたために、『軍による安全』を図るシステムには様々な問題があった(中略)防衛問題で国会が紛糾することを恐れたという『政治の論理』に由来する部分が大きい(2)

として、「政治の論理」と「軍事の論理」のバランスが重要であると指摘する。しかし、佐道の研究では、政治家と防衛庁内局の動向に主眼が置かれており、制服組や自衛隊退職者の動向については、あまり考察されているとはいえない。この他に、一九五〇、六〇年代の防衛政策と日米関係を、吉田茂が首相在任時に採用した安全保障政策である「吉田路線」(3)を軸に検討した中島信吾や、防衛計画の策定過程を内局官僚の議論を中心に検討した真田尚剛の一連の研究等がある(4)。しかしながら、これらは佐道の研究と同様、政治家と防衛庁内局の関係に主眼が置かれており、制服組の議論や自衛隊退職者の動向については注目されていない。

アメリカでは、政軍関係の研究分野の中でも、在郷軍人会の政治力が研究対象となっている。アメリカ最大の在郷軍人会である(American Legion)と政治の関係については、行政機構の再編を検討する第一次フーバー委員会(一九四七〜一九四九)の報告書に退役軍人への給付金や福利厚生の削減が含まれていたことへの反対運動の動向から、強力な政治的圧力団体であると同時に社会運動団体の性質を持つと位置付けたオリヴィエ・バーティン(Olivier Burtin)(5)や、冷戦期に強固な反共産主義の基盤となり、階級横断的なアメリカニズムという概念を主張してきた(American Legion)が形成された社会的、政治的起源を調査したアレック・キャンベル(Alec Campbell)(6)の研究が挙げられる。しかしながら、日本における類似団体である隊友会と政治の関係を問いの中心として扱った研究は

管見の限りない。本稿では、自衛隊と政治の関係を対象とする先行研究が見落としてきた、自衛隊出身政治家による防衛政策への関与と、それを支援する自衛隊退職者という構造を示すことで、自衛隊と政治の関係に自衛隊退職者団体による防衛政策決定過程への関与という視点を追加するものである。それは、佐道の言葉を借りれば、「軍事の論理」が軽視される時代に、それを政治に取り入れようとしてきた制服組や、「自衛隊の代弁者」というアイデンティティを退職後も持ち続けた自衛隊退職者の政治運動であった。

本稿で中心団体として扱う隊友会は、一九六〇、七〇年代の隊友会の動向を調べた拙稿(7)によると、以下のような組織である。一九五九年七月に発足し、一九六〇年一二月より社団法人化、二〇一一年四月から公益社団法人となる。社団法人化後の会の目的は、

> 国民と自衛隊とのかけ橋として、相互の理解を深めることに貢献し、もって我が国の平和と発展に寄与すると共に自衛隊退職者の親睦と相互扶助を図り、その福祉を増進させること(8)

である。発足から現在まで、「国民と自衛隊とのかけ橋」をスローガンとしている。正会員の加入資格は時代により若干異なるが、基本的には「警察予備隊、保安隊、海上警備隊及び自衛隊に在職して正常に退職し、本会の趣旨に賛同し、会長が入会を承認した者(9)」である。この他に、現職自衛隊員を対象とする賛助会員等がある。隊友会は、自衛隊から「自衛隊協力団体の中核(10)」と位置付けられ、隊員に対する隊友会の趣旨及び活動の普及や賛助会員の加入支援が通達に定められていたことから、自衛隊在職時にほぼ全員が賛助会員として加入している。また、『隊友』は二万部程度が防衛庁に買上げられており、各部隊に情報共有がなされていた。しかし、退職後に正会員となり、活動する者は多くない。

隊友会の主な活動内容は、自衛隊協力事業である防衛講演会や防衛トップセミナーの他、広報映画上映や隊員募集ポスターの貼り付けという防衛庁委託事業等である。また、親睦・福祉事業として、就職あっせん援護、団体保険、住宅資金貸付制度、自衛隊遺家族援護チャリティ音楽会、互助年金事業等が挙げられている。これらは、会の目的である「国民と自衛隊とのかけはし」と「親睦と相互扶助」の二種類に分類でき、一九六〇年代に前者の優位が明確化されたものの、

一九七〇年代にも福祉事業は増加していくことが示されている。しかしながら、この研究は一九六〇～七〇年代の隊友会の動向を示しつつも、基本的なデータや『隊友』の資料紹介の傾向があり、戦後政治における自衛隊出身政治家と、それを支援してきた隊友会の関係性には踏み込めていないという課題があった。

一、戦後日本における政軍関係と「文官統制」

戦後日本の政軍関係議論は、シビリアン・コントロールの制度に時間が費やされてきた。しかし、シビリアン・コントロールという輸入枠組みをそのまま戦後日本社会に当てはめることに限界もあった。小出輝章が、

アメリカの『シビリアン・コントロール』の研究の主眼が巨大な軍隊の管理という必要性であるのに対して、日本におけるそれは、突然始まった再軍備に混乱してその必要性を深く議論できぬまま、戦前の軍の行動様式の分析とそれへの反省を最高法規化させた平和憲法によって規定されていたといってよく、アメリカの事情とずいぶん異なっている。(11)

と指摘するように、国民の戦争体験や憲法九条によって、自衛隊が存在すること自体の支持を得ることから始める必要があったという特殊性が、戦後日本の政軍関係を規定してきた。

シビリアン・コントロールに関して度々取り上げられる事例として、栗栖弘臣統合幕僚会議議長（当時）が、有事法制が制定されていなかったことに関連して、

わが国が奇襲攻撃を受けた場合には、自衛隊として第一線の指揮官の判断で超法規的に行動しなければならないだろう(12)

と記者会見で述べた「超法規的発言」がある。これを批判するものは、栗栖の発言がシビリアン・コントロールに抵触することを問題視している。しかし、そこで語られるシビリアン・コントロールは、栗栖を事実上解任した金丸信防衛庁長官（当時）が、「戦前の日本にしてはいけない、と私がたびたび国会で言明していることを否定する発言だ(13)」と述べ、読売新聞社説が、「前線部隊の〃一発の銃声〃が、日本をずる

ずると果てしない泥沼に引きずり込んでしまった、暗い歴史さえ思い出してしまう」[14]と盧溝橋事件を引き合いに出しているように、自衛隊の運用に関するシビリアン・コントロールの議論とはいえないものであった。栗栖の発言では、自衛隊を運用するためのシビリアン・コントロールには有事法制制定が早急に必要との認識が示されていたが、長期保守政権政党であった自民党にすら、その認識が十分共有されてはいなかった。そこでは、自衛隊を運用するための「軍事の論理」が、国会での野党とのかけ引きや国民の平和意識への配慮といった「政治の論理」に阻まれ、抑制されてきた関係性がうかがえる。

それを示す制度として、戦後日本型のシビリアン・コントロールとされる「文官統制」が挙げられる。これは、文民政治家による統制ではなく、防衛庁内局による統制、すなわち文官による統制を意味した。武蔵勝宏によると、制服組に対する内局の優位は旧防衛庁設置法第二〇条に規定された官房長及び局長の長官補佐権を主な根拠とするものであり、

自衛隊の組織・編成、計画、作戦用兵についても、防衛庁長官による各幕僚長に対する指示、承認の補佐を通じて、幕僚監部による立案に対して、内局が主導する仕組み[15]

とされる。防衛研究所第一研究部第一研究室長（当時）の西岡朗は、自衛官の一般的な認識として、「防衛の基本的事項に対する政治の意思決定過程にシビル（内局）のみが参画し、自衛官を排除している制度」[16]と捉えているとしている。

「文官統制」の代表的な人物が、旧内務省官僚で自衛隊設立に関与し、一九六五年六月に防衛庁長官官房長、一九六七年七月から一九七二年一二月まで内閣国防会議事務局長を務めた海原治[17]である。『隊友』には、海原の寄稿や記事はほとんど見当たらない。海原に関する『隊友』紙上の数少ない言及事例として、「超法規的発言」で統合幕僚会議議長を事実上解任された栗栖が、その直後に隊友会会長（当時）の江崎と対談した記事が挙げられる。そこでは、「海原治君（元防衛庁官房長）が『統幕議長は長官の補佐官だ、重大問題を長官に相談せずに発表するのはいかがであろう。』と紙上でいっているのを見ましたが」とする江崎に対し、栗栖が、

「海原さんも実情はご存知と思いますが、わたしのとこ

ろへ、前に防衛庁事務次官をやられた方々から『今回の問題（栗栖氏の提起した問題）は、防衛庁内部で二十数年来、議論し尽されている問題だ。それを内局がとりあげなかったところに問題がある。ああいう風に外に出し、国民の議論の場に出さねば、この問題は解決しない、あなたの意見に同感だ[18]』

とする手紙が届いたと紹介し、海原の指摘を批判する文脈で言及されていた。海原は既に退職して評論家となっていたが、『隊友』紙上で元防衛庁関係者を名指しで批判する記事は珍しく、「文官統制」の代表的人物とされる海原に対する批判的な眼差しが隊友会内で共有されていたといえよう。一方、栗栖については、「第一線の部隊の指揮に責任をもつ制服幹部のパースペクティブを直截に表現し、自衛隊の組織利益をストレートに反映したもの[19]」とする評価があるように、隊友会には栗栖を慕う者も多く、『隊友』への寄稿や防衛講演会講師という形で頻繁に登場している。

隊友会も、こうした政軍関係の中で形成された団体である。初期の隊友会には「文官統制」への対抗や制服組の権限強化を目指す意図を持った役員層がいたのではないだろうか。隊友会会長は、初代の木村篤太郎（一九五九～一九七四）、二代目江崎真澄（一九七四～一九九三）、三代目池田行彦（一九九三～二〇〇四）、四代目瓦力（二〇〇四～二〇一二）までが防衛庁長官経験者であり、その下に、各自衛隊幕僚長経験者の副会長が就任する形が一九八〇年まで続いた。これは、防衛庁長官→内局→自衛官という「文官統制」とは異なる組織形態であった。一九八〇年からは元事務次官が元各自衛隊幕僚長と同列の副会長に就任し、それ以降、元事務次官の丸山昻が副会長に就任[20]している。

隊友会の目的である「国民と自衛隊とのかけ橋」は、隊友会が自衛隊と自衛隊を設置する市民社会の中間に位置し、双方に関わっているという特徴を示している。自衛隊が志願制を採用する以上、組織の再生産や円滑な活動の継続に、世論やイメージの向上は欠かせない。再軍備以降、国民と自衛隊の間には、軍事組織の存在自体を疑問視する声や、「軍事の論理」が理解されないという溝があった。隊友会の目的には、自衛隊退職者がその溝の「かけ橋」となり自衛隊の活動を支援する意図があったといえよう。『隊友』紙上で常に話題となってきたのは、自衛隊出身国会議員の輩出、自衛隊出身地方議員の輩出の二点であった。こうした「かけ橋」のひとつである自衛隊出身政治家を支援することは、国会における「防衛専門家」、「自衛隊の代弁者」を通じて自衛隊の組織利益を反映した防衛政策の推進を図り、地方議会では自衛隊出身のオピニオン・リーダーを輩出していく過程であった。同時に、統制の対象であった者が統制する側の政治家となり、文民に政治的な影響を与えていくことを意味していた。

二、自衛隊出身地方議員への期待と活動内容

隊友会は社団法人であり、現職自衛官が賛助会員のため、会として選挙活動等の政治活動はできないことになっている。[21]しかし、

政界進出は会員の社会的地位を向上させる上でも極めて有効であるので、どしどし進出してほしい。会員も有志として支援することは好ましい[22]

として、政治への進出が自衛隊退職者の地位向上に資するものと位置付けていた。隊友会所属地方議員[23]は徐々に増加していく。一九六三年の統一地方選挙では、「隊友会員から立候補して、道、県、市、町、村会議員に三十数名が当選[24]」している。一九六七年には「市会議員当選者だけでも六十名近く[25]」と倍増し、一九七五年に「道、県議に七人、市町村議に一〇一人[26]」となる。一九七九年は掲載された当選者氏名を筆者が数えたところ一六九人[27]が当選、一九八三年も同様に筆者が数えたところ一六一人[28]が当選、一九九一年は県議に六人、政令指定都市の市議に三人、市町村長に三人、市区町村議に一八七人[29]となっている。一九九五年以降、統一地方選挙の当選者名簿や合計人数は掲載されていない。当選議員の議会が明記されている一九九一年は、複数当選者のいる市町村を書き出すと、(表1)のようになる。

この中で、現在まで自衛隊施設が立地していない自治体は、秋田県東成瀬村と宮崎県南郷村のみである。高知市、宮崎市には地方協力本部[30]が立地している。福岡県頴田町、熊本県城南町、鹿児島県隼人町は市町村合併後に自衛隊施設立地自治体となっているため、近隣に自衛隊施設が存在した。このように、当選者は自衛隊施設の周辺に多く、全国的に自衛隊出身議員が勢力を拡大していったとは言い難い。しかし、自衛隊施設立地自治体の地方議会における自衛隊の存在感は、票という形で示されていた。

表１　一九九一年の統一地方選挙において、自衛隊出身者が複数当選している市町村一覧

当選人数	自治体名
八名	恵庭市
五名	熊本市
四名	春日市
三名	北海道美幌町、多賀城市、横須賀市、久居市、大村市、佐賀県三田川町、宮崎県新富町
二名	旭川市、帯広市、名寄市、留萌市、北海道遠軽町、秋田県東成瀬村、宇都宮市、和光市、木更津市、小平市、船橋市、小野市、姫路市、善通寺市、高知市、宇治市、金沢市、三重県小俣町、呉市、福岡県頴田町、佐世保市、別府市、宮崎市、宮崎県南郷村、熊本県城南町、鹿屋市、鹿児島県隼人町

（注一）いずれも当時の市町村名である。町村については都道府県名を付している。
（注二）当選者一名の市町村は省略している。
（出典）以下の記事より筆者が数えた。「統一地方選 道議・小野寺氏ら自衛隊ＯＢの活躍に期待！」（『隊友』一九九一年六月一五日付六面）。

隊友会員の地方議員を増加させてきた過程には、保守系議員への不満が根底にあった。一九七一年五月三〇日の福島県連役員会で、来賓の県議がいる中、

丹治元蔵隊友からとかく政治家は二枚舌の人が多く、自衛隊や隊友会に対しては一応理解の深い政治姿勢を示すけれども、一旦部外において語る時は防衛の問題に口をつぐみ、触らぬ神にたたりなしとの態度が多いので両先生とも勇断をもって今後この問題に対処されたしとの直言もあり、歯に衣せぬ（原文ママ）丹治隊友の貴重な発言に拍手が沸いた。[31]

としている。こうした記事が『隊友』に載るほど、当時から保守系議員への不満が隊友会内で蓄積されていたといえる。

議員となった隊友会員には積極的に防衛に関する論争をおこなう者も多い。宮崎県都城市議会議員（当時）の高橋勝夫は長沼ナイキ訴訟一審判決後の定例本会議で、「都城市議会ではじめての『防衛の重要性と自衛隊の存在価値』と題し、約三〇分の一般質問を展開し、福島判決の偏向性、自衛隊の合憲性を強調[32]」したとされる。自衛隊の議論を避ける保守系議員への不満は、隊友会所属議員が自衛隊支持を明確にした地域のオピニオン・リーダーとなることへの期待に結びついていたといえよう。

この他に、意見書や地方議会決議の提案主体としての活動が挙げられる。宮城県隊友会所属地方議員による「武の会」

は、地域で自衛隊に関する政治的な運動の中心となることもあった。多賀城市議会議員（当時）の阿部五一は「武の会」について、

地方議会において隊友議員が、防衛行政の後ろ盾として無くてはならない存在との認識に立ち、議会を通じて自衛隊に貢献するべく県隊友会地方議員の会「武の会」（会長・村井嘉浩県議）を平成一三年二月に結成した。（中略）地方議会においても、防衛に関する諸問題がしばしば議案として提案される事があり、これに対して適切に対応出来るのはなんと言っても隊友議員以外にはおりません。(33)

と紹介している。東北担当理事（当時）の坂本憲昭は、

イラク派遣部隊への県・市町議会の支援決議案等の早期の採択、あるいは議会に提出される自衛隊関係議案の有利な採択への地ならしと賛成討論、反自衛隊勢力が提出する反自衛隊議案の粉砕等議会での実効のある自衛隊支援活動(34)

をおこなったとしている。このように、「武の会」では保守系議員の中でも隊友会所属議員を「防衛行政の後ろ盾」と位置づけ、自らの特殊性を強調している。福島県や都城市で例示した一九七〇年代と比べれば自衛隊に好意的な世論となってはいるが、票にならない自衛隊に興味をもたず、積極的に関わろうとはしない保守系議員への不満や不信が根底に流れていたのではないだろうか。

三、自衛隊出身国会議員の動向

自衛隊出身国会議員の分類

自衛隊出身国会議員は、一「防衛庁長官や政務次官が退任後に入会」、二「防衛庁内局退職後に立候補」、三「自衛官が退職後に立候補」の三つに分類できる。二、三の国会議員は、（表2）の通りである。隊友会では三の国会議員に期待する役割が意識されていた。隊友会会長（当時）の江崎と坂田道太元防衛庁長官が一九七七年におこなった対談に、そのことが示唆されるやり取りがある。坂田が「いま国会で防衛専門家といえば、源田さん一人ぐらいでしょう（中略）これから

表2　内局及び自衛官出身の国会議員

氏名	在職時の肩書	国会議員在籍年
金子一平	元会計課長	一九六〇～一九八六
源田実	元航空幕僚長	一九六二～一九八六
山本幸雄	元人事局長	一九六三～一九六六、一九六九～一九七六、一九七九～一九九〇
村上信二郎	元防衛審議官	一九六七～一九七二
阿部文男	元二等陸佐	一九六九～一九七二、一九七六～一九九三
加藤陽三	元事務次官	一九六九～一九七六
堀田政孝	元人事局長	一九六九～一九七一
堀江正夫	元西部方面総監	一九七七～一九八九
月原茂皓	元防衛庁官房広報課長	一九八三～一九九〇、一九九三～一九九六、一九九八～二〇〇四
永野茂門	元陸上幕僚長	一九八六～一九九八
村井仁	元装備局管理課長	一九八六～二〇〇五
田村秀昭	元航空自衛隊幹部学校長	一九八九～二〇〇七
尾辻秀久	防衛大学校中退	一九八九～現職
中谷元	元二等陸尉	一九九〇～現職
鈴木正孝	元防衛医科大学校副校長	一九九五～二〇〇一
依田智治	元事務次官	一九九五～二〇〇一
藤島正之	元防衛庁官房長	二〇〇〇～二〇〇三
佐藤正久	元一等陸佐	二〇〇七～現職
小原舞	元海上自衛官（曹候補士）	二〇〇九～二〇一二
小室寿明	防衛大学校中退	二〇〇九～二〇一二
宇都隆史	元一等空尉	二〇一〇～現職
中谷真一	元一等陸尉	二〇一二～現職
高木宏壽	防衛大学校中退	二〇一二～二〇一七
勝沼栄明	元予備一等陸尉・医官	二〇一二～二〇一七

（注）下記文献から筆者が作成。宮川隆義『議会開設百周年記念　コンピュータ編集版　歴代国会議員経歴要覧』（一九九〇年）一五、三八一、四一四、五五五、一〇七四、一三一五、一三一八、一四五八、一五七〇頁。参議院「歴代議員一覧（五〇音順）」（最終閲覧日二〇二〇年三月二日 https://www.sangiin.go.jp/japanese/san60/giin/index.htm）。「プロフィール」（『尾辻秀久公式ＷＥＢサイト』最終閲覧日二〇二〇年一〇月一二日 http://otsuji.gr.jp/inner.html）。「プロフィール」（『高木ひろひさ official site』最終閲覧日二〇二〇年一〇月一二日　https://www.hirohisa-takagi.jp/profile/）。「プロフィール」（『かつぬま栄明 official site』最終閲覧日二〇二〇年一〇月一二日 https://katsunuma-shigeaki.com/profile/）。「プロフィール」（『おはら舞　オフィシャルホームページ』最終閲覧日二〇二〇年一〇月一二日 http://oharamai.jp/profile/）。「防衛庁関係当選者」（『隊友』一九七〇年二月一日付一面）。「期待の防衛専門家登場」（『隊友』一九八九年八月一五日付一面）。「晴れの防衛関係議員　衆議院」（『隊友』一九九〇年三月一五日付一面）。「参院選の結果　防衛議員の活躍を期待」（『隊友』一九九五年八月一五日付一面）。「参院選挙　月原参院議員が誕生」（『隊友』一九九八年七月一五日付一面）。「第二一回参議院議員選挙比例代表　佐藤正久氏が勝利」（『隊友』二〇〇七年八月一五日付一面）。「自衛隊出身議員等一覧表」（『隊友』二〇一一年七月一五日付八面）。「自衛隊出身議員等一覧」（『隊友』二〇一五年七月一五日付六面）。

の国政には、防衛問題の専門家が登場してもらいたい」と述べ、江崎は「防衛庁長官や防衛庁関係者の政治家の層が厚くなることは、たいへん必要なことだと思う。それに防衛専門家出身の政治家が加わることは、この層の厚さに、一つ筋金が入るんだな」[35]と返している。ここでは、一・二と三が区分されている他、当時衆議院議員で、隊友会函館支部連合会長でもあった阿部文男[36]が「防衛専門家」として扱われていない。五五年体制崩壊以前に隊友会が「防衛専門家」とする源田実、堀江正夫、永野茂門、田村秀昭らはいずれも元将官であり、自衛隊出身者であっても、隊友会に「防衛専門家」として位置付けられるかどうかに在職時の階級が影響していたといえよう。

政軍関係の古典的著書であるサミュエル・ハンティントン（Samuel Huntington）の『軍人と国家』では、「暴力の管理」を将校のみが有する専門技能[37]としている。時代の経過と共に将校像や管理する内容の変化が指摘[38]されるものの、将校のみが有する専門技能が存在する点については、現代の自衛隊においても通用する理論枠組みといえる。元将官である以上、専門技能を極め、防衛政策の中枢に制服組として関与した経験を持つため、「防衛専門家」出身の国防族議員として、自衛隊に関する政治的争点の議論や予算決定過程において自衛隊の組織利益を代弁する即戦力になり得る。こうした点から、隊友会が元将官の国会議員輩出を支援する意味が見いだされる。

自衛隊出身議員の中でも、堀江には注目が集まっていた。出馬前後には、『隊友』に多くの記事が掲載される。こうした支援には、自衛隊高級幹部出身者として、自衛隊の代弁ができる国会議員への期待があったと考えられる。堀江のオーラル・ヒストリーでは、

それまで源田実さんが議員でずっとおられました。しかし、源田さんというのは一般票、源田票で国会議員になっていまして、実際、自衛隊からいろんな人が何回か立候補しましたが、当選しない。事務次官をやった加藤（陽三）さんが、衆議院で何期かやったこともありますが、その他は誰もならないわけです。なんとか防衛庁のシンパを政界に送らなければならない[39]

というように、自衛隊出身者が「防衛庁のシンパ」として国会議員となることの必要性が語られている。統制の対象から

統制する側の議員となった堀江は、シビリアン・コントロールに対する当時の国会内の雰囲気について、

自民党の国防部会とか、安全保障調査会とか、基地対策委員会に行ってびっくりしたのは、あまりにも集まって来る議員が少ないことです。(中略)議員に防衛関係について関心をもち、理解をもってもらってやらなければ、本当のシビリアン・コントロール、シビリアン・シュープレマシーなんてできるはずないじゃないか、という思いでした。(40)

と述べており、自衛隊に興味を持たない政治家による統制の課題が語られている。堀江は、自民党議員向けに防衛問題の勉強会を実施してきた他、一九八〇年から自民党内の「国民運動本部の中に安全保障対策委員長のポストを設置」(41)する等、コントロールする側である自民党内で防衛問題の関心を高める活動をしており、「一貫して防衛に関するすべての問題に挺身してきた」(42)というように、自衛隊出身の国防族議員への期待に応えようとしていたといえる。

自民党の族議員を研究した猪口孝と岩井奉信は、一九八六年の自民党政務調査会の部会参加議員数から、

選挙で決定的にマイナスになるといわれる国防部会は、族が形成されている分野の中では際立って不人気である(中略)自民党が表面上はともかく、個々の議員のレベルでは、そのレーゾンデートルの重要な部分を事実上放棄したことを意味している。(43)

と指摘する。こうした党内の状況で、自衛隊出身国会議員は自民党の「レーゾンデートル」といえる防衛政策の中枢として期待され、一方では国防部会という票にならない分野を任せられる対象としての党内需要があったといえよう。

自衛隊出身国会議員の必要性は、防衛庁内局官僚から語られることもある。元防衛事務次官の江間清二は、一九九五年から一九九七年にかけての防衛庁長官官房長在職時の国会対応について、

野党にも仲間がいないと困るんだ。理事会で自民党の理事の先生が言った時に、野党はだいたい反対するんですよ。その時に、田村先生とか、鈴木(正孝)先生、彼は

僕と同期だし、彼も野党側だったけど一年生で理事をやっておられた。その理事が反論しなければ、通っちゃうんだから。そういう意味では、環境的に非常に恵まれていた。だから身内というのは、防衛庁出身の人間がいてくれるのは、すごく助かるんですよ。依田（智治）先生も与党でおられたからね。(44)

と、五五年体制崩壊後の国会で自衛隊関係の議論を進める際に、自衛隊出身議員がいることの重要性を述べている。

一九九一年一月の『隊友』より、「われらの代表、新春の決意」として、自衛隊出身国会議員の寄稿欄が掲載され、毎年一月の『隊友』に同様のコーナーが設けられるようになる。掲載議員は（表3）の通りである。自衛官出身国会議員であっても、元幹部ではない小原舞、防衛大学校中退の小室寿明・尾辻秀久・高木宏壽、医官の勝沼栄明らは掲載されていない。一方、一九九〇年代後半には、月原茂皓、依田智治、藤島正之といった内局出身者が、元将官の永野や田村と同列に扱われている。見出しの「われらの代表」は一九九二年から「防衛出身議員(45)」となり、こうした抽象的表現が二〇〇二年まで続く。中谷元が掲載される二〇〇三年より「隊友会役員議員(46)」という客観的事実を示す表現に変わり、宇都隆史が追加される二〇一一年から「隊友会役職議員(47)」となる。

中谷元は自衛隊を尉官で退職後、一九九〇年に衆議院議員となり、二〇〇一年には自衛官出身者として初の防衛庁長官に就任し、二〇〇二年に退任している。中谷元が掲載される二〇〇三年から客観的事実である「隊友会役員議員」へと表現を変化させた背景には、元将官や内局幹部という自衛隊の

表3　「われらの代表、新春の決意」等の国会議員寄稿欄に掲載された議員一覧

氏名	掲載年
永野茂門	一九九一～一九九八
田村秀昭	一九九一～二〇〇七
依田智治	一九九六～二〇〇一
月原茂皓	一九九九～二〇〇四
藤島正之	二〇〇二～二〇〇三
中谷元	二〇〇三～二〇二〇
佐藤正久	二〇〇八～二〇二〇
宇都隆史	二〇一一～二〇二〇
中谷真一	二〇一四～二〇二〇

（出典）一九九一年～二〇二〇年の『隊友』（一月一五日付）に掲載された該当欄から筆者が作成。

中枢での勤務経験を経た「われらの代表」や「防衛出身議員」とは異なり、自衛隊でのキャリアを中断したことで「防衛出身」と呼ぶには勤務期間が短い元尉官という在職時の階級が影響していたのではないだろうか。幹部自衛官の中でも厳しい選抜を経た将官とは異なり、尉官は幹部候補生学校を卒業すれば誰もが昇任できる初級幹部である。元将官と内局幹部を中心に支援してきた隊友会にとって、元尉官を「防衛出身議員」とは呼べなかったのではないかと考えられる。中谷元、中谷真一、宇都らは、いずれも尉官で退職し、中谷元、中谷真一は議員秘書、宇都は松下政経塾を経ているように、それまでの「防衛出身議員」とは異なる経歴で国会議員となっていた。

依田や田村の引退を境に、隊友会所属国会議員の出身階級が変化した背景には、一九九〇年代以降、政府内において制服組の業務内容や政策形成過程への関与が増加してきたことが要因と考えられる。武蔵勝宏は、安全保障政策の立法過程について、一九九〇年代の新ガイドライン策定過程から制服組の影響力が増加し、その後、徐々に法案作成過程へ制服組が関与する程度が増加したことや、二〇〇六年の統合幕僚監部新設といった機構改革によって、「内局主導であった防衛庁の法案作成過程を現場である制服組の意見を反映させた現場主導型の要素がより強いものへと転換させ(48)」たと指摘している。制服組の影響力や政府内での役割の増加により、自衛隊の中枢での勤務経験を持つ元将官や内局幹部を自衛隊と政治のパイプ役として擁立する必要性が低下し、自衛隊での勤務期間は短いものの、元幹部自衛官というアイデンティティを有しつつ、政治家として長期的なキャリア形成が期待できる層の支援に移行したと考えられる。

一九八〇年代から噴出する自民党への批判

元東部方面総監で隊友会常務理事就任経験もある源川幸夫は、

参議院比例代表制ができてから、毎回の参議院選挙でOBを防衛代表として候補者に擁立し、何とか国会に送り出してきた(49)

としており、自民党の参議院選挙比例区が自衛隊出身者枠として機能していたと考えられる。一九八六年七月六日投開票の参議院選挙では、永野が当選している。しかし、自民党内の比例区順位が二一位と下位であったことから、『隊友』には自民党への批判が数多く掲載される。選挙後の『隊友』一面には「読者の声」として、「自民党よ！自衛隊をナメたらアカンよ」[50]と太字で書かれ、一面コラム欄の「発煙筒」に、「永野先輩の順位には、いささか鼻白んだ。我々は国の防衛問題に気負い過ぎているのだろうか」[51]とする批判が掲載される。元統合幕僚会議議長で隊友会副会長（当時）の竹田五郎は、「個人的見解」としたうえで、

> 全国の隊友諸君は、この選挙のため、自民党が決定した候補者名簿順位における永野氏の処遇につき、期待を裏切られたものと思う。（中略）自民党が国防は国の大事とは言うが、それは口先だけのたてまえにしか過ぎないという印象を与えたことは否めない。[52]

と批判している。こうした言説の背景には、一九七〇年代から続く、自民党政権の防衛政策への不満があったといえる。栗栖弘臣の「超法規的発言」を擁護し、制服組の権限強化や有事法制制定を求めた隊友会の動向[53]の他、「防衛関係経費の総額が当該年度の国民総生産の一〇〇分の一に相当する額を超えないことをめど」[54]とする一九七六年一一月五日に閣議決定された防衛費の「GNP一%枠」について批判的な投稿が『隊友』に目立つこと[55]、さらには竹田自身が、統合幕僚会議議長在職時に「GNP一%枠」等の防衛政策への批判的見解を述べたことを理由として国会で問題視され、統合幕僚会議議長を辞任[56]していることからも、社会党を中心とした野党の批判に譲歩する姿勢が目立つ自民党の防衛政策への蓄積した不満が、永野の比例順位という目に見える「自衛隊の軽視」をきっかけに噴出したものといえよう。

この選挙における自民党批判は一旦収束するものの、その後は参議院選挙のたびに自民党批判が目立つようになる。特に批判が集中したのは一九九八年七月一二日投開票の参議院選挙であった。石田潔元陸上自衛隊富士学校長が落選[57]したことをうけ、源川は

> 自民党も、政権政党に軍事の分かる防衛専門家がぜひ必要であると認識したからこそ、制服出身の候補者を強く求めたのではなかったか。（中略）自民党は、自衛隊が自民党を支持するのは当然のことと思っているかも知れないが、それは思いあがりだ。少なくとも自・社・さ連

立政権になってからの自民党は、自衛隊がこれまで支持してきた自民党とは全く違う政党になってしまった。

としたうえで、「自民党の参院比例代表選挙から手を引けということ」と「政治的フリーハンドを持てということである。そのために、まず隊友会の会長を政治家ではなく自衛隊ＯＢにすること」[58]を提案している。比例順位の低さによる落選であり、一九八六年の永野の時と類似しているが、源川の提案は、さらに踏み込んだものであった。この提案には、次号以降、賛否が飛び交うことになる。

こうした主張に賛同するという投稿は、「小生の思いと一致するもので、今後の隊友会活動を示唆するものであり、重要かつ緊急討議を要する」[59]としている。源川の主張を批判する者も、

自民党から出てはいけないと石田氏を諭すべきであった。言いにくいことだが、このことを源川氏に問い質さねばならない。では石田氏が当選していたら、恐らく、当選させてもらった自民党に遠慮して、今回のような『画期的な』論文を源川さんは書けなかったに違いない[60]。

と、当時の自民党に関しては批判的見解を述べたものもある。また、「自由党も月原氏を五位に落とした点において『同罪』[61]」というように、自衛隊出身者の順位を低く位置付けた保守政党への批判が多く語られている。こうした隊友会内の動向は、ソビエト連邦の崩壊や社会党が自衛隊を合憲と認めたこと等、自衛隊を巡る大きな枠組みの変化を経た政治状況の中で、自民党の国防部会に「防衛代表」を輩出することで防衛政策に「軍事の論理」の影響を与えようとしてきたそれまでの関係から「手を引」けという提案が『隊友』に掲載されるほど、自民党と隊友会との関係に溝ができていたことを示している。

参議院選挙の制度変更による影響

二〇〇一年七月二九日投開票の参議院選挙比例区は、名簿に政党が順位を付ける拘束名簿式から、個人票の得票数で順位が決定する非拘束名簿式に変更された。それまで指摘されてきた、自衛隊出身議員の順位が低いという問題の解決につながる可能性のあるものであったが、結果は田村が自由党二位で当選するも、依田（自民党二三位）、太田述正元仙台防衛

施設局長（民主党一七位）がいずれも落選している。この結果に、
　防衛代表は一人の当選。比例選個人得票は、三人合わせて一九万弱。防衛を支える国民の数が、このように少ないとは全く予測できなかった。(62)

と、落胆を隠せない投稿もある。また、

　比例代表選の新たなシステムは、百万の現職・ＯＢの意思の結集さえ成れば、与野党を問わずこれまで以上に防衛代表の国会送り込みを可能にするが、現職・ＯＢの八〇％が意思表示しない状況のもとでは、その利点を活かすことはできない。(63)

として、三名に投票しなかった現職や自衛隊退職者を批判する投稿もあった。

　二〇〇四年の参議院選挙も月原が落選しており、非拘束名簿式が不利に働いていたといえる。二〇〇一年の参議院選挙で落選した依田は、二〇〇四年の選挙を、

　自民党公認で防衛庁文官ＯＢがほかに二人立ち、(64)一本化効果が減殺されたのと、当初模索した制服幹部ＯＢの擁立に失敗したのも痛手であったと思う。（中略）党が順位をつける最後の比例選挙を戦った元陸将石田潔氏から数えれば三連敗で、いかんともし難い絶望的とも言える現状(65)

と総括している。ここでは、自衛隊出身で自民党公認であっても、隊友会が支援した月原以外の候補がいたことと、制服組出身者を擁立できなかったことが敗因とされている。

　二〇〇一年から二〇〇四年にかけては、米国同時多発テロや北朝鮮の不審船事件を契機として有事法制が制定され、自衛隊のインド洋での給油活動やイラク派遣が政治的争点となっていた時期である。自民党は両院で第一党であったものの、非拘束名簿式で自衛隊退職者を国会に送り込めない状況は、それまで隊友会が「防衛専門家」と位置付けて輩出してきた自衛隊出身国会議員が、国民に不要と判断されたことを意味する。さらに、自衛隊関係者の票固めすらできておらず、自衛隊をコントロールする側に自衛隊退職者を送り込むこと

で防衛政策決定過程に影響を与えることの必要性が、現職自衛官や自衛隊退職者にすら十分共有されていなかった点においても、隊友会にとって「絶望的」といえるだろう。

おわりに

隊友会は戦後日本の政軍関係に自衛隊出身国会議員の輩出という行動を通じて関与してきた。その背景には、票にならない自衛隊に興味を持たない保守系政治家への不満や、自衛隊の政策を自衛隊に有利に進めるためには、政策決定の中枢に自衛隊出身国会議員が必要との認識があった。隊友会所属国会議員の多くは自民党の国防族議員として防衛政策に関与してきた。それは、自衛隊を退職して文民の立場になりながらも「自衛隊の代弁者」というアイデンティティを持つ隊友会員による自衛隊の支援や、防衛に関する世論形成の推進を意味した。

政軍関係において度々論争となるシビリアン・コントロールに関する問題の当事者であった栗栖弘臣は、退職後も防衛講演会講師や『隊友』への寄稿を続けていた。こうした待遇には、制服組の権限強化や、自衛隊に在籍していた者として擁護できる認識である栗栖の発言を支援し、そうした認識を政治家や世論に広く波及してく基盤としての意味合いがあったのではないだろうか。また、隊友会に所属する自衛隊出身国会議員を輩出すること自体が、コントロールする側に「軍事の論理」を浸透させ、自衛隊の組織利益を反映した防衛政策や防衛予算編成につながると期待されていたといえよう。

防衛庁長官経験者の自民党所属国会議員を隊友会会長に据え、自民党の参議院比例区選出議員を「防衛代表」と位置付けて自衛隊退職者を国会に送り込んできたが、落選者も多く、国防が票に結びつかない状況が長く続いた。一九八〇、九〇年代には比例順位の低さをめぐって自民党批判が噴出する。この背景には、防衛費の「GNP一%枠」内での予算編成や栗栖の「超法規的発言」への対応等、自民党の防衛政策に対する不信感があり、わかりやすい優先順位である比例順位の低さによって顕在化したものであった。こうした事態からは、長期保守政権政党である自民党とも蜜月な関係になりきれず、自衛隊出身国会議員の輩出による世論形成に必ずしも成功していたとは言い難い状況が示されている。

隊友会は国会議員だけでなく、地方議員の輩出も推進しており、地方議会で自衛隊の立場から議論できるオピニオン・

リーダーが期待されていた。宮城県地方議員の会「武の会」の事例では、自衛隊に関する地域の争点や地方議会の決議等で、自衛隊に有利な政策決定や世論形成を担う基盤となってきた。国防は国の専権事項とされるが、自衛隊施設が立地する地域社会を無視して政策を進めることは困難である。特に、自衛隊施設立地自治体の議会では自衛隊が争点となることもあり、そうした場合に自衛隊の立場から対応できる自衛隊出身議員を隊友会が中心となって輩出してきた。

このような隊友会と政治との関係は、政軍関係の中でも自衛隊と政治の関係を扱う研究において、これまで等閑視されてきた自衛隊退職者による自衛隊の代弁運動という視点を提供するとともに、自衛隊退職者が自衛隊の支援者として政治に関与しようとしてきた過程を示すものである。戦後日本の政軍関係において、自衛隊退職者の政治への進出は、コントロールする側に直接関わることで防衛政策に自衛隊退職者の影響を与えようとしてきた歴史でもある。その基盤が隊友会であり、それを自衛隊も『隊友』の買上げや賛助会員の加入推進という形で支援してきた。隊友会による直接的な政治活動は不可能でありながらも、『隊友』で防衛政策への隊友会としての批判や主張を共有し、「われらの代表」や「防衛専門家」、時には「身内」とも呼ばれる自衛隊出身国会議員の輩出を通じて、「軍事の論理」を「政治の論理」に浸透させる基盤として、防衛政策決定過程へ間接的な関与をしてきたといえる。隊友会に集う者の認識や運動を紐解くことは、自衛隊という巨大軍事組織を巡る政治過程を理解する一助となるだろう。

本稿は、『隊友』やオーラル・ヒストリーに掲載された当事者の言説を中心資料として扱ってきたが、選挙に関する動きは書き残されないものも多い。こうした点で、資料面での制約という限界があった。防衛政策への不満や自衛隊出身議員への期待といった、自衛隊退職者の政治への視線のさらなる解明には、当時を知る人々へのインタビュー調査が必要である。本稿では自衛隊出身政治家の消長を示したうえで、関連する隊友会内の言説分析を中心としたため、個別の政治的争点や国会審議の分析、特定政治家を掘り下げた調査等はおこなえていない。隊友会と政治の関係を考察することは、自衛隊が自衛隊退職者を通じて国民に向けてきた視線や争点ごとの世論形成過程を解明することにもつながるものであり、これらを今後の課題としたい。

注

（1）佐道明広『自衛隊史論——政・官・軍・民の六〇年』（吉川弘文館、二〇一五年）五頁。
（2）同右、二一三頁。
（3）中島によると、その内容は、敗戦からの経済復興の最優先、防衛費の急激な増加抑制、日本防衛の米国依存とされる。中島信吾『戦後日本の防衛政策——「吉田路線」をめぐる政治・外交・軍事』（慶應義塾大学出版会、二〇〇六年）五頁。
（4）真田尚剛「防衛官僚・久保卓也とその安全保障構想——その先見性と背景」（河野康子・渡邉昭夫編著『安全保障政策と戦後日本1972～1994——記憶と記録の中の日米安保』千倉書房、二〇一六年）七五～一〇二頁。真田尚剛「防衛政策・自衛隊の正当性の揺らぎ——1970年代前半における国内環境と防衛大綱に至る過程」（『年報政治学』六七巻一号、二〇一六年）一六三～一八四頁。真田尚剛「「防衛計画の大綱」における基盤的防衛力構想の採用　一九七四－一九七六年——防衛課の「常備すべき防衛力」構想を巡る攻防」（『国際政治』一八八号、二〇一七年）九三～一〇八頁。
（5）Olivier Burtin, "Veterans as a Social Movement: The American Legion, the First Hoover Commission, and the Making of the American Welfare State," Social Science History, 2020,vol.44,Issue.2,pp329-354.
（6）Alec Campbell, "The sociopolitical origins of the American Legion," THEORY AND SOCIETY, 2010,vol.39,no.1,pp1-24.
（7）津田壮章「1960、70年代における自衛隊退職者団体隊友会の動向——月刊紙『隊友』から」（『立命館平和研究』二一号、二〇二〇年）四六～四七頁。
（8）社団法人隊友会『社団法人隊友会十年史』（一九七三年）五一五頁。
（9）同右、五一六頁。
（10）昭三四、一二、四陸幕発募第一三三号「隊友会の支援要領に関する通達」同右、五三〇～五三二頁。
（11）小出輝章『軍人と自衛官——日本のシビリアン・コントロール論の特質と問題』（彩流社、二〇一九年）一六頁。
（12）「自衛隊　超法規的行動ある　奇襲攻撃なら　統幕議長語る」（『読売新聞』一九七八年七月二〇日付朝刊二面）。
（13）「栗栖統幕議長　事実上の解任　『超法規』発言で引責」（『朝日新聞』一九七八年七月二五日付夕刊一面）。
（14）「社説　栗栖解任と文民統制の徹底」（『読売新聞』一九七八年七月二六日付朝刊五面）。
（15）武蔵勝宏「文民統制の変容と防衛省改革」（『同志社政策科学研究』一一巻二号、二〇〇九年）一六九頁。
（16）西岡朗『現代のシビリアン・コントロール』（知識社、一九八八年）一五四頁。
（17）政策研究大学院大学『海原治（元内閣国防会議事務局長）オーラルヒストリー〈上巻〉』（二〇〇一年）。略歴の記載箇所に頁数は書かれていないが、表紙から五頁目に該当。「文官統制」と海原の関係については、以下を参照。佐道、前掲、一七～二二頁。
（18）江崎真澄・栗栖弘臣「続希望対談　重要な国防の問題点国民と共に考える必要を提起」（『隊友』一九七八年八月一五日付三面）。

（19）大嶽秀夫『日本の防衛と国内政治』（三一書房、一九八三年）一八七頁。

（20）社団法人隊友会『社団法人隊友会三〇年史』（一九九〇年）三八二～三八三頁。

（21）一九七三年発行の『社団法人隊友会十年史』においては、「政治活動を主目的とする政治団体ではないので選挙活動については制限を受ける」としながらも、「会員から適材の出馬を相互支援したり、協力者を後援する等は差支えない」とされている。社団法人隊友会、一九七三、前掲、二〇一頁。

（22）「関東甲信越ブロック会議開く」（『隊友』一九七六年一一月一五日付五面）。

（23）隊友会は全員加入団体ではなく、組織率はそれほど高くないため、隊友会に所属していない自衛隊出身議員も一定数存在する可能性がある。隊友会の会員数に関しては、以下を参照。津田、前掲、四五頁。

（24）江上侃「回顧一年」（『隊友』一九六三年一二月一日付四面）。

（25）「われらの主張　隊友と政治」（『隊友』一九六七年一〇月一日付一面）。

（26）「統一選挙隊友１０８氏が当選」（『隊友』一九七五年六月一日付一面）。

（27）「自衛官ＯＢの新政治家　ぞくぞく登場」（『隊友』一九七九年五月一五日付一面）。

（28）「隊友ぞくぞく当選　統一地方選、各地で勝名乗り」（『隊友』一九八三年五月一五日付一面）。

（29）「統一地方選　道議・小野寺氏ら　自衛隊ＯＢの活躍に期待！」（『隊友』一九九一年六月一五日付六面）。

（30）当時の名称は地方連絡部。

（31）「〝行動する隊友〟へ　福島県連で脱皮を誓う」（『隊友』一九七一年七月一日付二面）。

（32）「隊友　市議会で率先」（『隊友』一九七四年一一月一日付七面）。『昭和四八年九月　都城市市議会会議録』二三〇～二三三頁。

（33）阿部五一「隊友地方議員からのメッセージ」（『隊友』二〇〇三年一一月一五日付三面）。当時宮城県議会議員であった会長の村井嘉浩は、二〇〇五年一一月より宮城県知事に就任している。隊友会所属の自衛官出身者として初めての都道府県知事とされる。

（34）坂本憲昭「かけはし　宮城県隊友の政治家集団『武の会』考」（『隊友』二〇〇七年一〇月一五日付四面）。

（35）江崎真澄、坂田道太「続希望対談　政界に防衛専門家を……」（『隊友』一九七七年七月一五日付一面）。

（36）阿部文男は、一九六〇年から一九八七年まで隊友会函館支部連合会長であった。国会議員としては、北方領土問題や日ソ議員外交に取組んできたとされる。社団法人隊友会、一九九〇、前掲、三八六～三八七頁。阿部文男「手ごわい交渉相手、ソ連」（自由民主党編『自由民主党党史　証言・写真編』一九八七年）五〇六～五〇七頁。

（37）Samuel P Huntington, The Soldier and The State: The Theory and Politics of Civil-Military Relations, Cambridge: The Belknap Press of Harvard University Press, 1957, pp11-14.（市川良一訳『軍人と国家　上』原書房、一九七八年）一二～一五頁。

(38) 防衛大学校内の研究会による入門書においても、こうした理論枠組みの変遷が解説されている。河野仁「政軍関係論――シビリアン・コントロール」(防衛大学校安全保障学研究会編『安全保障学入門　新訂第五版』亜紀書房、二〇一八年)三一五頁。
(39) 防衛省防衛研究所戦史研究センター編「堀江正夫　オーラル・ヒストリー」(『オーラル・ヒストリー　冷戦期の防衛力整備と同盟政策① 四次防までの防衛力整備計画と日米安保体制の形成』二〇一二年)三二八頁。
(40) 同右、三二九頁。
(41) 堀江正夫「防衛問題に挺身する」(自由民主党編『自由民主党党史　証言・写真編』一九八七年)七〇八頁。
(42) 同右、七〇八頁。
(43) 猪口孝・岩井奉信『「族議員」の研究』(日本経済新聞社、一九八七年)一三四〜一三五頁。
(44) 防衛省防衛研究所戦史研究センター編『オーラル・ヒストリー　冷戦期の防衛力整備と同盟政策⑦』(二〇一七年)一六〇〜一六一頁。
(45)「われらの代表、新春の決意」(『隊友』一九九一年一月一五日付四面)。「防衛出身議員、新年の抱負」(『隊友』一九九二年一月一五日付四面)。
(46)「隊友会役員議員年頭あいさつ」(『隊友』二〇〇三年一月一五日付二面)。
(47)「隊友会役職議員年頭挨拶」(『隊友』二〇一一年一月一五日付二面)。
(48) 武蔵勝宏『冷戦後日本のシビリアン・コントロールの研究』(成文堂、二〇〇九年)四八頁。
(49) 源川幸夫「参院選と防衛代表」(『隊友』一九九八年八月一五日付三面)。
(50)「読者の声」(『隊友』一九八六年七月一五日付一面)。
(51)「発煙筒」(『隊友』一九八六年七月一五日付一面)。
(52) 竹田五郎「時の動き　同時選挙を終えて」(『隊友』一九八六年八月一五日付四面)。
(53) 栗栖弘臣の「超法規的発言」と、その後の隊友会の動向については、以下に詳しい。津田、前掲、四九〜五〇頁。
(54)「当面の防衛力整備について」一九七六年一一月五日閣議決定。
(55) 例えば、隊友会副会長(当時)の三好秀男や大賀良平の以下の記事がある。三好秀男「時の動き　防衛費一%枠の撤廃へ」(『隊友』一九八五年二月一五日付一面)。大賀良平「虚妄の〝防衛費一%〟軍事大国化歯止め論」(『隊友』一九八七年三月一五日付四面)。
(56) 竹田は辞任の経緯について、「予算を通さなければいけないというようなことで、いわば野党の無理な国会対策のとばっちりを受けたんじゃないか(中略)私の首を切らなければ国会を開かないということになったので、『仕方ないから辞めてくれんか』と言われて、辞めたわけです」と、国会運営上の理由としている。防衛省防衛研究所戦史研究センター編「竹田五郎オーラル・ヒストリー」(『オーラル・ヒストリー　冷戦期の防衛力整備と同盟政策① 四次防までの防衛力整備計画と日米安保体制の形成』二〇一二年)一七三頁。
(57)「参院選挙　月原参院議員が誕生」(『隊友』一九九八年七

月一五日付一面)。

(58) 源川、前掲。

(59) 布施清吉「隊友会の改革を」(『隊友』一九九八年一〇月一五日付四面)。

(60) 渡辺眞「源川論文を評す」(『隊友』一九九八年九月一五日付三面)。

(61) 政狩圭亮「源川論文をめぐる前号の議論を見て」(『隊友』一九九八年一〇月一五日付四面)。

(62) 「編集だより」(『隊友』二〇〇一年八月一五日付八面)。

(63) 藤永剛志「浮きぼりになった自衛隊の政治意識」(『隊友』二〇〇一年九月一五日付三面)。

(64) 二〇〇一年まで静岡選挙区から参議院議員となっていた鈴木正孝と、元防衛医科大学校副校長の関肇と考えられる。

(65) 依田智治「防衛と政治――参議院議員等の経験を踏まえて」(『隊友』二〇〇四年九月一五日付二面)。

書評論文

戦争表象と世代の記憶

福間良明『戦後日本、記憶の力学』(二〇〇〇年、作品社)

荻野昌弘(関西学院大学)

本書を読んで、まず、考えざるを得なかったのは、世代の問題である。著者は私より一回り若い。それは、著者や私が日頃接している学生たちとの年齢差に比べれば、大した差ではないかもしれない。しかし、本書の考察対象のように、太平洋戦争が戦跡、記念碑、映画などを通じて、いかに表象されているかについて論じようとするとき、このわずかなちがいを「誤差」として片付けてしまうことはできないのではないか。それは、戦争をいつ、どのようなかたちで経験したかによって、戦争に対する認識が異なってくるからである。そこでまず、著者が考察の一対象としている映画をめぐる著者と私の捉え方のちがいから、世代の問題について論じてみたい。

一、著者との架空の対話——『軍旗はためく下に』をめぐって

著者は、深作欣二監督の『軍旗はためく下に』を戦後の日本映画で戦争を扱った作品の最高傑作として、愛着を持って論じている。著者が、『軍旗はためく下で』に出会ったのは、二〇〇五年ごろで、借りたビデオやDVDの中にたまたま紛れ込んでいたのだという(本書あとがき)。『軍旗はためく下に』の公開年は一九七二年で、著者にとっては、公開から三

〇年以上経ってからの出会いである。そして、著者による、この映画についての論文は、二〇一六年に刊行されている。「紛れ込んでいた」のだから、著者は、意図的にこの作品を見ようとしたわけではないだろう。たまたま購入した戦争映画の中の一作品に過ぎなかったはずである。

一方の私はといえば、この映画が公開されたときは高校生で、その存在も知っていた。この点で、『軍旗はためく下で』は、任意の戦争映画のひとつではない。私のなかでは、この作品は、その当時についての私の記憶によって位置付けされてしまう。ちなみに、この年のキネマ旬報ベストワン作品は、熊井啓監督の『忍ぶ川』で、この作品は公開時に見ている(『軍旗はためく下で』は第二位)。また、この年の上映作品で、私自身が強い印象を受けたのは、伊藤俊也監督、梶芽衣子主演の『女囚701号・さそり』だった。そして、翌年、深作は『仁義なき戦い』を監督する。『仁義なき戦い』は大ヒットし、シリーズ化され、鶴田浩二や高倉健が主演していた任侠映画は消えていく。私は、『仁義なき戦い』は、公開直後に映画館に駆けつけて、作品を見た。一方で、『軍旗はためく下に』を見るために、映画館に足を運んではいない。その理由のひとつに、同じ深作監督作品ではあるが、『軍旗はためく下で』は東宝系の映画館で上映され、『仁義なき戦い』は東映の作品だったという点が挙げられる。私は、東映の作品はそれなりに見ていたが、この年の東宝作品で見たのは『忍ぶ川』だけだった。東映と東宝では、作品の傾向が全く異なっており、私は東映映画の作品を好んでいた。

ただ、私が『軍旗はためく下で』に関心を持てなかった理由は、他にもあったように思われる。それは、深作自身が、自己の作品を振り返って「ヒューマニズム・センチメンタルでは反戦を描けない」にもかかわらず、「ヒューマニズム的反戦の残滓がぬぐい切れなかった」と指摘している点と関わる(本書一八三頁)。『軍旗はためく下で』が公開された一九七二年に、今井正監督の『海軍特別少年兵』も公開されている。今井の作品も当時見ていないが、『ひめゆりの塔』などを監督していた今井の作品が「ヒューマニズム的反戦」作品であり、『軍旗はためく下で』も同様の視点に立っているのではないかと漠然と感じていて、私は『軍旗はためく下で』を忌避したのではないかとも思われるのである。

ところで、著者が『軍旗はためく下で』を高く評価しているので、私自身、はじめてAmazon primeで本作品を視聴した。この作品が秀作であることは疑いない。著者がこの作品に強い関心を持った理由もよく理解できた。ただ一方で、深作自身が指摘していたようなある種の「ヒューマニズム・センチメンタル」の微かな臭いを私自身感じざるをえなかった。それは、まず、翌年に深作が撮った『仁義なき戦い』とは異なり、上官殺しの罪で五名のうち、三名が射殺され、残りの二名のうちただひとりの生き残りである元兵士寺島（三谷昇）のうちに、ある種の「仁義」が見て取れるからである。当初は、夫の死因を探るサキエ（左幸子）に対して、嘘をついていたが、結局、寺島は「真実」を語る（証拠がないので、実際に、事実かどうかはわからないとはいえるが）。また、学徒出身の元陸軍少尉で、高校教師をしている大橋のように、はじめから「真実」を話そうとする者もいる。大橋を演じた内藤武敏は、平沢貞通死刑囚を描いた熊井啓監督の『帝銀事件・死刑囚』でジャーナリスト役を演じるなど、真実を追求するような役柄を得意としており、『軍旗はためく下で』でも触れられた人肉食を描いた武田泰淳の小説『ひかりごけ』を一九九五年に熊井啓監督で映画化している。真実が最後に明らかになるという結末は、理性の勝利を示しており、そこに「ヒューマニズム」の心地よさが表出されてしまうのである。これは、深作作品でも、真実を報道しようとしたジャーナリストが挫折する姿を描いた『誇り高き挑戦』（一九六二年）とは異なる。

「ヒューマニズム」の残滓を感じたもうひとつの理由は、原一男監督の『ゆきゆきて、神軍』（一九八七年公開）の存在である。『ゆきゆきて、神軍』は、奥崎謙三を追うドキュメンタリー作品であるが、戦時中の上官殺しや人肉食を扱っており、扱われたテーマが『軍旗はためく下に』と重なっている。ただ、『ゆきゆきて、神軍』に「ヒューマニズム」の臭いはない。この点で、私自身は、『ゆきゆきて、神軍』を好むが、原が『軍旗はためく下に』や深作をどのように捉えているのかが知りたくなって、少し調べて見ると、原が深作の作品を非常に高く評価し、自身が開催するＣＩＮＥＭＡ塾の第一回ゲストに深作を呼んでいたことがわかった。原は、『軍旗はためく下に』『ゆきゆきて、神軍』に加え、深作の『仁義の墓場』を上映した後で、深作と対談している（http://webneo.org/archives/24978）。

この対談で深作は、庶民は被害者で、軍人、政治家が加害者であるという図式が「反戦映画」の図式であり、トキエのような庶民が事実を解明していくストーリーでは、この図式を乗り越えることができなかったと反省している。この対談では、「ヒューマニズム」という言葉ではなく、「左翼」「いわゆる良心的」「反戦映画のカテゴリー」といった表現が用いられているが、深作が意図した含意はほぼ同じだろう。そして、むしろ、一番取り上げたかったのは、「間違った命令を下す上官」を「ぶっ殺して何が悪いか」という視点だと語っている。また、「左翼」の批評家が、『軍旗はためく下に』を「エロ」や「暴力」ばかり扱う日本映画とは一線を画する作品であるとして高く評価したことに強い反発心をいだいたという。一九七二年は、日活がロマンポルノを制作し始めた年であり、神代辰巳監督の『一条さゆり・濡れた欲情』などの傑作が生み出されている。そして、深作自身は、『軍旗はためく下に』の直後に『人斬り与太　狂犬三兄弟』を撮り、翌年の『仁義なき戦い』に繋げていく。

深作は、暴力とは「人間の感情が」「あらゆる理屈を飛び越えてひとつのアクションに集約される」ことであると定義する。『ゆきゆきて、神軍』の奥崎謙三も、自らの弱さをあるる瞬間に飛び越えて、かつての上官に暴力を振るう。こうした「激情する感情」を噴出させる奥崎を深作は「信頼」できる存在として見ている。

二、戦後世代から戦無世代へ

一九七二年には、北山修作詞・杉田二郎作曲の同名のフォークソング（一九七〇年の作品）に着想を得た松本正志監督『戦争を知らない子供たち』も公開されている。北山は一九四六年生まれで、敗戦の翌年に生まれ、「戦争を知らない」世代、戦後生まれであることに強い自覚がある。より正確に言えば、戦後生まれであることを強く自覚せざるをえなかった世代である。一方、深作は一九三〇年生まれで、戦後世代ではない。ただ、戦場そのものを知らないので、戦場自体を描くことは躊躇していたが、映画の原作である結城昌治の小説を読み、戦死した兵士の遺族の戦後を描くことはできると考えたという（本書一五二頁）。深作と北山は、異なる世代に属しているが、日本の戦争体験との関わりにおいて、自己の存在、あるいは自己が属する世代を規定しようとしている点は同じである。ただ、このように、太平洋戦争との距離で自らの存在を規定する志向性は、現在、ほとんど見られないだろう。

太平洋戦争との関わりは、理念的に三つに分類することができる。まず、第一に実際に何らかのかたちで、それを体験したひとびとがいる。太平洋戦時中を知る者であっても、実際に戦地に赴いたのか、それとも戦時中にまだ子供だったのかによって、戦争の認識は異なる。ただ、自らの体験が、太平洋戦争を語るうえでの基礎となりうるという点で、ひとつのカテゴリーとして括ることができる。第二のカテゴリーが、「戦争を知らない」ことに自覚的である世代である。この世代は、「戦争を知っている」世代から、戦争についての体験を日常会話のなかで聞いた世代であることが重要である。「戦争を知らない」という自覚も、「戦争を知っている」世代との対比で生じているからである。そして、第三のカテゴリーが、映画のような戦争の表象物から得た知識から主に戦争を捉える世代である。

私自身は、第二カテゴリーに入る。戦時を直接体験しているわけではなく、著者同様、映画や小説などから戦争について知識を得ているのだが、それ以上に、両親をはじめとする戦争体験者から直接聞いた話から得た情報が占める割合が大きい。両親が語るエピソードは、ふと漏らされてものであり、「語り」として「構築」されてはいない。そうした記憶されることを意図していない言葉の群れだけが、印象に残るようである。母は、ある年の八月一五日に、みずからの空襲体験を話し始めたことがある。女学校の生徒だった母は、妹ふたりと弟ひとりを連れて、一晩中逃げまどったという話で、戦争は二度と繰り返してはならないという想いが強くにじみ出ていた。

一方、海軍兵学校七五期の父は、戦時中、江田島で過ごしており、その学校生活を楽しげに語った。海兵の同窓生は結束力が強く、ある時期から八月一五日には、同窓で靖国神社に参拝していた。その反面、江田島から遠くはない広島市の原爆投下については、ほとんど語ることはなかった。母と異なり、戦争の否定的な側面にはさほど言及することはなかったが、一度、戦死した父の兄について話したことがある。それは、兄が徴兵され、出征する前日のことで、兄のために宴席が設けられたが、兄は出征を嫌がり、泣き叫んでいたというのである。職業軍人を志していた父にとって、当時、それは理解できない行動に見えたらしい。この話をし終えた後に、父は、ふと、なぜ、兄はあれほどまでに泣き叫んでいたのだろうと一言付け加えた。生きていれば、私が伯父として接していたであろう父の兄は、靖国神社に祀られている。

NHK文化研究所が、二〇〇〇年に「先の戦争と世代ギャップ」という調査を行なっている。研究主幹の牧田徹雄の報告書によれば、調査では、「戦中・戦前」「戦後」「戦無」の三つの世代ごとに太平洋戦争に関する意識調査を分析している（https://www.nhk.or.jp/bunken/summary/yoron/social/pdf/000901.pdf）。ここで「戦後世代間」は、一九三九年から一九五九年生まれを指しており、私もここに含まれる。この調査で興味深いのは、「先の戦争に対する考え方で影響のあったもの」に関する質問で、「戦後世代」は「身近な人」と答えている回答者が四四％で最も多く、これに対して「戦無世代」は「学校の授業」と「テレビ」が、三五％で最も多くなっている点である（「身近な人」は三〇％）。

この調査は、二〇〇〇年の時点で一六歳以上を調査対象者としている。つまり、この時の調査対象者は、二〇二〇年では、三六歳以上になっている。もし、今同様の調査をするなら、「戦無世代」とも形容できないような新しい「平成世代」が調査対象となり、結果も大きく異なることになるのではないか。なぜなら、時が経つにつれ、物理的に、「身近な人」から話を聞く体験は限定されるからである。

三、継承と忘却

著者が本書で展開している「継承」と「忘却」のジレンマは、世代の間の「記憶」の差として捉えることができる。そして、厳密に捉えようとすれば、世代間の認識の問題にも、いくつか異なるタイプがあることに留意しなければならない。例えば、著者は、『軍旗はためく下で』を考察した第五章や続く第六章などで、「学徒兵の神話」について問題にしている。学徒兵の戦争責任は、彼らの「優等生ぶり」「順法精神」にあるという鶴見俊輔らの主張を繰り返し取り上げている。著者は、直接触れていないが、鶴見の学徒兵批判は、丸山真男のファシズム論と対照的である。丸山は、「日本ファシズムの思想と運動」でファシズムの推進階級は、「中間層」であり、日本の場合、「小学校教員、僧侶、神官、小工場の親方、小地主」などが、暴動の関係者、右翼団体幹部に多く見られたと指摘している。ただ、これは「中間層」の第一類型であり、第二類型の「都市におけるサラリーマン階級」「文化人」「教授・弁護士」「学生」などは、ファシズムへの関与は、積極的ではなかったという。[(1)] しかし、丸山は、第二類型、とりわけ学生が、なぜ、ファシズムに抵抗することがなかったのかについては、明らかにしていない。鶴見は、丸山が等閑視したこの側面こそが重要だと考えたのである。こうした議論は、まず「戦前・戦中世代」内部で起こっていると捉えることができる。もちろん、丸山と鶴見の議論は、「戦前・戦中世代」の内部で完結するような問題ではなく、社会学において、あらためて取り上げられるべきである。ただ、戦中や敗戦直後の大学進学率と現在のそれとは大きく異なっており、当時の学生は、今の学生に比べれば、はるかにエリートであった点など、社会構造のちがいに自覚的でなければならない。そうでなければ、丸山や鶴見が提起した論点を適切に捉えることはできないだろう

戦争とそのメディア表象（ここに記念碑や戦跡の文化遺産化現象も含まれる）研究は、次のような点に留意していく必要がある。

一、戦争をどの時点で、表象しているのか。また、それはいかなる変遷を遂げているのか。

著者が示しているように、靖国神社、原爆ドーム、知覧特攻基地などの表象のされ方や付与された意味は、時代によって異なる。映画や小説なども同様である。この点は、著者自身の研究を含め、一定の研究蓄積が積み上げられつつある。

二、戦争を誰が、表象しているのか。とりわけ、制作者は、どの世代に属するのか。

例えば、著者が取り上げた鶴見や安田武は、戦争を実際に体験した世代である。その発言や主張は、戦争を体験していない世代に響くとは限らない。鶴見や安田の言説と異なる視点の言説を対置するかたちで、より重層的に、これを分析していく必要がある。

三、戦争のメディア表象の分析者が、どの時点で分析しているのか。

分析者の立場も相対的であって、自らの分析が時代被拘束的であることを十分認識しておくべきである。著者が取り上げた鶴見の発言は、一九六〇年代後半のものであるが、これは明らかにベトナム戦争と関係している。著者も、「戦後七〇年」の際に、新聞社から受けたインタビューのなかで抱いた違和感が、本書を出版するきっかけになっている。

四、根源的怒り

著者は、二〇〇〇年以降に公開された『男たちの大和YAMATO』『永遠の0』などには、『軍旗はためく下に』

で描かれていた戦争がもたらす原初的な暴力の噴出が消え、いわば美化された戦争の記憶のみが描かれていることを指摘している（本書二六九〜二七〇頁）。これは戦争体験の「継承」という名の忘却を促している。二〇〇〇年以降の映画作品では、飢えに追い込まれた兵士たちが、場合によっては人肉まで食べた状況は一部の例外を除いて描かれないようになる。

これは鶴見が批判的していたような「優等生」的な表現ばかりが蔓延しつつあることを意味するのだろうか。鶴見は、常に優等生の「順法精神」に揺さぶりをかける必要性を説いているが、これは厳密にいえば、命令に服する従順な精神に過ぎないだろう。正義を貫徹するための本来の法の精神は、鶴見のいう「順法＝従順精神」とは異なる。

それでは、そもそも法の支配が消滅した状態、つまり誰も裁くことも、裁かれることもできなくなってしまった戦争状態は、どのように捉えることができるのか。私は、そのための最低の条件は、怒りだと考える。著者は、一九六〇年代に世代間で戦争体験の継承をめぐって対立が起こったことを指摘している（本書二六八頁）。ただ、対立するなかで、いずれの世代も、まだ怒り感情を根底に持っていた。この感情もまた、今日消えつつあるのだろうか。

注

（1）丸山眞男『超国家主義の論理と心理』（岩波文庫、二〇一五年）。

書評論文

シベリア抑留体験と日ソ戦争という前史

富田武『シベリア抑留者への鎮魂歌』、『日ソ戦争　一九四五年八月――棄てられた兵士と居留民』、アンドリュー・バーシェイ『神々は真っ先に逃げ帰った――棄民棄兵とシベリア抑留』

堀川優奈
（東京大学）

シベリア抑留研究が日本で本格的に取り組まれるようになったのはここ一〇年ほどのことであり、一九五六年一二月の集団引揚げにより抑留者の帰国が一応の完了を見たあと、五〇年以上が経過してからのことである。研究の遅れにはいくつかの理由が指摘されているが、そのひとつが資料的制約である。抑留に関するソ連の公文書は長いこと機密扱いで閲覧することができず、現在に至るまで機密解除がなされていないものもあるという。本論で取り上げる三つの著作のうち二作の著者であり、残り一作の翻訳者である富田武は、この一〇年でソ連公文書を資料としてシベリア抑留研究に熱心に取り組んできた。以下では、富田が新たに入手した資料をもとに執筆された二作を取り上げ、次いでアメリカの歴史学者であるアンドリュー・バーシェイによる著作について述べる。

『シベリア抑留者への鎮魂歌』では、まず序章「シベリア出兵とシベリア抑留」で、著者が一〇年ほど取り組んできたシベリア抑留と、シベリア出兵との関係が論じられるが、続く各章とシベリア出兵がどう関わるか、明示的には述べられていない。第一節において、シベリア出兵がソ連人および日本軍に与えた影響がそれぞれ挙げられているが、シベリア出兵を取り上げたのはむしろ、著者がシベリア抑留を研究するにあたっての態度の表明に近い。それは次の箇所によく表われている。「シベリア抑留も、関東軍がなぜ満洲に駐屯していたのかを考えれば、日露戦争の勝利で日本が満洲に利権を得、さらにロシア革命の混乱に乗じて出兵し、反ソヴィエト勢力を支援し、チタまで侵攻して極東の住民を苦しめたことに思いが至るはずである」(一四頁)。本章がロシアのイワノフカ村、つまりシベリア出兵で日本軍が村民を虐殺した地への墓参から始まっているのも、著者のこうした態度ゆえである。

このような態度を宣言したうえで、第一章はロシアの公文書館で入手した資料をもとに記述される。ソ連で日本人が「戦犯」とされる根拠となった法令が説明されたうえで、三つに大別された罪状の事例が挙げられ、本書で検討される資料に含まれる一一四人のうちおよそ半数について、銃殺刑を受けるに至る経歴や行動が示される。

第二章から第四章は、中村百合子、石原吉郎、四国五郎という三人の抑留者に焦点を当てた分析である。中村は抑留者では珍しい女性で、スパイ容疑で自由剥奪二五年の判決を受けた(一九五六年に帰国)。詩人として知られる石原も同じくスパイ罪で有罪となり、抑留期間は八年に及んだ。四国は絵を描くのを得意とし、その画力を活かした収容所での活動を中心に記述が進む。いずれも、個人の体験記や文芸作品を主要資料とし、固有の収容所体験や、帰国後の体験への意味づけに迫っている。著者はすでに『シベリア抑留者たちの戦後』[1]においても、別の抑留者を取り上げて個人の体験を明らかにしているが、そこでは「公文書に基づく客観的叙述を肉付けする」ことを目的として、個人の体験が参照されていた。それに対し本書での三人の分析は、各抑留者の主観をより尊重したものだといえるだろう。もちろん、歴史的事実を客観的に明らかにすることの重要性や、そのための資料として体験記が持つ価値は指摘するまでもないが、客観的事実を明らかにするための補助としてではなく、主観に主軸を置いた研究は、今後のシベリア抑留研究でも取り組まれるべきであろう。

本書は既発表論文の再録による章もあり、著者自身が認めているように体系性があるわけではない。各章をつなげているのは、タイトルにある「鎮魂」の意識である。たとえば石原吉郎を取り上げた第三章は、石原の詩やエッセイの引用に関する著者の解釈や意図が明示的でなく、読み手にゆだねられているような箇所があり、分析というにはやや物足りなさがある。しかし石原や他の章で取り上げられる抑留者の生と死に寄り添い、墓参の様子ではじまり抑留研究の課題の整理で終わる本書は、「鎮魂」という目的を達成しているといえるだろう。

著者は『シベリア抑留』[2]で、ソ連の矯正労働収容所をシベリア抑留の「起源」とし、捕虜の収容と労働への使役が、シベリア抑留に固有のものではないことを示した。同所の副題にソ連の歴史家ソルジェニーツィンの言葉を借りて「収容所群島」を冠していることが端的に示しているように、同書ではシベリア抑留が、ソ連の歴史の中に位置づけられている。それに対して『シベリア抑留者への鎮魂歌』は、シベリア出兵という体験を介することによって、日本とソ連の関係史の中にシベリア抑留を位置づけ直す試みとなったといえる。

その視点が次に展開されたのが『日ソ戦争　一九四五年八月』である。シベリア抑留研究に取り組む以前からソ連政治史を専門としてきた著者にとって、日ソ関係を主題とした著作ははじめてではない[3]。だがこれまで著者がシベリア抑留研究を積み重ねてきたことを背景として、日ソ戦争を全面的に扱いながらも、シベリア抑留との関係が浮かび上がってくる著作となっている。

第一章は「戦争前史」と題し、日ソ戦争開戦に至るまでの道筋が、ソ連と日本、アメリカの関係から記述される。第二章では戦闘の様子が丁寧に描き出される。各地の戦闘ごとに、開戦の八月九日以降、ソ連側、日本側の戦闘記録、個人の回想記というそれぞれの視点を見比べられるように構成されている。戦争の経過を一日一日とたどっていくことにより、またそこに戦闘への戸惑いや緊迫感が感じられる兵士などの記述が加わることで、それぞれの戦闘で徐々に日本が敗北へ向かっていく様が浮かび上がる。日を単位として、それぞれの記録を見比べることで、記録されている事柄の相違が明らかになる。さらにこの見比べによって、何が記録から欠落しているかにも気づくことができる。そのひとつが、ソ連側からの投降の呼びかけを日本軍に伝えた日本人捕虜が、日本軍将校に斬り殺されたというエピソードである。これは日本側の記録には残されていないが、劣勢であってもそれを認めず、玉砕へと突き進んでしまう日本軍将校の体質が強烈に表われている。戦闘に続いて、満洲居留民がソ連軍から受けた略奪や暴行の有り様が明らかにされる。

第三章では敗戦後の問題として、残留と留用、捕虜と賠償、「戦犯」裁判という三つのテーマが論じられる。第一のテーマで主として述べられるのは満洲と北朝鮮での残留であるが、最後に南樺太の場合が加えられている。ソ連の支配下におかれた南樺太から北海道へ脱出できなかった約二七万人は数年間、労働力として留め置かれ、著者はこれを「抑留」と位置づける。鉄条網の中での生活を強いられたシベリアでの抑留とは異なるものの、その地を離れることが許されない状況であり、南樺太全体を大きな収容所と見ることが可能であるからだ。これは著者の一貫した問題関心であり、「シベリア抑留」概念の拡張をめざした研究を行ってきた。(4) すなわち、「シベリア」をソ連の極東地域に限定せず、南樺太や北朝鮮へと地理的に広げ、地域ごとの特性に目を配りつつ、地続きの問題として各地域での体験を捉えようとしてきたのである。そして、「シベリア抑留」という一般に用いられる名称に依拠しつつも、その名称によって見落とされてしまう対象があることへ注意を喚起しているのだ。

著者は日ソ戦争をシベリア抑留の「原因」とし、「収容所群島」に続いて、シベリア抑留の歴史的経緯を明らかにしようとしている。本書を通して、日ソ戦争を知ることはシベリア抑留の単なる前史について知るに留まらないと教えられる。シベリア抑留者のうちには、戦闘を経ずに捕虜となった者もいるが、日ソ戦争への関わり方がどのようなものであったにせよ、彼ら抑留者が直面したソ連の姿が本書では描かれており、シベリア抑留体験をより立体的に理解するために必要な想像力を提供してくれている。

そのひとつが「レンド・リース」についての記述であり、日本とソ連だけでなく、アメリカとソ連の関係に目を向けることが、日ソ戦争とそれに続くシベリア抑留を理解するために必要であることを教えてくれている。レンド・リースと呼ばれるアメリカからソ連への武器や食糧などの供給は、日本とソ連との圧倒的な戦闘力の差を支えたものであるが、もともとは対独戦中のイギリスに対して行われた措置であり、それが同じくドイツと戦うソ連に対し、米ソの対立が深まる以前の世界情勢を背景として行われたのである。そのように貸与されたトラックや缶詰は、ソ連領内に移送された抑留者らの目にもふれ、アメリカの国力への驚きや、戦争によって疲弊したソ連の実情を彼らに気づかせたものとして体験記の中で語られる。(5) 収容所体験だけ、あるいは戦闘体験だけを見ていてもわからないものがあることを、多くの資料を用いた地道な分析を通して本書が気づかせてくれている。

『シベリア抑留者への鎮魂歌』の終章、抑留研究の今後の課題を示した箇所で、富田は「抑留者の精神史を深めること」をそのひとつに挙げ、それを論じたものとしてアンドリュー・バーシェイ『神々は真っ先に逃げ帰った』を紹介している。本書の序章では、天照大神と明治天皇が祀られていた朝鮮神宮から、そのご神体が敗戦を受けて真っ先に日本へ帰還したエピソードが引かれ、植民地社会における「神々」、すなわち官僚や高級将校が大多数の人々を見捨てて帰国したことと重ねている。これが本書のタイトルの意味するところであり、副題にもある「棄民棄兵」というテーマが端的に表されている。シベリア抑留者による、「それを生きた人々により経験され、回想され、解釈された」テキストが分析対象であり、「誰が、なぜ書いたのか。書き手は虜囚生活からどんな意味を引き出そうとし、どのように引き出そうとしたのか。誰に対して、誰のために書いたのか」を明らかにすることを目的として、シベリア抑留が分析される（六一頁）。

分析対象となるのは香月泰男、高杉一郎、石原吉郎という三人の抑留者である。この三人は抑留期間がそれぞれ異なるのであるが、その違いは抑留体験の質を大きく異なるものにしており、それがこの三人が対象として選ばれた理由でもある。著者は抑留期間によって、体験者を三つのグループに分ける。抑留者の帰還は一九四七年半ばから始まったが、香月はこの最初の時期のグループに含まれる。抑留の最初の一年は、戦争によるソ連社会の疲弊に穀物の不作、そして日本人には耐えがたい極寒が加わり、最も死者が多い時期であった(6)。初期の帰還者は、収容所における娯楽や文化活動が始まる前の時期に帰国したため、特に過酷なものとして抑留を体験した人々といえる。次のグループは一九四八年後半から一九五〇年までに帰還できた者で、収容所の状況は比較的改善した一方、「民主運動」と呼ばれる運動、日本人同士のイデオロギー対立を招いた運動を体験した高杉のような人々が含まれる。もうひとつはソ連で「戦犯」とされ、最長では一一年にわたる長期の抑留生活を強いられたグループであり、そのひとりとして石原が論じられている。

このように対象を選び出し、それぞれの体験記や詩などの作品を読み解いていくことを通して、各時期における体験の様子や、個人の背景をふまえた体験の解釈が描かれていく。その一方で、三人の共通点をも著者は指摘する。それは「抑留のプリズムを通して自身と祖国の戦争責任を考え、戦争責任のプリズムを通して抑留とその個人的にも歴史的にも広い意義を考えた」ことだ（六八頁）。香月は絵画、高杉は体験記、石原は詩とエッセイというように、形式は異なるが、それぞれの作品に取り組む中で、戦争や抑留、そして生と死や人間の生き様などを考えた姿が明らかになる。書く／描くことをとおして体験と向きあい続けざるをえないような、それほど強烈な体験がシベリア抑留であった。終章で著者は、満洲からの引揚者である藤原ていを取り上げている。引揚者は「神々」に見捨てられて苦難を味わうことになった、もうひとつの集団である。藤原を含めた四人の、「逃げ帰った」神々に見捨てられた人々はいずれも、過去に向きあうことで戦争責任問題に取り組んだのだと述べられ、本書の結びとなっている。

シベリア抑留は、いうまでもなく直接的にはソ連によってもたらされたものであるが、その責任の一端が日本の上層部（「神々」）にもあったことが、抑留は日ソの「合作」であるという多田茂治[7]の語を用いて表現されている（六〇頁）。それは日本側が実際に労務提供を申し出て将兵を差し出したという意味ではなく[8]、将兵や居留民を守ろうとせずその権利を軽んじた性格が「真っ先に逃げ帰った」ことに表われ、それがシベリア抑留の下地をつくったという意味である。

本書はその「神々」の責任を、三人（と藤原てい）の体験をとおして読み手に問いかけている。それぞれの作品の読解が丁寧に行われ、どのように体験を解釈し、ときには「神々」への怒りを持ち、自らの戦争との関わりを顧みるに至ったかが、わかりやすく記述されている。その作品の形態は、三人それぞれの体験と結びついている。画家の香月にとって、絵画は体験を伝える表現方法であるだけでなく、描くことによって体験と向き合っていたのだということが、本書の分析から明らかである。同様に、雑誌編集者として勤め、後に小説家となった高杉にとっては『極光のかげに』という体験記の形式が重要であったのだろうし、詩人の石原にとってそれは詩とエッセイであった。著者はこのことを、分析を通じて明らかにしている。そのことに自覚的であったからこそ著者は藤原について、職業作家ではない彼女は体験記を「たまたま書いてみたとさえ言える」人だとあえて紹介しているのだろう。

そうであれば、体験と向き合う独自の方法を持っていなかった人々が、いかにして自らの体験を対象化したかというのが、次の問題関心として浮かび上がってくる。シベリア抑留には二〇〇〇を超える体験記があるとされるが、その書き手の多くは職業作家ではないはずだ。体験記に何が書かれているかだけでなく、どのように体験を発信するための形態が選ばれ、獲得され、それを通じて体験が対象化されたかについての考察が、今後のシベリア抑留研究にとって重要となるだろう。富田が評価したように、抑留者の精神史としてもすぐれている本書であるが、こうしたメディア論的な視点でも興味深く読めるのである。

注

（1）富田武『シベリア抑留者たちの戦後——冷戦下の世論と運動 一九四五—五六年』（人文書院、二〇一三年）。
（2）富田武『シベリア抑留——スターリン独裁下、「収容所群島」の実像』（中公新書、二〇一六年）。
（3）たとえば、富田武『戦間期の日ソ関係——一九一七—一九三七』（岩波書店、二〇一〇年）。
（4）富田前掲、二〇一六年。なお同書では加えて「抑留」概念の拡張という観点から、軍人・軍属である「捕虜」と、非軍人・軍属である「抑留者」という、国際スタンダードに倣った語の区別をしたうえで、これまで注目されてこなかった後者も研究対象とすべきだと指摘している。
（5）たとえば次のもの。鎌田徳治「シベリア行路」（ソ連における日本人捕虜の生活体験を記録する会編・出版『捕虜体験記Ⅳ ハバロフスク地方篇』一九八五年）五七〜六三頁。
（6）全抑留期間の死亡者のうち約八〇%にあたる五万人が、最初の冬に死亡したという（富田前掲、二〇一六年、一〇八頁）。
（7）多田茂治『石原吉郎「昭和」の旅』（作品社、二〇〇〇年）。
（8）日ソ開戦前、英米との和平をソ連に仲介させようという構想が日本政府にあり、その際に労務提供を申し出る「和平交渉の要綱」が起草されていた。富田が『日ソ戦争 一九四五年八月』で指摘するように、そこで想定されていたのは満洲での労務であり、そもそもこの要綱をソ連に届けることはできなかったので、これをもってシベリア抑留の根拠とすることはできないが、政府の棄民棄兵の思想を見てとることはできる（四九頁）。

書評論文

「戦中派」と映画

山本昭宏編『近頃なぜか岡本喜八——反戦の技法、娯楽の思想』（みずき書林、二〇二〇年）

森下 達（創価大学）

一、岡本喜八の実践から見えてくるもの

岡本喜八は、日本の映画監督としていささか特異な立ち位置にいるといっていいだろう。一九五〇年代末から六〇年代半ばにかけて、映画が日常的な娯楽として人気を誇っていた時期は、岡本は撮影所内の娯楽映画の作り手のひとりとして活躍していた。ところが六〇年代末以降、彼はATGと提携し、自身の問題意識をこめた映画の製作も行うようになる。その後も映画に関わり続けた岡本は、九〇年代初頭には借金を背負ってまで映画製作にこだわり、その姿は好意的に報じられてもいる[1]。プログラムピクチャーの作り手からある種の作家へ、古き良き時代の「映画監督」という存在の象徴へと、岡本は映画産業の変容に応じてさまざまな貌を見せており、それゆえに全体像を論じにくい存在でもある。

　こうした岡本を議論の俎上に載せるにあたり、本書は、一九二四年生まれの彼が「戦中派」である点に着目する。撮影所時代の岡本を代表する「独立愚連隊」シリーズは、従来的な反戦映画とは異なり娯楽色が強い一方、随所で軍隊批判も展開され、一筋縄ではいかない作品である。さらに岡本は、幕末～明治維新期を舞台とする映画も多数監督しているが、これは戦争体験者である彼が、「日本の軍隊の非合理的な権威主義の起源として、天皇をいただく明治新政府の存在を感

じ取っていた」（八頁）がゆえのことである。これらの点に着目しつつ、「戦争という問題領域のなかに岡本喜八の映画を配置」（八頁）していくのが本書である。岡本やその映画を作家論・作品論的に分析するだけでなく、映画という娯楽メディアの社会的アジェンダに対する関わり方や、それを受容する社会の変化をも問題にする、きわめて野心的な著作になっている。

各章の内容を具体的に見ていこう。山本昭宏による第1章「映画監督・岡本喜八の誕生――「カッコイイ戦争」のインパクトとその背景」では、岡本が戦時中、兵学校などで生死の差が紙一重である日々を過ごしたことが、「喜劇としての戦争」とでもいうべき認識に繋がったと指摘されている。こうした経験が生かされ、『独立愚連隊』（一九五九年）では、「戦争のバカバカしさを描くことによって厭戦・反戦意識を表現する」（六八頁）ことが試みられた。

福間良明が手がけた第2章「「フマジメ」な抗い――喜劇への こだわりと「正しさ」への違和感」では、大作映画『日本のいちばん長い日』（一九六七年）がまずは論じられる。本作は日本政府および軍上層部の動きに焦点化するものだが、ポツダム宣言受託反対のビラを手に取って首を傾げる浮浪児の姿を挿入するなど、岡本はヒロイズムに回収されない要素を重視してもいる。この種の、戦争体験にすっきりと論理的な筋道をつけて語ることに距離を置く戦中派らしい態度が前面化したのが、ATG映画『肉弾』（一九六八年）だった。この映画では、末端の兵士である「あいつ」の姿が喜劇調で描かれる。聖戦の大義にリアリティーを感じることもできない「あいつ」は、ドラム缶で特攻することになり、少女との交流を通じて死に意味を見出そうとするが、知らぬ間に終戦を迎えてしまう。ラストシーンの現代では、海を漂い続けて骸骨と化した「あいつ」が怒号している。末端の兵士にとって終戦が救いにならない様は、北支ヤキバ砦攻防戦で全滅する部隊を描く『血と砂』（一九六五年）でも強調されていた。最後の戦闘の直前、部隊の一等兵はゲリラの中国人少年を逃がしてやる。映画のラストでは、その少年が終戦を知らせるべくやって来るのだが、部隊が全滅する中、一等兵は彼を撃ち殺してしまい、八路軍に射殺される。このように岡本の映画には、戦時中の価値観はもちろん「「不戦」「反戦」といった戦後の「正しさ」についても、懐疑的な姿勢が垣間見られ」（二〇九頁）る。

岡本作品における戊辰戦争の扱いが主題となるのが、佐藤彰宣の第3章「余計者にとっての「明治」と「民衆」――時代劇から問う近代日本」である。『赤毛』（一九六九年）では、新政府軍の先触れとして活躍しながら切り捨てられた赤報隊の一員が取り上げられ、「大義」に翻弄され、裏切られていく余計者の悲喜劇」（二四五頁）が描かれる。このことからは、「政治の季節」と「明治百年」という一九六〇年代の時代性のなかで、岡本は自らの問題意識のなかに「民衆」という存在を見出した」（二七八頁）との評価を導くことができる。彼の戦中派的な問題意識は、同時代の政治・社会と接続し得るものでもあった。

野上元による第4章「誰とともに何と戦う？――「内戦」を描く岡本喜八」は、岡本の映画の主題は「内戦」であると喝破する。幕末~明治維新期を扱う映画はもちろん、戦争映画の場合も、『日本のいちばん長い日』では「終戦」と「決戦」の価値観の争いが、『肉弾』では、骸骨が怒号するラストシーンに象徴されるように、「終戦」が可能にした豊かな戦後と「終戦」が切り捨てた「決戦」との密かな争いがそれぞれ描かれている。「はじめからお互いを外部とする一般の戦争と異なり、「内戦」では、全体と部分の関係が問題になる」（二九四頁）が、彼の映画技法上の特徴であるテンポのよいカット割りがここに関わってくる。「ある出来事がおき、観客が画面で説明されている状況を十分に認識する一瞬前に画面は次の場所に移ってゆく」この技法は、「十分な説明を「カット」してしまい、観客に咀嚼の時間を与えない」（二二〇頁）。この技法が特に際立つのが『激動の昭和史　沖縄決戦』（一九七一年）であり、この映画では数えきれない出来事の描写を行いつつ、無数の対立や矛盾を示すことに成功している。

岡本の映画を取り上げてきたこれまでの章とは異なり、第5章「キハチの遺伝子――喜八映画の影響関係と戦争体験」で塚田修一が焦点をあてるのは、庵野秀明総監督による『シン・ゴジラ』（二〇一六年）である。政府の意思決定過程が中心となるこの映画は、『日本のいちばん長い日』および『激動の昭和史　沖縄決戦』の影響を強く受けている。『シン・ゴジラ』はいわば戦争映画としてあるが、その際、ゴジラに何かを象徴させるのではなく、戦争のアレゴリーとしてゴジラを描いている点に特徴がある。これこそは、岡本喜八を経由することで可能になった描き方だった。

山本昭宏がふたたび手がける終章「青い血とコロナウイルス――軍事とメディアによるスペクタクル」では、ＵＦＯに遭遇したために血が青くなった人びとが排除されていく事態を描くSF映画『ブルークリスマス』（一九七八年）が取り上げられる。山本は、この映画が製作された一九七〇年代後半は権力の「動かしがたさ」が固まった時期だと論じ、メディアと軍隊を通じての社会統制を描く本作を再評価してみせる。「共同体の構成員の安全・安心のために情報統制を行い、さらにそれを可能にするための法整備と技術による監視体制を築いて内なる他者を殲滅するという〈戦争状態〉の現在性」（三〇八〜三〇九頁）がこの映画では問題になっているのであり、今回の新型コロナ騒動は、現代日本もこうした〈戦争状態〉と無縁ではないことと、岡本の映画の今日性とを改めて浮かび上がらせたといえる。

二、ウェルメイドな「職人」監督として——その安定感と限界

以上のまとめからもわかるように、本書は、論集らしく各々の論者がそれぞれの問題関心を追究している一方で、題材の共通性ゆえ議論の一貫性も高い。この点は何よりの長所であろう。

しかし、長所は同時に短所にもなり得る。複数の論者が岡本の映画を論じるという枠組みが設定されているがゆえに、本書は、岡本およびその映画群が論じるに足るものであることを前提にしてしまっているきらいがある。作家論・作品論的な分析を超克することを志向しているにもかかわらず、全体としては、広義の作家論に回収される危うさがあることは否定できない。

また、戦中派としての岡本に注目するという構えが、結果的に、岡本個人を戦中派の象徴として機能させている側面があることも無視できない。だが、戦中派に属する映画監督は岡本だけではないし、その中には戦争映画に関わった者も何人もいる。ある程度の広がりを持つものとして戦中派の映画人を捉え、その全体を視野に入れた上で岡本の独自性を考えるという枠組みが必要だったのではないか。

さらにいえば、映画という商業的側面が強い表現領域を論じるに際しては、作り手の問題意識だけでなくその表現手法についても、世代論的に把握することが有効である。物語や主題だけを取り上げることをせず、多くの論者が、カットの切り替わりへのこだわりという岡本の映画技法を問題にしているのは本書の優れたところである。だが、個々の技法の特

徴については、ただちに監督個人と結びつけず、同時期の映画表現総体の中に置いて考えることが欠かせないだろう。そのようにしてこそ、岡本を相対化しつつその達成と限界を問題にすることが可能になると考える。

この際に念頭に置くべきなのは、やはり、映画黄金期の撮影所システムということになろう。映画評論家の樋口尚文は、『ゴジラ』（一九五四年）の監督として有名な本多猪四郎（一九一一年生まれ）を論じた著作において、本多や丸山誠治、谷口千吉（いずれも一九一二年生まれ）といった監督たちは、「あらかじめ企業内の「職人」としてある程度システマティックに養成されていった人びと」だと述べている。彼らは、先行する「サイレント期に腕を磨いた「作家」たち」とは異なり、映画のエクリチュールを追究することはせず、「そういったフィルムの持つ苛酷な部分には立ち入らず、映画そのものへの意識を常にある程度弛緩させながら快適な商品を順調に生み出す技量を身につけさせられていた」のである。(2)

彼らのさらに下の世代にあたる岡本も、独立プロでも活躍したとはいえ、基本的には「職人」としての安定した話法を身につけた撮影所の監督だった。観客の理解が追いつかないほどの速さでカットを切り替えていく岡本だが、それは、何が語られているかを本質的に宙づりにするようなものではなく、あくまで娯楽映画の演出技法を生かした上での脱線や切り詰めと見なすべきである。この点で岡本の戦争映画は、吉田喜重（一九三三年生まれ）をはじめとする「松竹ヌーヴェル・ヴァーグ」など、一九三〇年以降に生まれた映画監督たちが手がけた戦争を主題とする映画とは異なっている。このような前提の上に立つならば、本書の論者たちが評価する「正しさ」への懐疑という要素にも、また別の論じ方が可能だろう。

岡本は「はみ出し者」たちのドラマを好んだが、重要なのは、『血と砂』における敗戦の知らせや『赤毛』の新政府軍が映画のラストで外部から到着することに象徴されるように、アジア・太平洋戦争や明治維新は、岡本の映画ではあくまでドラマの外にある背景として扱われていることである。背景である以上、それ自体が映画の中で精緻に分析されることはない。第5章では、『激動の昭和史　沖縄決戦』に対して竹中労が公開時に与えた批判を取り上げ、それを戦争のリアリティーを求めるものと読解した上で「的外れなものであった」（二七五頁）と論じている。しかし、竹中は、「日本《ヤマト》の帝国主義・軍国主義が来り姦したものは、いったい何であったのか、新藤、岡本にはまるで判っちゃいないのである」(二七四頁)と述べているのであり、これは岡本の歴史観のなさを問題にしているものと読むべきであろう。こうした批判が、岡本の映画には一貫して妥当することは見逃されるべきではない。

外からやって来る大状況に翻弄され、死に至る登場人物たちの姿を岡本は描いた。これが、兵士の死に対するわかりやすい意味づけを拒否し、終戦や明治維新の一元的理解を問い直すものであることは疑いない。しかし、先述のように戦争や維新そのものはドラマの背景でしかなく、この種の大状況に対する個々人の主体的な関わりは問題にされていない。さらに、ウェルメイドな職人監督としての岡本は、その死を、映画話法のレヴェルで意味づけを拒絶するものとして描き出すこともない。結果、『血と砂』や『肉弾』のラストシーンでは、登場人物の死になんら必然性がないことが、物語のレヴェルでしっかりと裏づけられ、観客に差し出されることになる。

いい換えるなら、岡本は、意味づけされない死の悲壮感をこそ積極的に娯楽化し続けた、とすら見なせるかもしれない。だとすれば、本書の「あとがき」では「戦中派共通の男性主義の問い直し」(三二一頁)ができなかったと反省されているが、この点は今後の課題として看過してよいものではないだろう。本書で評価されているポイントこそがまさにそうした「男性主義」と関わりの深いものである以上、この点に対する目配せはあって然るべきであった。『赤毛』における、主人公を結果的に死に追いやってしまう元遊女や、少年守備隊の筆おろしをする『血と砂』の朝鮮人慰安婦など、意味づけされない男性の死が、性的な面を強調した女性の表象とセットであることを思えばなおさらである。

三、大作映画の作り手との比較という可能性

最後に、戦中派と映画の関わりを考える際、有効になりそうなアイディアをひとつ記しておきたい。それは、やはり戦中派の映画監督である舛田利雄(一九二七年生まれ)が、岡本と表裏一体の存在として位置づけられるのではないか、ということである。

一九四四年に新井浜工業専門学校に進学するも、軍事教練に反発して退学した舛田は、戦後に日活に入社し、会社こそ異なるが岡本と同様にギャング映画を多く手がけ、優れた娯

楽映画の作り手として頭角を現す。そして、映画産業が衰退をはじめた七〇年代以降は、大作映画の作り手として重宝され、八〇年代初頭には『二百三高地』（一九八〇年）や『大日本帝国』（一九八二年）など東映の戦争映画を手がけている。

興味深いのは、岡本がこの種の大作映画に好意的ではなかったことである。「独立愚連隊」シリーズなどで岡本と組んでいた東宝のプロデューサーの田中友幸も、一九八一年には『連合艦隊』という大作戦争映画を手がけた。これを受けて、岡本はある上映会にて田中を評し、「あの人は『連合艦隊』のような映画の方へ行ってしまったので、もうぼくは何も話すことはありません」(3)と述べていたらしい。一般兵士の目線にこだわる岡本は、大状況を中心とする戦争の描き方に拒否反応を示した。

これに対し、前述のとおり大作戦争映画を積極的に引き受けたのが舛田だった。一九七〇年代半ばに舛田と組んだ田中も彼を高く評価し、『連合艦隊』の監督の依頼も当初は彼のところに来ていたという(4)。東映の戦争映画の企画があったためにこの依頼は断られたわけだが、特筆すべきは、その東映の戦争映画では、政治家・軍人の決断と一般庶民の動きとが並行して描かれていたことである。

例えば『大日本帝国』では、メインキャラクターのひとりである大学生は、特高に連行されたのち生きるために軍隊に志願するが、フィリピンで現地住民の虐殺に関与したために、戦後、戦争犯罪人に認定されてしまう。処刑の際に彼が叫んだのが、「天皇陛下、お先に参ります」という言葉だった。戦争に「乗った」庶民を描くことで天皇の戦争責任を問題にするこうした作劇は、脚本を担当した笠原和夫の持ち味が色濃く出たものである。笠原もやはり一九二七年生まれの戦中派であり、『仁義なき戦い』（一九七三年）や『あゝ決戦航空隊』（一九七四年）の脚本家として知られている。舛田の戦争映画は、映画話法のウェルメイドさやある種の男性主義が岡本と共通しているものの、庶民と大状況の関わりを描き出している点では異なっている。この点で、岡本に欠けているものを補う存在として舛田を位置づけることもできるだろう。こうした視点をもって他の戦争映画との比較検討を行っていくことで、戦中派と映画の関わりが有する意味と、その中での岡本の立ち位置も見えてくるはずである。

以上、思いつくことをさまざまに述べてきた。中にはないものねだりもあったかもしれないが、本書の内包する可能性に触発されてのことであり、ご寛恕願いたい。なんにせよ本書が、岡本喜八というフレームを通じて、一九五〇年代末から九〇年代初頭にかけてという長いスパンでもって、映画や政治、社会の変容を学ぶことのできる良書であることは間違いない。ここから、戦中派と映画という問題系が深められていくことを願ってやまない。

注

（1）「「大誘拐」岡本喜八監督執念の映画化　4年ぶりメガホン新春に公開」（『讀賣新聞』一九九〇年二月九日付夕刊）七面。

（2）樋口尚文『グッドモーニング、ゴジラ――監督 本多猪四郎と撮影所の時代』（筑摩書房、一九九二年）八九頁。

（3）中野昭慶・染谷勝樹『特技監督　中野昭慶』（ワイズ出版、二〇〇七年）二二四頁。

（4）舛田利雄・佐藤利明・高護『映画監督　舛田利雄――アクション映画の巨星　舛田利雄のすべて』（シンコーミュージック・エンタテイメント、二〇〇七年）二七一、三五一頁。

書評

「戦い」への欲望を解剖する

足立加勇『日本のマンガ・アニメにおける「戦い」の表象』(現代書館、二〇一九年)

瓜生吉則
(立命館大学)

「悲しいけどこれ戦争なのよね」

こう言って死んでいったTVアニメのキャラクターがいた。放送当時、小学生だった私には、それは個人では抗いきれない「戦争」の持つ理不尽さを表したセリフのように聞こえた。あれから四〇年。本書を読み進めながら、この言葉の意味を、もう少し精確に言えば、自分がこの言葉(と彼の行動、そしてそれを描いたアニメ)のどこに言い知れぬ魅力を感じてしまっていた(正直に言えば、今でもそうである)のかを、改めて考えてみたくなった。本書は、日本のマンガ・アニメの読書・視聴経験において、いつの間にか自明なものとなっている「制度」について見つめ直すことを随所に誘発する。

著者の問いは、ある意味で素朴である。日本のマンガ・アニメは、なぜかくも「戦い」の表象に満ちているのか。「戦い」には多くの犠牲が伴うにもかかわらず(しかも、そのことは日本社会が現実の歴史として経験していながら)、作り手がそれを正当化するように描き、受容する側もそれをどこか積極的に受け入れているメカニズムとはいかなるものなのか。しかし、この素朴な問いは一筋の縄で組まれているわけではない。様々なジャンルを横断する巧妙な仕掛けが、日本のマンガ・アニメにおいて「戦い」の表象を繰り返し描かせている。著者の筆致は執拗に、そして丁寧にその仕掛けの解読に向かう。著者はまず、アンダーソンの「想像の共同体」論における

「絆ties」を導きの糸とし、ジラールの「欲望の三角形」概念における「主体／媒体／対象」の関係性を参照しながら、「戦い」における自己犠牲の構造を指摘する。そして、手塚治虫によって「傷つく身体／傷つかない記号」が発見されたとする大塚英志の「アトムの命題」や、伊藤剛の「キャラ／キャラクター」など、現在のマンガ・アニメ研究で広く共有されている概念を批判的に検討し、次のように言う。日本のマンガやアニメに実際に負わされている課題は、「キャラクターは「傷つく身体」を持っているという前提で「傷つかない身体」を実現せよ、という「アトムの命題」を転倒させたものなのである」（九四頁）。主人公の信条（の正しさの証明）と「傷つく身体」から「傷つかない身体」が出現する奇跡とが相互補完的に循環し、さらに「犠牲」の大きさと「絆」の価値とが循環するという「二重の循環論法」によって、「絆」が無批判に称揚される物語が生み出され続ける。格闘技マンガ、サイボーグマンガ、ロボットアニメを主な事例としながら、著者は日本のマンガ・アニメにおける「戦い」が何に支えられているかを微細に分析していく。

「最強」を目指す格闘家たちによる「人と人とのつながり（友情）」や「男同士の絆」が「戦い」への懐疑を隠蔽／抑圧すること、人間ならざるサイボーグが、それでも「戦い」続けることで抱いてしまう劣等感と優越感、登場人物を取り巻く《世界—歴史》を緻密に設定することから、登場人物の精神世界を《自分—精神》の表象として描くことへと質的に変化した、ロボットアニメにおける「リアリティ」のあり方……。「戦い」がどこまで「リアル」に描かれているか、といった表現論的な内容分析というよりも、作品に登場するキャラクターたちの関係性、さらにはそれを支える物語構造の位相に照準してマンガ・アニメの文法／約束事を析出する著者の精緻な語り口は、「現代の神話」をプロレスや映画といったポピュラーな素材から抉り出したバルトを想起させる。

「戦い」の文法に懐疑を抱かせない構造の分析は、そこに安住する受容者の存在を露わにせずにはおかない。理想的なコミュニケーションの形を「戦い」が用意し、それに興じることで歪んだ欲望を否認することが許容される。『GUNSLINGER GIRL』のような作品に、「絆」に支えられた「戦い」における搾取を相対化する可能性を見出す著者は、しかし、日本社会における大多数のマンガ・アニメの生産——受容システムにおいて、この「制度」が深く浸透していることを淡々と綴るほかはない。

多大な犠牲を払い、「敗戦」という経験をした日本社会が「戦い」を欲望し（続け）ていること。この大いなる逆説をどう考えたらよいのか。本書では、高度経済成長の終焉や科学万能信仰の失墜、ネオリベラリズムの台頭など、「戦後」日本社会の情況を背景に求めているように読める箇所がいくつかあるが、いささか性急な社会反映論にも見える。作品やジャンルの内在的な分析は濃密で十分に説得力があるだけに、社会情況を引き合いに出した説明が「余計」なものに見えてしまうのは、少々もったいない。

鬼に襲われ、人間ではなくなってしまった妹との「絆は誰にも引き裂けない!!」と力強く宣言し、「犠牲」を厭うことなく「戦い」続ける兄を描く物語に（飽きることなく）感動する社会とは、さてどんな姿形をしているのか。それは本書を読み終えた読者に、そして〈戦争社会学〉を実践する者に託された問いであろう。

書評

ファシズムの理解から右派ポピュリズムの検討へ

田野大輔『ファシズムの教室――なぜ集団は暴走するのか』(大月書店、二〇二〇年)

伊藤昌亮

(成蹊大学)

本書は、著者が大学教員として実践してきた「ファシズムの体験学習」の様子を紹介しながら、ファシズムという現象の仕組みを社会学的に解説しているものだ。とくにナチズムに関する著者のこれまでの歴史社会学的な研究と、より一般的な集団行動に関する各種の社会心理学的な研究との知見に基づき、アクティブラーニング型の授業を実践してきた経緯が報告されている。その際、昨今日本でも高まりを見せ、ヘイトスピーチなどの深刻な社会問題を引き起こしている右派ポピュリズムが、ファシズムの今日的なあり方を示すものとして参照されている。

本稿では以下、本書の評価すべき点について記したうえで、いくつかの点について発展的に論じてみたい。その際、評者のこれまでの研究との関係から、とくに今日の右派ポピュリズムのあり方という点に即し、本書の議論を検討していきたい。

一、身体性の次元から集合性を考察する

右派ポピュリズムに関する昨今の研究では、この現象を、そしてそれに加担する人々の心性をいかに内在的に理解するか、という点がひとつの問題意識となっている。つまり彼らを、われわれから隔てられた理解不能な他者として捉えるの

ではなく、彼らにも彼らなりの理屈があり、感情があるのだろうから、それらがいかにいびつなものであれ、まずは彼らの立場に身を置いて理解してみよう、そうしない限りは、この現象を制御することはできないのではないか、という考え方だ。そのために入念なインタビューや詳細な言説分析など、さまざまな方法が試みられてきた。

そうしたなかで本書のアプローチは、体験学習という一種のパフォーマンスを通じてファシズムという現象を身体的に理解しようとする点で、きわめてラディカルなものだと言えるだろう。つまりインタビューや言説分析などの調査を通じて彼らの思考を言語的に理解しようとするのではなく、敬礼、行進、糾弾などの身体技法や、制服、ワッペンなどの身体装飾を実演してみることで、彼らの情動を身体的に理解しようとする。その結果、その心性をよりダイナミックに、かつ立体的に理解することが可能となる。つまり一時的にせよ彼らに「なる」ことで、彼らの立場に直接的に身を置いてみることが可能となるわけだ。

このように身体性の次元に着目することは、集合行動について考えるうえではとくに重要な意味を持つ。集合行動論の始祖であるH・ブルーマーはかつて集合行動を、身体的な相互行為としての「非シンボリック相互作用」に基づく「原初的集合行動」と、言語的な相互行為としての「シンボリック相互作用」に基づく「社会運動」とに分けて捉えた。(1)これらのうち、後者の領域は社会学のひとつの分野となり、大きく発展してきたが、一方で前者の領域、つまり身体性の次元から集合性を考察するという領域には、あまり展開が見られなかった。本書のアプローチは、そこに独特の貢献を加えることになったと言えるだろう。

なお、人類学者のV・ターナーはかつて同様のアプローチを、異文化理解のためのひとつの手法として定式化しようとしたことがある。エスノグラフィー（民族誌）に記述されている事象をパフォーマンスとして実演してみるというもので、ターナーはそれを「パフォーミングエスノグラフィー」と呼んだ。(2)言語化されている事象をあえて身体化してみることで、より多面的な異文化理解を目指したものだ。本書のアプローチは、ファシズムという異文化をより多面的に理解するための、まさにパフォーミングエスノグラフィーの試みだったと言えるだろう。

そうしたアプローチにより、ファシズムに加担する人々の中に湧き上がってくる欲求、衝動、興奮などを捉えることが可能となる。そこから浮かび上がってくるのは、独裁者によって押し付けられたものとしてではなく、人々の中から湧き上がってくるものとしてファシズムを捉えてみるという、新しい視座だ。その結果、「ファシズムが上からの強制性と下からの自発性の結びつきによって生じる」という「合意独裁」的な見方が、実践的に裏付けられることになる。本書はこの点を、歴史社会学、社会心理学、さらにパフォーミングエスノグラフィーという三つの方法を通じて、説得的に示していると言えるだろう。

二、「権威への服従」と集合的沸騰

このように本書の議論は、ファシズムについて考えるうえできわめて示唆的なものだが、一方でとくに今日の右派ポピュリズムのあり方に即して見たときに、いくつか付言しておきたい点がある。以下、とくにふたつの点について述べておこう。

まず一点目は「権威への服従」という論点に関わるものだ。本書によれば、「権威への服従」によって人々が「道具的状態」に陥るとき、そこにファシズムが生み出されるという。しかし今日の右派ポピュリズムには、そうした構図は必ずしも当てはまらないのではないだろうか。もしくはより複雑な構図が見られるのではないだろうか。

たとえば日本のネット右派にしてもアメリカのオルトライトにしても、権威主義的である以前にむしろ反権威主義的であり、そこで権威、それも敵対的な権威と見なされているのは、とくにマスメディアや知識人など、エスタブリッシュメントとしてのリベラル派の文化エリートだ。そうした存在をやり込めるために、それを叩いてくれる別の権威、多くの場合は右派の政治家と、彼らはあえて結託しようとする。つまりある種の権威を攻撃するために別の権威を利用しているわけだ(3)。

したがってそこに見られるのは、「権威への服従」というよりも、たとえばマスコミュニケーション研究の術語を借りて言えば、むしろ「利用と満足」というような構図だろう。つまり自分たちにとって都合のよい権威を選択的に利用し、そこから満足を得ているという構図だ。そこではむしろ権威の側が「道具的」に利用されているという側面もあるのではないだろうか。

ここで体験学習のシナリオを思い出してみよう。そこでは

「リア充カップル」を糾弾することになっていたが、そもそもリア充カップルというのは、学生たちの文化ではある種のエスタブリッシュメントであり、どこか権威的な、もしくは特権的な存在だろう。だからこそ学生たちはそれをやり込めるために、教員という別の権威を利用し、そこから満足を得ていたのではないだろうか。だとすればそこに働いていたのも、やはり「利用と満足」という動機だったと言えるだろう。

次に二点目は「集合的沸騰」という論点に関わるものだ。本書によれば、人々が「集団的熱狂」の中で敵を攻撃することで集団への帰属感を強めようとするとき、そこにファシズムが生み出されるという。そうした行動様式は、かつてE・デュルケムが示した「集合的沸騰」のそれに通じるものだと言えるだろうが(4)、本書ではそこに「ファシズムの本質」を見ている。つまり集合的沸騰そのものからファシズムが、ひいては右派ポピュリズムが生み出されるという考え方だろう。

しかし昨今の社会運動の現場に目を向けてみると、集合的沸騰の要素が色濃く表れているのは、実際には右派の運動よりもむしろ左派の運動のほうなのではないだろうか。たとえば反原発デモや反安保デモの場では、人々が「コール」に合わせて一斉に声を挙げ、腕を振り、熱狂と興奮の中で一体となりながら、政府という「敵」に向かって激しい怒りをぶつける。一方で右派の排外デモの場では、一部のスピーカーが暴走することはあれ、集団全体が熱狂や興奮に包まれるようなことはまずない(5)。

しかしだからといって、反原発デモや反安保デモをファシズムに通じるものと見なすことはもちろんできないだろう。それどころかそれらは、むしろファシズムに対抗するものだ。だとすれば集合的沸騰そのものからファシズムが、ひいては右派ポピュリズムが生み出されるという考え方は、やや一面的なものなのではないだろうか。

もちろん「権威への服従」という構図をそこに加え、集合的沸騰の方向性を限定して考える、という考え方はできるだろうし、実際に本書でもそうした議論が展開されている。しかし先に見たように昨今の右派の運動は、そうした構図に必ずしも当てはまるものではなく、むしろ反権威主義的な性格を強く持つものとなっている。そうしたことから、少なくとも行動様式そのものから見る限りでは、左右両派の運動を明確に弁別することは難しい状況になっている。

このように今日の右派ポピュリズムは、「権威への服従」や集合的沸騰という、「ファシズムの本質」を成すものとしてこれまで考えられてきたいくつかの特質とは、必ずしも整合しないものとなっている。そのためわれわれは今後、本書の議論を基点としつつ、一方でより複雑な状況にも目を向けながら、ファシズムという現象の展開を注意深く見ていく必要があるだろう。本書はそのための出発点となるものだ。

注

（1）Blumer, Herbert, "Collective Behavior," Park, Robert E., ed., *An Outline of the Principles of Sociology*, Barnes & Noble, 1939.

（2）Turner, Victor, *The Anthropology of Performance*, PAJ Publications, 1987.

（3）伊藤昌亮『ネット右派の歴史社会学——アンダーグラウンド平成史一九九〇——二〇〇〇年代』（青弓社、二〇一九年）。

（4）Durkheim, Émile, *Les Formes Élémentaires de la Vie Réligieuse: Le Ysystème Totémique en Australie*, Alcan, 1912; 古野清人訳『宗教生活の原初形態』（上・下、岩波書店、一九七五年）。

（5）伊藤昌亮『デモのメディア論——社会運動社会のゆくえ』（筑摩書房、二〇一二年）。

書評

テクノロジーによる「記憶」の再構築と戦争社会学研究

庭田杏珠・渡邉英徳『AIとカラー化した写真でよみがえる戦前・戦争』(光文社、二〇二〇年)

小川実紗
(立命館大学)

一、「記憶の解凍」プロジェクトと本書の意義

本書は、庭田杏珠と渡邉英徳による共同プロジェクト「記憶の解凍」活動の一環として出版された。プロジェクトは、当時広島の高校に通いながら「ヒロシマ・アーカイブ」の証言収録などの活動に取り組んでいた庭田と、「ヒロシマ・アーカイブ」「ナガサキ・アーカイブ」などを制作した渡邉の出会いから始まった。渡邉は本書で、『記憶の解凍』は、AIとヒトとのコラボレーション」だという。AI技術によってモノクロ写真を「自動色付け」し、そこでは判別しきれない色や不自然さが残る色を、手作業で補正していくのである。この補正作業の基盤となっているのは、戦争体験者との対話である。SNSを通じてコメントや資料が寄せられ、時には直接話を聞く。「写真提供者の証言、資料、SNSでの時代考証などを踏まえて」、色づけされた個人所有や新聞社所有の写真約三五〇枚をまとめた写真集が本書である。

白黒写真は戦争との距離感を産むことにつながるという問題意識が、プロジェクトの基盤にある。本書は、「無機質で静止した『凍りついた』印象」の白黒写真が、「戦争と私たちの距離を遠ざけ、自分ごととして考えるきっかけを奪って」いるのではないかという問いから出発している。本書を含む一連の取り組みは、「凍りついた記憶」を溶かす作業で

ある。

本書は、開戦間近の一九四一年から戦間期、そして戦後復興へと向かう一九四六年までを、カラー化された写真の積み重ねによって通時的に描き出す。本書のすぐれた点は、次の二点である。まず、真珠湾や米軍、広島の原爆投下や沖縄戦を含む日本国内の状況と、日系人強制収容所など日本国外の状況を同じ時間軸でみせ、戦争を立体的に可視化している点である。ふたつ目に、子どもを含む一般市民の目線からみた戦争を映し出す写真が多く選ばれている点である。それにより、戦争が、特定の場所で起きているのではなく、全ての人を覆っていくさまをみせることに成功している。これら二点の特徴をもって、カラーで展開されるため、写真が紡ぎ出す物語と読者の間の心理的距離を接近させることができる。白黒写真では感じられなかった生々しさを感じさせ、過去のできごとに現実味を与える。

二、「記憶」の発掘作業

広島市への原爆投下を象徴する「きのこ雲」の写真のカラー化は、とりわけ印象的である。本書では、「一九四五年八月六日　八時一五分、広島市への原子爆弾投下。（中略）写真は呉市の吉浦町（現・若葉町）にあった海軍工廠砲煩実験部にて、尾木正己が撮影したきのこ雲」との説明文で白黒のキノコ雲の写真が見開き二ページにわたり大きく掲載されている。次のページで、これをカラー化した写真が示される。「AIはきのこ雲を白く着色した。ツイッターで公開したところ、片渕須直監督から『オレンジ色』との指摘があった。きのこ雲に関する資料も参考にしながら、さらに色補正を加えた」という。

このように、AIによる写真のカラー化の作業は、それ自体自己完結的なものではなく、その他の資料や他者との対話によって構築されていくものである。著者は、ここに新たな対話を生む可能性を見出し、実際にカラー化という作業がなければ忘れ去られていたかもしれない記憶の数々を発掘している。これこそが、本書が意図したものであり、最大の成果であるといえよう。

庭田が「最も印象深かった」というものに、「花畑で撮影された家族写真」がある。AIによる自動色付けでは、写真全体が黄色くなったが、庭田はそこに写っている植物を調べ、シロツメクサだと判断し、花畑の黄色味を抑える補正を加えた。しかし、家族写真に映る当事者との対話の中で、それが実はたんぽぽ畑であり、AIの判断は正しかったことが判明したのだ。まさしく技術と対話による「記憶の解凍」といえる営みである。

写真のカラー化という行為を触媒として、体験者の薄らいでいた記憶を掘り起こし、体験者と非体験者を巻き込む新たな対話の可能性を引き出す営みの社会的な重要性は言を俟たない。では、戦争の記憶研究や「記憶の継承」といったテーマから学術的知見を積み重ねてきた学問領域においては、本書が示すインパクトはどのように理解するべきだろうか。

三、戦争の記憶研究とテクノロジー

戦争をめぐる社会学的研究では、一九九五年前後から、集合的記憶論を背景とした戦争の記憶研究が盛んになった。戦後五〇年の時間の経過のなかで、研究者の時代性（研究者自身が戦争体験世代かどうか）の変化や、戦争体験者の減少に伴い、「戦争体験」の理解から「戦争の記憶」の解釈へと主題は移っていった。(1) 成田龍一（二〇一〇）は、「戦争経験」という概念を設定し、体験・証言・記憶を軸に戦争をめぐる語りのモードの変化を整理している。(2) こうした「戦争の記憶」をめぐる社会学的な研究に対し、本書は様々な論点を示し得る。ここでは、以下の三つの論点を提示したい。

「記憶」の再構築をどうとらえるか

まず、本書は、テクノロジーを用いて新たな「記憶」を創り出し、それが集合的記憶となっていく可能性があるということを示した。

白黒写真は、時を経て白黒になったのではなく、撮られた時点からずっと白黒であった。その白黒写真に、現代のテクノロジーを用いて現代の色を与える。体験者との対話による色修正は、あくまでも現在の視点から過去の光景をみたときに想像される色である。この意味で、カラー化された写真は、過去のどの時点にも存在しなかった「新しい過去」を創り出すことになる。ここには、体験者の記憶のあいまいさということに加えて、体験者自身の色彩の感じ方が変化している可能性も生じる。

また、白黒写真はその情報量の少なさから、受け手が様々な想像力で情報を補う必要がある。しかし、AIでカラー化された写真が広まるほど、この写真の色が人々のなかで共有され、「正解」として定着していく。このように、本書の営みは、個人的な「体験」をテクノロジーによって可視化し、集合的な「記憶」へと置き換えていく可能性を持っている。つまり、本書でいうところの「記憶」の発掘作業は、発掘にとどまらず、「記憶」を作り替える行為であるともいえるのではないだろうか。このこと自体、「継承すべき戦争の記憶とは何か」「テクノロジーと戦争の記憶の関係をどうとらえるか」という課題を、戦争の記憶研究に突きつけている。

ただし、テクノロジーによって新しい「記憶」を創り出すことの是非は、本書の狙いからはずれる。本書の意図からすれば、あくまでも現代の人々から見て「自然」な色合いで表現され、心理的に近い感じを与えることが重要である。それによって、体験者に閉じない新たな対話が開かれていく。これが、本書でいうところの「戦争体験者の『想い・記憶』のあたらしい伝え方」であり、SNS時代の「記憶」の継承のあり方だといえよう。

資料に手を加えるということはどういう意味を持つか

ふたつ目に、資料を改変するということの研究上の意味について検討すべきであろう。社会学や歴史学を研究領域とする場合、あくまで元の資料にあたることが重要であり、資料に手を加えるべきではないという共通認識がある程度存在するのではないだろうか。新聞記事ひとつとっても、データベースは非常に便利なものである。一方で、元の新聞の誌面上では、どのくらいの大きさでどのような場所で扱われているのか、ひいては当時の新聞の紙質や印字はどのようなものであったか。こうした背景まで含めてその資料を読むということが重要であるとも考えられる。

本書が取り組んだ白黒写真のカラー化の作業は思考実験として非常にチャレンジングであることは評価されて然るべきである。一方で、学術研究の面からみれば、資料の扱い方とその意味という研究を根本から覆しかねない論点を提示しているといえる。

「わかりにくさ」は悪であるか

三つ目に、どのような受け手にどういった形で伝わるのかという点も考慮する必要がある。カラー化された写真は、受け入れやすく、わかりやすい。しかし、わかりにくいことが必ずしも悪であるとはいえないのではないだろうか。むしろ、「わかりにくさ」を前提に向き合うべきであり、それこそが歴史や時代の変化を実感としてもたらし得る。もちろん、白黒写真もリアルなものではなく、イメージの制約につながっている。そのため、モノクロという色がつけられていることを意識して、読み破っていく必要がある。テクノロジーによって欠けていた情報が補填されるのは、メリットも大きいが、現代のイメージにより近い形で情報を読み変えていくことにもつながりかねない。

また、SNSで議論が喚起されることは、それまで戦争に関心を持たなかった人々や若者を議論に巻き込むことができるという大きなメリットを持つ。一方で、そこから取りこぼされる人々の存在に意識的であり続けることが社会学の領域で戦争をテーマに研究を行う者の義務だといえるのではないだろうか。

体験者の語りを重視する記憶の継承の営みは、あと一〇年ほどで現実的に立ち行かなくなる。これまでも、今後も、過去の膨大な文字資料にあたる労力を避けて通ることはできない。同時に、「戦争の記憶」の継承が新しいフェーズに入っていることは明らかであり、今後戦争に関する研究領域で検討されるべきテーマが本書には豊富に示されている。

注

（1）野上元「テーマ別研究動向（戦争・記憶・メディア）——課題設定の時代被拘束性を越えられるか？」（日本社会学会『社会学評論』六二（二）、二〇一一年）二三八～二三九頁。

（2）成田龍一『「戦争経験」の戦後史——語られた体験／証言／記憶』（岩波書店、二〇一〇年）。

書評

趣味からみた戦争の現在

吉田純編

『ミリタリー・カルチャー研究――データで読む現代日本の戦争観』（青弓社、二〇二〇年）

小谷七生（神戸市外国語大学）

本書は、現代日本の「ミリタリー・カルチャー」の構造を明らかにすることを目的としている。「ミリタリー・カルチャー」とは、「市民の戦争観・平和観を中核とした、戦争や軍事組織に関連するさまざまな文化の総体」を指す（八頁）。調査対象は、二〇一五年から一六年にかけて実施したインターネット調査で、軍事・安全保障問題への関心が高いと答えた「コア」層一〇〇〇人。まずは「コア」層が持つ意識の詳細を知ることで、「ミリタリー・カルチャー」の構造を知る手掛かりを得ようとしている。戦争体験者がごく少数になり、メディアを通じて戦争を知る世代が圧倒的に多くなった現在、メディアや趣味の影響が戦争にまつわるイメージとどのように関連しているかを分析する試みの重要性は、おそらく多くの研究者たちが痛感してきた。それを実際に調査・分析した点が、本書の達成である。

調査対象は次のふたつの大きなグループに分けられている。すなわち、「国際的、政治的問題や戦争被害者の視点からの問題への関心が高い層（高年齢層、女性、ミリタリー関連趣味をもたない層に多い）と、軍事・戦争それ自体の構成要素への関心が高い層（若年齢層、男性、ミリタリー関連趣味をもつ層に多い）」だ。本書は、前者を「批判的関心層」、後者を「趣味的関心層」と呼んでいる（二八〜二九頁）。両者の思考のベクトルは逆だが、「戦争に関心がある」という点では同質である。よって、各節の担当者は、同じ回答があった際に、どちらのグループの者が答えたかという予測も行いつつ分析している。

量的研究と質的研究は、とかくどちらかに偏りがちだが、本書は両者の架け橋となっている。特に質的研究において、資料として収集する対象は、文献や記録に残りやすく、また質も担保される著名人の意見に偏ることが多い。一般市民の意見、感覚をつかむことは難題である。このような大規模な量的調査があれば、そのような課題を乗り越える一助となると考える。

着目したいのは、調査対象範囲の広さだ。「戦争裁判」「戦争孤児」「戦友会」といった、戦争責任や戦争の傷跡、戦争体験などの戦後史研究に関連するものから、「朝ドラ」「サバイバルゲーム」「ミリタリー・ファッション」といった、娯楽として接する文化までカバーしている。さらには「艦娘《かんむす》」(艦艇を美少女キャラクターとして擬人化したもの)や自衛官募集ポスターの「萌えキャラ」にまで言及しており、重厚なテーマも、一見ライトにみえる事象も等しく分析対象としている。それぞれ別の分野に興味を持つ読者が、この一冊から普段馴染みのない事例をも知ることができる。「今後の平和・安全保障問題をめぐる討議と合意形成の基礎になるような知見を、幅広い読者に向けて提供」するという本書のねらいは、見事に成功している(一一頁)。

自ら「なんとなく」感じていた感覚が量的調査でクリアになる過程は本書の醍醐味だ。評者の場合は、本書で度々言及されるマンガ『はだしのゲン』(中沢啓治、全一〇巻、汐文社、一九七五〜八七年)と、アニメ映画『火垂るの墓』(高畑勲監督、一九八八年)が、自身の価値観にいかに大きく影響し、そして社会において圧倒的な存在感を示してきたのかを思い知らされた。「戦争や軍隊・軍事組織をテーマ・舞台・背景としたマンガやアニメで、あなたが推薦する作品を教えてください」という設問では、両作品の推薦者がともに一〇〇人以上であり、三位に三倍前後もの差をつけている(一七二〜一七三頁)。

『はだしのゲン』が「平和教育」の一環として学校図書館に導入されてきたことは周知の事実である。学校でも読めるマンガとして生徒の注目を集めていたことは、評者の記憶にも強く残っている。また『火垂るの墓』が毎年のようにテレビ放映された映画であることも広く知られており、評者も幾度もテレビで視聴した。同じ質問を評者がされたとしたら、これら二作品を挙げていた可能性は高い。このような経験が評者自身の個人的体験という枠を超えて、その他多くの者に共通していたことが、本書の調査から明らかになっている。

これらの調査結果は、「勉学として」触れる前提ではなく、気づけば手に取れる場所にあった戦争関連の娯楽作品が、いかに人々の価値観に強烈な影響を及ぼすのかということを示している。

以上は、評者自身の経験に即した、調査結果への興味関心について書いた。他方で、ジェンダーに関わる論点も興味深い。例えば、プラモデルを製作した経験があるかという質問に対し、「作る」あるいは「以前は作った」と答えた「男性が五四・〇%」なのに対し、「女性はわずか五・七%」だった（二九四頁）。男性のほうが女性よりもプラモデルに大きな関心を持っていることはおおよそ評者の予想どおりではあったが、趣味が多様化した現在でも、極端に女性が少ないことには多少の驚きを感じた。逆にいえば、女性にも一定数の愛好者がいるということでもあり、今後の割合の変化に注目したくなる結果であった。

加えて、プラモデル製作に関しては「リアルさ」についての考察が行われている。「従来、プラモデルは『かっこいい』おもちゃとして『人の死』を捨象してきたことが指摘されている」が、近年ではより「リアルさ」が求められ、「人の死」や政治的なタブーも取り上げられるようになっているという。そして、「戦車やフィギュアさえ登場しない都市や工場の廃墟」のダイオラマ（ジオラマ）が登場し、もはや単なる「かっこいい」おもちゃ以上の水準へと到達していると指摘する（三〇一～三〇三頁）。この「リアルさ」についての考察などは、量的調査からだけではわからないが重要であると考えた側面を、著者が分析した箇所であり、特に一般読者や初学者に向けて多くの知見を提供してくれる。

最後に二点、ないものねだりをしてみたい。趣味の研究といえばピエール・ブルデューだが、ハビトゥス（評価や行動の傾向や原理）との関連が気になった。戦争に趣味的関心を持つ者は、どのようなバックグラウンドを持っているのだろうか。今後は、年齢と性別よりも踏み込んだ属性の調査が必要だろう。また、より広範囲で、かつ「コア」層以外も対象に入れた調査結果を見てみたいというのも、多くの読者の共通する願いではないだろうか。もっとも、評者が挙げたふたつの論点は、執筆者たちもじゅうぶんに意識しているようだ。今後、「全国規模での無作為抽出による郵送調査の方式」で調査を実施することを計画しているとのこと（三九八頁）。その結果が楽しみである。

なお、二〇二〇年一二月二七日付けの『朝日新聞デジタル』には「巣ごもりでプラモデル人気、タミヤ会長『世界的に品薄』」と見出しが付いた記事が掲載された。そこでは「機動戦士ガンダム」シリーズのプラモ（ガンプラ）の人気が伝えられ、旧日本海軍連合艦隊の模型の写真が添えられている。コロナ禍という特殊な状況下においても、人々と「ミリタリー・カルチャー」のつながりは各所で見られる。このような事象にも注意を払いつつ、本書が広く読まれることを願うとともに、今後の研究の発展に期待したい。

テーマ別分野動向

軍隊の人的資源政策

——合理主義、文化主義、構造主義

望戸愛果
（立教大学・筑波大学）

はじめに

本稿は、軍隊の人的資源政策——政治学者シンシア・エンロー（Cynthia Enloe）が「ミリタリズムの種子であり、そしてミリタリズムを永続させる燃料」[1]であると位置付ける政策——をめぐって、一九九〇年代後半から二〇〇〇年代にかけてアメリカ合衆国において行われてきた比較政治・社会学的研究に注目し、合理主義、文化主義、構造主義、という三つの学問潮流から概観・整理するものである。アメリカの政治学者M・リックバック（Mark I. Lichbach）は、比較政治学における研究動向の理念型を表1のように示した。

端的に言えば、「合理主義者は普遍化し、文化主義者は特殊化し、構造主義者は類型化する」[2]のである。リックバックによれば、合理主義は物質主義に至るがゆえに価値と文脈を見失い、文化主義は観念論に至るがゆえに選択と拘束を見失い、構造主義は決定論に至るがゆえに行為と指向を見失う、とされる[3]。本稿が扱う軍隊の人的資源政策をめぐる各論者の分析基盤も、前記三つの学問潮流によって大きく異なるが、彼らは以下の二点において問題意識を共通させている。第一に、彼らは、従来の政軍関係論の限界を認識する立場から、軍隊―社会間の連関を重視する。第二に、彼らは、ハンチントン（Huntington）、エンロー、ビルンボーム（Birnbaum）、

表1　研究コミュニティとそれらの特徴

特徴	研究コミュニティ 合理主義者	文化主義者	構造主義者
存在論	合理的アクター 意図的説明 行為・信念・欲求 方法論的個人主義	アクター間のルール 間主観性 共有知識 共有価値	アクター間の関係 全体論
方法論	比較静学 個人的に合理的な行為の社会的に非合理的な諸結果 非意図的で、求めざる、不可避で、予期せぬ諸結果	意味と意義 原因としての文化／リアリティ、アイデンティティ、行為、秩序を構成	因果的諸力を伴った社会類型 力学的法則を伴った諸構造
比較	実証主義 普遍化 説明	解釈主義 事例研究 理解	現実主義 比較歴史学 因果性
欠陥	道具的合理性 主体性への機械論的 - 行動論的視角	同義反復、存在と、結果への因果的インパクトにおける目的論	鉄の檻的な決定論 主意主義の欠如
下位的伝統	人間性に関する合理主義者 社会的状況に関する合理主義者	主観論者 間主観論者	国家／社会 多元主義 - マルクス主義 - 国家主義
例	Robert H. Bates	James C. Scott	Theda Skocpol

出　所：Mark I. Lichbach, “Chapter 9: Social Theory and Comparative Politics,” Mark Irving Lichbach, Alan S. Zuckerman eds., *Comparative Politics: Rationality, Culture, and Structure* (Cambridge, U.K.; New York: Cambridge University Press, 1997), 245. (=小野耕二『比較政治』東京大学出版会、2001年、37頁)。訳文は一部改訳した。

ティリー（Tilly）、ギデンズ（Giddens）、マン（Mann）といった、この分野における主要な先行研究をふまえた上で、分析視角においてこれらの先行研究を乗り越えることを最終的な目標としている。(4) すなわち、彼らが持つ問題意識のひとつは、九〇年代以降、軍事ドクトリンや技術革新といった局面に焦点を合わせた新制度論的軍隊研究が数多く行われてきたのに対して、軍隊の人的資源政策に焦点を合わせた研究は極めて希少であったとの認識である。(5)

リックバックによる三つの理念型を、軍隊による人的資源政策の分析という限定された文脈に落とし込んで検討することによって、各学問潮流が持つ具体的な有効性を明示することが、本稿の目的である。

一、合理主義

まず、合理主義の立場に立つ論者としてM・リーヴィー(Margaret Levi)の議論を取り上げたい。リーヴィーは「分析的叙述(Analytic Narratives)」アプローチを提起した論者として日本でもたびたび紹介されている。ただし、先行のサーベイは、行動論的政治学の批判的検討を通して一九八〇年代以降に勃興した新制度論におけるリーヴィーの議論の方法論的意義に関心を限定させている。これに対して本稿は、軍隊制度研究におけるリーヴィーの議論の位置付けに焦点を合わせ、彼女の研究の具体的な成果を探るものである。(6)

リーヴィーによれば、兵役は国家―市民関係の重要な一側面であるにもかかわらず、軍務形態の種類や軍務を強制する制度の種類が理論的に注目されることはほとんどなかった。ギデンズ、マン、ビルンボーム、ティリーといった論者がこの問題に一定程度焦点を合わせてはきたものの、それらの研究は社会における軍隊の役割という文脈に限定されていた。兵役を受け入れるよう政府が市民をいかにして説得するのかということに関する体系的な検討と、国家と市民のバリエーションに関する説明的な理論は、ハンチントンやエンローの議論のような重要な研究においてさえ見当たらない、とリーヴィーは述べる。(7)そこでリーヴィーが提示するのが、「兵役政策ゲーム(military service policy game)」という分析枠組みである。

「兵役政策ゲーム」は、一九世紀の欧米諸国の文脈において、兵役を施行する政府の政策立案者と、市民を代表する議員との間でプレーされる。リーヴィーのモデルでは、政府の政策立案者は新兵選抜に対する自分たちの管理を最大にする政策を望むと想定される。一方で、政策立案者の選択は、議員が持つ交渉力と市民から得ることができる協力によって制限されている。議員はとりわけ強い力を持つ有権者から得られる支持を最大にする政策を望み、市民は自分や自分の息子が免役される政策ないし兵役に対する充分な補償が得られる政策を望むと想定される。ただし、市民は決して一枚岩ではなく、最も望ましい免役のあり方やその是非をめぐって意見が食い違っている。各集団は、兵役に対する下記のような異なった選好順序を持っている(表2)。

リーヴィーは近代における兵役免除金や代人制の廃止をM・ウォルツァー(Michael Walzer)に倣って「差し止められている交換(blocked exchange)」と呼んでいる。さらに、リー

表2　兵役の種類をめぐる選好

	政策立案者	富裕層	有産市民層	市民の多数派
1位	政策4	政策1	政策1	政策1
2位	政策3	政策2	政策3	政策4
3位	政策2	政策3	政策2	政策3
4位	政策1	政策4	政策4	政策2

政策１：志願兵制
政策２：金銭に拠る免役
政策３：金銭に拠らない免役
政策４：義務兵役

出　所：Margaret Levi, *Consent, Dissent, Patriotism* (Cambridge; New York: Cambridge University Press, 1997), 83より筆者作成。

ヴィーは、これらの制度を廃止する動きが、一九世紀のフランス、アメリカ、プロイセンといった欧米諸国で共通して観察される事実に注目している。そして、前述した兵役政策ゲームが備える普遍性を前提としながら、合理的選択理論を土台とした叙述方式の分析を用いて、各国の歴史的事例の要因をそれぞれに説明することを試みている。

南北戦争期の合衆国においては、必要とされる膨大な兵員を志願兵のみでまかなうことはできなかったため、当初連邦政府（北軍）が施行した政策は兵役免除金と代人制の組み合わせによる徴兵であった。しかし、その後、兵役免除金のみが廃止され、代人制は維持された。兵役免除金の廃止は代人買収の相場価格をつりあげ、不平等をかえって増大する結果につながったが、それにもかかわらず廃止は実行されたのである。政府による一見非合理なこの意思決定の要因は、階級と政治に大きく関わるものであったとして、リーヴィーは以下のように説明している。リーヴィーによれば、財産がない都市住民は、地方や小都市の民兵組織の伝統に根ざした代人制に対しては無関心であった。しかし、彼らは、彼らの目につきやすい兵役免除金に対しては抗議を行い、暴動を起こしたため、兵役免除金制度を施行する際に政府が負担する政治的コストは上昇した。兵役を逃れる方法を単純に金銭で買う兵役免除金制度とは異なり、代人制は自分に代わって兵役に就く人間がいるということを保証したので、中央政府に対して地方コミュニティが自らの人材や経済を守る手段となりえた。同時に、代人制の維持は、買収に基づく免役の維持を望む富裕層に対して、政府が譲歩する手段ともなりえたのである。[8] リーヴィーの分析は「徴兵制分析に対する合理的選択論の貢献」として受け止められ、徴兵制および志願兵制をめぐる政治学的・社会学的議論の活性化を促すに至っている。[9]

前記のようなリーヴィーの議論を厳しく批判したのが、リックバックによって構造主義者の典型として位置付けられたT・スコッチポル（Theda Skocpol）である。スコッチポルはリーヴィーの議論の具体的な問題点を以下のように指摘している。

リーヴィーは近代化された軍事体制が兵士を募集する際に兵役免除金や代人制を廃するのはなぜかと問うている。彼女は、このような慣行は、フランスにおいてそうであったように、アメリカにおいて特権階級に対するえこひいきをつくりだしたと思い込んでいる。しかし実際には、アメリカにおいてそうした慣行が行われたのは国家官僚制度の欠如によるものであり、軍の募兵における階級的不平等に結びつけられるものではないのである。まったく反対に南北戦争期の連邦軍の募兵は、のちに、第一次世界大戦中、代人制と兵役免除金が廃止され、普遍的な「選抜」徴兵制がアメリカで制定されたあとに比して、階級的不平等が少なかったのである（中略）リーヴィーはアメリカ特有の制度的、政治的、階級的文脈を無視しているため、結果としてアメリカに関してはほとんど意味のない議論に終わっている。実際、彼女の議論は、アメリカの軍隊の募兵における主要な皮肉――すなわち、ネーションが近代化するにつれて、募兵の階級的偏りは減少するどころか増大するようになったということ――を見落としている。この軌跡はフランスにおけるそれと正反対であったのであり、我々は重要なクロス・ナショナル・バリエーションを理解するために、制度的文脈と、政治的組織と社会構造の交差を理論化する必要があるのである。[10]

スコッチポルの批判に対して、リーヴィーと共に論文集を執筆したベイツやグライフたち（以下「ベイツたち」と略記）は、以下のような反論を行っている。彼らによれば、リーヴィーはアメリカの制度の特徴を捉えそこなったわけではない。なぜなら、リーヴィーの議論の要点は兵役免除金の廃止と代人制の存続を説明することにあったのであり、その説明はアメリカ独特の制度的特徴――特に地域主義や、大規模官僚制度の欠如――に根ざしたものであるためである。ベイツたちによれば、スコッチポルとリーヴィーの間には現実の階級的不平等の度合いに関する意見の相違は存在しない。むしろ両者の間には、以下のような問いの立て方の相違が存在しているのである。

> リーヴィーにとって、分析を推進し、制度の変容を引き起こすのは、階級差別の構造的現実ではなく、階級差別の認知である。スコッチポルの問いは異なっている。彼女の関心はのちの戦争に対して南北戦争期の募兵が持つ相対的な公正さにあるのである。(11)（強調引用者）

スコッチポル以外の歴史研究者にとっても、リーヴィーの議論は不充分なものとして映るであろうことは否定できない。たとえば、リーヴィーの議論では、徴兵暴動を担った労働者の民族構成や、彼らによる黒人襲撃といった重要な要素は分析されることがない。さらに、リーヴィーは自らの議論の冒頭部で、分析対象を男性に限定することをあらかじめ断わっている。(12) ただし、リーヴィーにしてみれば、こうした分析上の問題点は、一般性の高い命題を導き出すために自覚的に不問にしたものである。リーヴィーを擁護したベイツはリックバックが位置付ける合理主義者の典型例であるが、ベイツたち自身が認めているように、スコッチポルのリーヴィーに対する批判は、合理主義者と構造主義者の間の論争を反映したものとして理解されるべきであろう。(13)

二、文化主義

アメリカの政治学者R・クレブス（Ronald R. Krebs）は、軍隊の人的資源政策の分析に「政治を取り戻す（Bringing Politics Back In）」との主張を行っている。(14) まず、クレブスは、「軍隊は良かれ悪しかれ、社会を劇的に変化させる」との前提に対して疑問を提起する。クレブスによれば、軍務とナショナルな共同体の間を接合するメカニズムについては、従来以下の三つの説明がなされてきた。すなわち、(一) 軍隊が兵員に対してナショナルな共同体の境界に関する信念を与えると想定する「社会化モデル (socialization model)」、(二) 包括的な軍隊の人的資源政策が人種や宗教による分断を打破し、「メルティング・ポット」としての役割を果たすと想定する「接触仮説 (contact hypothesis)」、(三) 政治的競合の勝者がナショナリティの境界を設置すると想定する「エリート—変容仮説 (elite-transformation hypothesis)」の三つである。

クレブスによれば、(一)「社会化モデル」は、兵士を熟考する能力のない受動的な存在とみなしており、軍隊の社会化能力は低いことを示す経験的諸研究が存在する点からしても説得力に乏しい(15)。(二)「接触仮説」は、包括的な人的資源政策がエスニックな差異に対する兵士の意識をかえって敏感にしてきた歴史的経緯を無視している点で説得力に欠ける(16)。そもそも(一)と(二)のメカニズムは、暗黙の前提として国民皆兵制に類似するものを想定している点で共通している。しかし、「国家建設装置としての軍の注目度が最も高いときでさえ、国民皆兵制の説明はそれそのものの説明でしかない」とクレブスは指摘する(17)。

クレブスによれば、対象となる人的資源の五分の四に軍事訓練をほどこしていた第一次世界大戦前のフランスは例外的存在であり、ヨーロッパにおけるその他の政権は、狭隘な支配階級の存在や平時に大規模な軍隊を維持することの困難から五分の一から二分の一を徴兵するのが限度であった。つまり、国民皆兵制はたびたび承認されたが、実施されることは稀であったのである。それゆえ、前記のふたつのモデルに対するクレブスの批判は、以下の二点に集約されることになる。第一に、もし軍隊が社会に対して国民皆兵制を通してしか甚大な影響を与えることができないのであれば、論者は理論の良し悪しにかかわらず、軍隊は歴史的にごくわずかな影響しか与えてこなかったとはっきり結論づけることができる。第二に、レトリックと政策の間のギャップをめぐる過去の事情が存続しているのであれば(クレブスによれば、大部分において実際存続しているのであるが)、この問題を考慮するためにエネルギーを費やさなければならない理由はほとんどないのである(18)。

最後に、軍務とネーションの定義の関係を考察する(三)「エリート—変容仮説」に関しては数多くの長所があるとして、クレブスは一定の評価を行うが、彼らの議論は「おおざっぱな分析ゆえに疑わしい」と批判する。「エリート—変容仮説」は軍歴が兵士を政治化させると論じ、とりわけマイノリティの退役軍人にその傾向が強いと想定する(19)。しかしながら、数多くの研究が、退役軍人は戦時においてさえ政治的に無感動であり、政治的に疎外されてすらいると結論づけている。加えて、こうした政治的無関心《アパシー》や政治に対する皮肉は戦争の敗者のものと考えられがちであるが、実際には勝者の間にも十二分に見出されるものである。

　前記の三つのモデルに取って代わるべき新たな研究課題として、クレブスが注目するのが、軍隊の人的資源政策とマイノリティのシティズンシップをめぐる闘争との間の関係である。クレブスによれば、軍隊がいかなるときによりリベラルな人的資源政策を実施するのかという問題に関しては、従来以下の三つの立場から説明がなされてきた。すなわち、軍隊の人的資源政策は（一）軍隊制度に迫る脅威の度合いに影響されると論じる構造主義的リアリストの説明(20)、（二）軍隊制度のプロフェッショナリズムに影響されると論じるハンチントン・モデルからの説明(21)、（三）周囲の社会が差異に対して寛容であるか否かに影響されると論じる社会構造・価値観からの説明(22)、の三つである。これら三つの説明のいずれもが、理論的にも経験的にも問題をはらんでいることをクレブスは指摘する。

　クレブスによれば、（三）社会構造・価値観からの説明は、政治を社会構造に還元しており、政治的競合の重要性が見失われている。また、（二）プロフェッショナリズムからの説明が説得力に欠けることは、アメリカ軍におけるアフリカ系アメリカ人に対する人種隔離政策の歴史を顧みれば明らかであるとされる。つまり、ハンチントン流のプロフェッショナリズムは軍隊の人的資源政策にまったく影響を及ぼさないのである。そして、（一）軍隊制度に迫る脅威の度合いからの説明は、以下の二点において具体的な欠陥を持つ。第一に、このような仮説は、課せられた脅威にもかかわらず、所与の軍隊が差別的政策を維持するのはなぜなのかという問題に対しては、「脅威が変化を促すほどのものではなかったから」という後知恵的な説明しかできない。第二に、このような仮説は、脅威をめぐる環境が比較的安定している文脈において行われる軍隊のリベラル化を説明することも不可能である(23)。

　クレブスによれば、軍隊の人的資源政策の変遷を政治の視座から説明するためには、軍隊をただの戦争遂行マシーン以上のものとして捉える必要がある。軍隊における持続的な変化が国際環境の要請によってのみもたらされることは稀であ

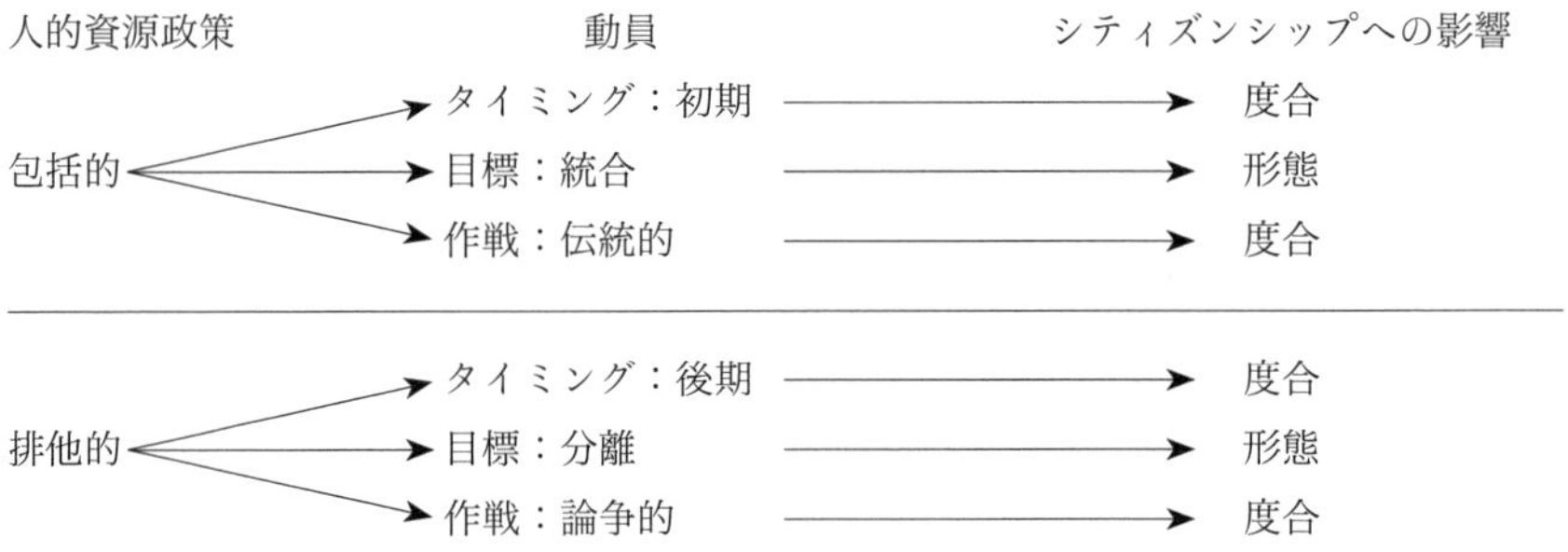

図1　軍隊の人的資源政策と動員
出　所：Ronald R. Krebs, *Fighting for Rights: Military Service and the Politics of Citizenship* (Ithaca, NY: Cornell University Press, 2006), 37より筆者作成。

り、むしろそのような変化は高い意欲を持った文民の介入によって生み出されると、クレブスは主張する。すなわち、軍隊は社会的かつ文化的な場であり、軍隊の人的資源政策の変化を説明するためには、まず第一にシティズンシップとナショナル・アイデンティティをめぐる政治的論争に注目しなければならない[24]。イスラエル国防軍におけるアラブ系マイノリティの事例やアメリカ軍におけるアフリカ系アメリカ人の事例を比較分析するために、クレブスが提示するのが、軍隊の人的資源政策とマイノリティのシティズンシップをめぐる闘争（動員）の関係を示した図1の枠組みである。

たとえば、第一次世界大戦後半から戦後期にかけてのアメリカでは、ジャマイカ生まれの黒人マーカス・ガーヴェイが率いたガーヴェイ運動（アフリカ復帰運動）が多くの黒人の心をとらえたが[25]、前記の分析枠組みに基づいて、クレブスは以下のように論じている。

〔第一次世界大戦期アメリカにおける〕黒人兵士と黒人退役軍人の扱いは、アメリカの政治的共同体がいまだ人種的な用語で定義されていることを示していた。二〇年後、ある観察者が述べたように、「連合国の勝利の結果としてより良い未来がもたらされるという黒人の期待は戦後すぐに消え去り、隠れたシニシズムとあからさまな絶望に取って代わられた」。ガーヴェイは腕の立つショーマンであったが、戦後の深い幻滅がなければ大勢の信奉者を獲得することは決してなかったであろう。理論的枠組みが予想するように、排他的な人的資源政策の強いシグナルが、多くのアフリカ系アメリカ人を、分離主義的な目標を支持する指導者を信奉する気にさせたのである。(26)（強調引用者）

クレブスの議論はリックバックが文化主義の典型と位置付けたJ・スコット（James C. Scott）等の議論に拠りながら、既存研究が軽視してきたレトリック装置としての軍歴の重要性や、兵役をめぐるマイノリティ集団の感情を中心的検討課題として取り上げようとする点にその特徴を持つ(27)。加えて、クレブスの議論は、アメリカ軍における同性愛の是非をめぐる九〇年代以降の政治的論争をも分析の射程に収めようとしている。すなわち、クレブスの議論は軍務とジェンダーの連関を主要な検討課題として導入する姿勢をみせているのであり、合理的選択論の立場に立つリーヴィーがジェンダーに関わる問題の一切をあらかじめ分析の枠外に置いたのとは対照的である。

一方で、先行研究に対するクレブスの批判は一定の説得力を持つとはいえ、言説やレトリックの重要性を安易に強調しているとの印象を与えかねない——すなわち、リックバックの指摘する「観念論に至るがゆえに選択と拘束を見失う」危険性を逃れえない——側面があることも否定できない。

三、構造主義

軍隊の人的資源政策をめぐる構造主義的研究において先駆的役割を果たしてきたのは、リックバックが構造主義者の典型として位置付けたT・スコッチポルである。彼女の議論は後発の研究者に強い影響を与え、軍人恩給制度や退役軍人会の政治活動をめぐる実証研究を生み出すに至っている。構造主義的研究の共通した特徴は、兵士の動員のみならず、復員をめぐるポリティクスにも主要な焦点を合わせていることである。ここでは、第二次世界大戦後のアメリカにおける復員兵援護法（Servicemen's Readjustment Act of 1944, 以下ＧＩビルと略記）の政策フィードバックを考察したＳ・メトラー（Suzanne

Mettler）の議論を取り上げたい。

メトラーの議論は、「市民的積極参加」および「社会関係資本」をめぐるR・パットナム（Robert D. Putnam）の研究に対する批判を土台として進められている。S・タロー（Sidney Tarrow）は、パットナムの議論は国家形成のパターンが市民の能力に与える影響を充分に考慮していないとして九〇年代中葉からすでに批判を行っていた(28)。メトラーもまた、「市民的積極参加に国家を取り戻す（Bringing the State Back In to Civic Engagement）」との主張を行い、パットナムを批判している(29)。

パットナムやその他の論者による実証研究は、第二次世界大戦経験者の高い市民参加率を認める一方で、退役軍人の市民参加が同世代の軍務未経験者に比してより活発であるということはないと結論づけてきた(30)。つまり、これらの研究は、戦争の経験やその結果が世代間の市民参加の差を説明する充分な要因とはなりえないことを明らかにしてきたのであるが、そうであるならば、それに代わりうる説明を提示する必要があるとメトラーは主張するのである(31)。このような問題意識に基づいてメトラーが提示するのがスコッチポルらによる政策フィードバック・アプローチとS・ヴァーバらによる市民行動モデルを接合した市民的積極参加モデルである（図2）。

メトラーの研究は、一五〇〇人以上の退役軍人を対象とした独自の郵送調査と、二八人の退役軍人に対する詳細なインタビュー調査に基づいている。メトラーによれば、GIビルが退役軍人の市民参加に与える肯定的な影響は、学歴や社会経済的上昇といった単純な要因に還元することはできない。また、戦闘や負傷といった軍務経験や、志願と徴兵の間の相違も説明要因にはなりえない。むしろ、より長期間に渡ってGIビルを利用した退役軍人ほど、より長期間に渡って政治活動に参加する傾向がみられる。それゆえ、GIビルというプログラムそのものが退役軍人に市民グループへの参加を促していると指摘することができるのである(32)。

メトラーの調査によれば、第二次世界大戦世代の男性は兵役を一般的な義務であると考えていたため、GIビルは権利（right）ではなく特権（privilege）であると認識されるケースが多かった。彼らのうちでも最も長期間に渡ってGIビルを利用した人々は義務感が強く、「アメリカ社会に対してなにかしら返すべきものを負っている」との信念を持っている。GIビルはまた、ニューディール政策や兵役そのものから日常的に排除され続けてきた黒人男性にとっても相対的に「かなりフェアな（pretty fair）」政策を経験する機会を与え、公

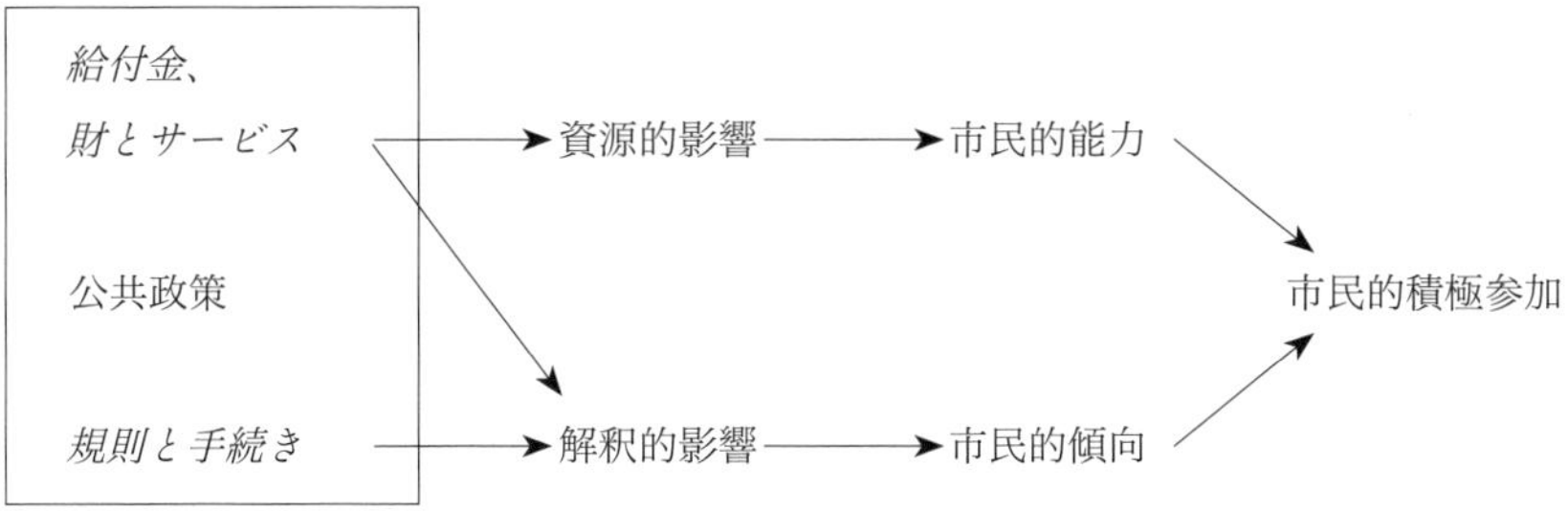

図2　一般大衆への政策フィードバック——政策が市民的積極参加にいかに影響を与えるか
出所：Suzanne Mettler, “Bringing the State Back In to Civic Engagement: Policy Feedback Effects of the G.I. Bill for World War II Veterans,” *American Political Science Review*, 96, no.2 (2002), 353より筆者作成。

民権運動における彼らの政治的動員の触媒としての役割を果たした。対照的に、ＧＩビルは女性退役軍人の政治参加に対しては極めて否定的な結果しかもたらさなかった。ＧＩビルが男性を主な対象者として立案・施行された法律であった事実はもちろんのことであるが、支配的な要因は戦後のより大きな文化的・政治的環境にあることをメトラーは指摘している。すなわち、ＧＩビルが女性に対して男性同様の結果をもたらすためには、男性よりも強力に女性の生活を変革する必要があったのであるが、ＧＩビルは資源的影響においても解釈的影響においてもそれほど強力なものではなかったのである[33]。

メトラーの議論の特徴は、従来注目されてきた社会的上昇の手段としてのＧＩビルの実態を独自の調査に基づいて明らかにしただけでなく、ＧＩビルが市民（退役軍人）の政治参加を促がすメカニズムをも明らかにした点にある。また、メトラーの議論は「市民的積極参加」という概念を分析に導入したことによって、従来の事例研究にとどまらない広範な比較研究の可能性をひらいた点でも注目に値する。

構造主義的研究は、ジェンダーや人種／エスニシティに関わる問題も視野に入れつつ独自の視座を切り拓いてきたが、課題としては以下の二点を指摘することができるだろう。第一に、構造主義的議論は比較研究を強く志向しているが、アメリカ以外の国に関する記述は断片的なものにとどまっている。したがって、比較政治・社会学的視座をより徹底させていく必要がある。第二に、構造主義的研究が単なる事例研究にとどまらないものであるならば、兵士の動員と復員の両局面に注目することによって、現代におけるどのような政治的・社会的課題を明らかにすることができるのかという問題提起をより明確化していく必要があるだろう。

おわりに――軍隊の人的資源政策をめぐる比較研究

本稿では、一九九〇年代後半から二〇〇〇年代にかけてのアメリカにおける軍隊の人的資源政策をめぐる研究を整理してきた。前記の検討内容をまとめれば、合理主義的研究が従来の政軍関係論を包摂する形をとっているのに対して、構造主義的研究は国家論的伝統を下敷きにして独自の学問潮流を築き上げる方向へ進んでおり、文化主義的研究は端緒についたばかりという状況が窺える。また、前記の諸研究はいずれもアメリカで行われ、軍隊の人的資源政策に注目するものであるのだが、学問潮流の相違によって具体的に着目する制度や局面が異なっている。すなわち、合理主義者は兵制に、文化主義者は軍務とシティズンシップをめぐる政治的論争に、構造主義者は軍事援護制度に、主な関心を寄せている。このような相違は、各潮流の長所と短所を反映したものであるとも考えられる。

一九九〇年代中葉に、構造主義と合理主義の間の対話が進む制度分析の現状をして、E・オストロム（Elinor Ostrom）は「我々は著しい収斂の時代に入った」と評した[34]。オストロムの真意は、両学問潮流が異なるレベルで相互扶助を行っていく道筋を示すことにあったのだが、同じことが軍隊の人的資源政策をめぐる研究状況にもあてはまる。すなわち、この時期の軍隊の人的資源政策をめぐる比較研究を概観・整理するならば、各潮流のそれぞれの特性に基づいた分業体制が確立しつつあったと言えるのではないだろうか。

付記　本稿は、ＪＳＰＳ科研費20K22161の助成を受けた研究成果の一部である。

注

（1） Cynthia Enloe, *The Morning After: Sexual Politics at the End of the Cold War* (Berkeley, Calif.: University of California Press 1993), 47.（＝池田悦子訳『戦争の翌朝――ポスト冷戦時代をジェンダーで読む』緑風出版、一九九九年、五七頁）。訳文は一部改訳した。

（2） Mark I. Lichbach, “Chapter 9: Social Theory and Comparative Politics,” Mark Irving Lichbach, Alan S. Zuckerman eds., *Comparative Politics: Rationality, Culture, and Structure* (Cambridge, U.K.; New York: Cambridge University Press, 1997), 256.

（3） Ibid., 258. なお、リックバックの議論を紹介した日本語の文献として以下も参照。小野耕二『比較政治』（東京大学出版会、二〇〇一年）。

（4） Samuel P. Huntington, *The Soldier and the State: The Theory and Politics of Civil-Military Relations* (Cambridge, Mass.: Belknap Press of Harvard University Press, 1957)（＝市川良一訳『軍人と国家』原書房、二〇〇八年）; Cynthia Enloe, *Ethnic Soldiers: State Security in Divided Societies* (London: Penguin Books, 1980); Pierre Birnbaum, *States and Collective Action: The European Experience* (Cambridge [Cambridgeshire]: Cambridge University Press, 1988); Charles Tilly, *Capital, Coercion, and European States* (Oxford, UK; Cambridge, Mass.: Basil Blackwell, 1990); Anthony Giddens, *The Nation-State and Violence* (Cambridge: Polity Press, 1996)（＝松尾精文・小幡正敏訳『国民国家と暴力』而立書房、一九九九年）; Michael Mann, *The Sources of Social Power: The Rise of Classes and Nation-States, 1760-1914*, Vol.II (Cambridge: Cambridge University Press, 1993)（＝森本醇・君塚直隆訳『ソーシャルパワー――社会的な〈力〉の世界歴史Ⅱ　階級と国民国家の「長い19世紀」（上）（下）』ＮＴＴ出版、二〇〇五年）。

（5） Ronald R. Krebs, “One Nation Under Arms? Military Participation Policy and the Politics of Identity,” *Security Studies*, 14, no.3 (2005), 529–564. 新制度論、すなわち政治学的分析において制度論的視角を再度活性化させる試みについて、詳細は以下を参照。小野、前掲、一二一～一六四頁。

（6）「分析的叙述」とは、行動論的仮説に依拠しつつ「経済学と政治学で一般に採用されている分析ツールを、歴史学においてより一般的に採用されている叙述形態と結びつける」アプローチである。Robert Bates, Anver Grief, Margaret Levi, Jean-Laurent Rosenthal, and Barry Weingast, *Analytic Narratives* (Princeton, N.J.: Princeton University Press, 1998), 110.

（7） Margaret Levi, *Consent, Dissent, Patriotism* (Cambridge; New York: Cambridge University Press, 1997), 4.

（8） Ibid., 96-102.

（9） Lars Mjøset, Stephen Van Holde eds., *The Comparative Study of Conscription in the Armed Forces* (Amsterdam; Tokyo: JAI Press, 2002).

（10） Theda Skocpol, “Commentary: Theory Tackles History,” *Social Science History*, 24, no.4 (2000), 673.

（11） Robert Bates, Anver Grief, Margaret Levi, Jean-Laurent Rosenthal, and Barry Weingast, “*Analytic Narratives* Revisited,” *Social Science History*, 24, no.4 (2000), 690.

（12） Levi, 1997, op. cit., 5.

(13) Bates et al., op. cit., 690.
(14) Krebs, 2005, op. cit.
(15) Ronald R. Krebs, "A School for the Nation?: How Military Service Does Not Build Nations, and How It Might," *Security Studies*, 28, no.4 (2004), 90-99.
(16) Ibid., 99-108.
(17) Ibid., 113.
(18) Ibid., 113.
(19) Enloe, op. cit.
(20) Ibid.
(21) Alon Peled, *A Question of Loyalty: Military Manpower Policy in Multiethnic States* (Ithaca: Cornell University Press, 1998).
(22) Stephen Peter Rosen, *Societies & Military Power: India and Its Armies* (Ithaca, NY: Cornell University Press, 1996).
(23) Krebs, 2005, op. cit.
(24) Ibid.
(25) ガーヴェイ運動については以下を参照。本田創造『アメリカ黒人の歴史　新版』(岩波書店、一九九一年) 一五八～一六五頁。
(26) Ronald R. Krebs, *Fighting for Rights: Military Service and the Politics of Citizenship* (Ithaca, NY: Cornell University Press, 2006), 137.
(27) James C. Scott, *Weapons of the Weak: Everyday Forms of Peasant Resistance* (New Haven: Yale University Press, 1985).
(28) Sidney Tarrow, "Making Social Science Work Across Space and Time: A Critical Refleciton on Robert Putnam's Making Democracy Work," *American Political Science Review*, 90, no.2 (1996), 389-397.
(29) Suzanne Mettler, "Bringing the State Back In to Civic Engagement: Policy Feedback Effects of the G.I. Bill for World War II Veterans," *American Political Science Review*, 96, no.2 (2002), 351-365.
(30) Robert D. Putnam, *Bowling Alone: The Collapse and Revival of American Community* (New York: Simon and Shuster, 2000), 485. (＝柴内康文訳『孤独なボウリング――米国コミュニティの崩壊と再生』柏書房、二〇〇六年、六一一頁)。
(31) Suzanne Mettler, *Soldiers to Citizens: The G.I. Bill and the Making of the Greatest Generation* (Oxford and New York: Oxford University Press, 2005), 5.
(32) Mettler, 2005, op. cit., 109, 115.
(33) Ibid. なお、ＧＩビルについては以下も参照。望戸愛果「一九六八年「未亡人ＧＩビル」制定をめぐるジェンダー・ポリティクス――アメリカ連邦議会公聴会議事録に見る戦争未亡人像の転換過程」(『Sociology Today』第一七号、二〇〇七年)。
(34) Elinor Ostrom, "New Horizons in Institutional Analysis," *American Political Science Review*, 89, no.1 (1995), 177.

編集後記

『戦争社会学研究』第五巻をお届けする。今号ではふたつの特集があり、全体のタイトル「計量歴史社会学からみる戦争」は特集1から採ったものである。特集2は「二一世紀における空襲の記憶と表現」となっている。特集1は、オンライン上で行われた合評会（二〇二〇年一一月一五日）を誌面化したものであるが、全体討論の中で司会を務められた野上さんが述べているように、渡邊さんのご著書は十分に「衝撃的」であっただけでなく、戦争社会学のあり方を問い直すものとなっている。当初は書評対象本としてあげられていたが、合評会形式とすることで、多角的に論点を提出できたのではないだろうか。また、特集2は、「空襲・戦災を記録する会全国連絡会議」との共催シンポジウムである（二〇二〇年八月二九日）。これも同じくオンライン上で行われたが、戦争研究にとって、記録・記憶の重要性に改めて気づかされるシンポジウムであった。

二〇二〇年度は本研究会も新型コロナ感染拡大の影響を受け、四月に予定されていた年次研究大会は中止せざるを得なかった。多くの学会・研究会はオンラインで行われるようになったが、このときはまだオンライン実施のノウハウも十分にはなく、中止ということになった。その結果、これまで本誌は、年次研究大会を何らかの形で反映していたが、今回はいずれもオンラインで実施された例会を特集することとなった。

投稿論文は三本投稿があったうち、二本掲載。書評すべき本は多数あったが、今号では比較的長文になるものについては「書評論文」（三本）とした。テーマ別分野動向は「軍隊の人的資源政策」について、望戸愛果さんにご執筆いただいた。

新型コロナ収束の可能性はまだ見えず、第一二回戦争社会学研究大会（二〇二一年四月二四日～二五日）もオンライン実施ということになった。新型コロナはしばしば戦争の比喩で語られるが、感染症の歴史が戦争と深い関係があることを考えると、「感染症と戦争」というテーマは本研究会で今後取り組んでもいいテーマかもしれない。

二〇二一年三月

戦争社会学研究編集委員会
亘　明志

執筆者一覧（五〇音順）

愛葉由依（あいば・ゆい）
名古屋大学大学院人文学研究科博士課程後期課程、日本学術振興会特別研究員。一九九三年、愛知県生まれ。名古屋大学大学院文学研究科博士課程前期課程修了。修士（文学）。専門は文化人類学。主著に『祖父とあゆむヒロシマ――今は言える、自由に。』（風媒社、二〇一九年）。

伊藤昌亮（いとう・まさあき）
成蹊大学教授。一九六一年、栃木県生まれ。東京大学大学院学際情報学府博士課程修了。博士（学際情報学）。専門はメディア論、社会運動論。主著に『フラッシュモブズ――儀礼と運動の交わるところ』（NTT出版、二〇一一年）、『デモのメディア論――社会運動社会のゆくえ』（筑摩書房、二〇一二年）、『ネット右派の歴史社会学――アンダーグラウンド平成史一九九〇～二〇〇〇年代』（青弓社、二〇一九年）など。

猪原千恵（いのはら・ちえ）
角川武蔵野ミュージアム学芸員。一九七〇年、広島県生まれ。広島大学文学部卒業。学士（文学）。専門は日本考古学、日本近現代史。主著に『岡山空襲展示室特別展「託したもの届かぬ思い」展示図録』（岡山市、二〇一八年）、『「第43回岡山戦災の記録と写真展――戦後75年資料と記録の保存と継承」展示図録』（岡山市、二〇二〇年）、主論文に「江戸時代後期の菓子木型から見た大名家の交流――尾張藩御用と紀州藩御用の菓子木型を中心に」（『和菓子』第二四号、二〇一七年）、「林源十郎商店の労研饅頭」（林源十郎商店物語編集委員会編『林源十郎商店物語』吉備人出版、二〇二〇年）など。

岩井八郎（いわい・はちろう）
京都大学名誉教授。一九五五年、大阪府生まれ。大阪大学人間科学研究科博士後期課程単位取得退学。修士（学術）。専門は教育社会学、家族社会学、ライフコース研究。主著に『教育の社会学』（共著、放送大学教育振興会、二〇一五年）、『現代教育社会学』（共編著、有斐閣、二〇一〇年）、主論文に「戦時期から戦後における高学歴層の流動性と戦後階層システムの形成――SSM調査の再分析から1940年代を読み直す」（『社会学評論』第六九巻三号、二〇一八年）、「アジアの家族変動と家族意識――東アジア社会調査（EASS）とアジア比較家族調査（CAFS）からみた多様性と共通性」（『家族社会学研究』三〇巻一号、二〇一八年）など。

瓜生吉則（うりゅう・よしみつ）
立命館大学産業社会学部教授。一九七一年、愛知県生まれ。東京大学大学院人文社会系研究科博士課程単位取得退学。博士（社会情報学）。専門はメディア論、文化社会学。主論文に「マンガに集う／マンガで集う」（浪田陽子・柳澤伸司・福間良明編著『メディアリテラシーの諸相』ミネルヴァ書房、二〇一六年）、「『名馬』を必要とする社会――競馬をめぐる〈夢〉の遠近法」（日本記号学会編『賭博の記号論――賭ける・読む・考える』新曜社、二〇一八年）など。

岡本充弘（おかもと・みちひろ）
東洋大学名誉教授。一九四五年、栃木県生まれ。東京大学大学院人文科学研究科博士課程単位取得退学。修士（文学）。専門はイギリス史、歴史理論。主著に『開かれた歴史へ』（御茶の水書房、二〇一三年）、『過去と歴史』（御茶の水書房、二〇一八年）など。

小川実紗（おがわ・みさ）
立命館大学大学院社会学研究科博士後期課程。一九九三年、大阪府生まれ。立命館大学社会学研究科博士前期課程修了。修士(社会学)。専門は観光社会学、歴史社会学。主論文に「占領期における京都の都市イメージ構築――『アメリカ』の承認と『非戦災都市』アイデンティティ」（『戦争社会学研究』第四巻、二〇二〇年）。

荻野昌弘（おぎの・まさひろ）
関西学院大学社会学部教授。一九五七年、千葉県生まれ。パリ第七大学大学院社会科学研究科修了。博士(社会学)。専門は社会学理論、文化社会学。主著に『資本主義と他者』（関西学院大学出版会、一九九八年）、『零度の社会――詐欺と贈与の社会学』（世界思想社、二〇〇五年）、『開発空間の暴力』（新曜社、二〇一二年）など。

片渕須直（かたぶち・すなお）
アニメーション映画監督、日本大学芸術学部特任教授。一九六〇年、大阪府生まれ。日本大学芸術学部卒業。映画監督作に『アリーテ姫』（二〇〇〇年）、『マイマイ新子と千年の魔法』（二〇〇九年）、『この世界の片隅に』（二〇一六年）、『この世界の（さらにいくつもの）片隅に』（二〇一九年）など。航空ジャーナリスト協会会員として航空技術史についても執筆。

工藤洋三（くどう・ようぞう）
空襲・戦災を記録する会全国連絡会議。一九五〇年、宮崎県生まれ。山口大学大学院工学研究科修士課程修了。博士（工学）。専門は土木工学。主著に『米軍の写真偵察と日本空襲』（自費出版）、『日本の都市を焼き尽くせ！』（自費出版）など。

小谷七生（こたに・ななみ）
神戸市外国語大学博士課程。兵庫県生まれ。専門は歴史社会学。主論文に「今井正作品と「リアリズム」――『青い山脈』『また逢う日まで』『どっこい生きてる』の分析を通して」（『神戸市外国語大学研究科論集』第二二号、二〇一九年）、「一九七二年の皇国少年――今井正『海軍特別年少兵』と一九七〇年代初頭の戦争観をめぐる一考察」（『戦争社会学研究』第四巻、二〇二〇年）。

津田壮章（つだ・たけあき）
京都大学大学院人間・環境学研究科博士後期課程、日本学術振興会特別研究員。一九八八年、京都府生まれ。立命館大学大学院法学研究科博士前期課程修了。修士（法学）。専門は歴史社会学。主論文に「1960、70年代における自衛隊退職者団体隊友会の動向――月刊紙『隊友』から」（『立命館平和研究――立命館大学国際平和ミュージアム紀要』第二一号、二〇二〇年）、「自由な校風という教育実践――京都府立鴨沂高等学校の学校行事『仰げば尊し』から」（『人間・環境学』第二九巻、二〇二〇年）など。

楢崎茂彌（ならざき・しげや）
立川市史編さん委員会副委員長。一九四七年、東京都生まれ。東京教育大学文学部卒業。学士（文学）。専門は日本近現代史。主著に「マリアナからのB29日本本土初空襲の作戦任務報告書」（『空襲通信』八、二〇〇六年）、「砂川村役場文書から見えてきた空襲被災者への公的援護」（『近代地方公文書アーカイブズの構造と情報に関する学際的総合研究』二〇一四年）、「1945年8月15日に艦載機による東京空襲はあったのか」（『空襲通信』第一五号、二〇一三年）など。

野上元（のがみ・げん）
筑波大学人文社会系准教授。一九七一年、東京都生まれ。東京大学大学院人文社会系研究科博士課程修了。博士（社会情報学）。専門は歴史社会学。主著に『戦争体験の社会学』（弘文堂、二〇〇六年）。

浜井和史（はまい・かずふみ）
帝京大学共通教育センター准教授。一九七五年、北海道生まれ。京都大学大学院文学研究科博士後期課程指導認定退学。博士（文学）。専門は日本近現代史、日本外交史。主著に『戦没者遺骨収集と戦後日本』（吉川弘文館、二〇二一年）、『海外戦没者の戦後史――遺骨帰還と慰霊』（吉川弘文館、二〇一四年）、編著に『復員関係史料集成』全一二巻（ゆまに書房、二〇〇九〜二〇一〇年）など。

福島幸宏（ふくしま・ゆきひろ）
慶應義塾大学文学部准教授。一九七三年、高知県生まれ。大阪市立

大学文学研究科後期博士課程単位取得退学。修士（歴史学）。専門はデジタルアーカイブ、アーカイブズ、日本近現代史。共著に『デジタル文化資源の活用』（勉誠出版、二〇一一年）、『国家神道と国体論』（弘文堂、二〇一九年）、『占領期の都市空間を考える』（水声社、二〇二〇年）など。

堀川優奈（ほりかわ・ゆな）
東京大学大学院博士課程。一九九二年、静岡県生まれ。東京大学大学院人文社会系研究科修士課程修了。修士（社会学）。専門は歴史社会学。主論文に「シベリア抑留者による「捕虜」概念の拒絶と受容」（『戦争社会学研究』第四巻、二〇二〇年）。

望戸愛果（もうこ・あいか）
立教大学アメリカ研究所特任研究員、筑波大学人文社会系非常勤研究員。一九八〇年、東京都生まれ。一橋大学大学院社会学研究科博士後期課程修了。博士（社会学）。専門は国際社会学、歴史社会学、ジェンダー研究。主著に『「戦争体験」とジェンダー――アメリカ在郷軍人会の第一次世界大戦戦場巡礼を読み解く』（明石書店、二〇一七年）、『ナショナリズムとトランスナショナリズム――変容する公共圏』（共著、法政大学出版局、二〇〇九年）、訳書にシンシア・エンロー『バナナ・ビーチ・軍事基地――国際政治をジェンダーで読み解く』（人文書院、二〇二〇年）など。

森下達（もりした・ひろし）
創価大学講師。一九八六年、奈良県生まれ。京都大学大学院文学研究科博士課程修了。博士（文学）。専門はポピュラー・カルチャー研究。主著に『怪獣から読む戦後ポピュラー・カルチャー――特撮映画・SFジャンル形成史』（青弓社、二〇一六年）、主論文に「戦前・戦中期の『少年倶楽部』における孤児の物語――海外児童文学の受容から田河水泡『のらくろ』へ」（『マンガ研究』二六、二〇二〇年）など。

柳原伸洋（やなぎはら・のぶひろ）
東京女子大学現代教養学部准教授、アウクスブルク大学客員研究員。一九七七年、京都府生まれ。東京大学大学院総合文化研究科博士課程単位取得退学。修士（学術）。専門はドイツ現代史、空襲研究。主著に『ドイツ文化事典』（編集幹事、丸善出版、二〇二〇年）、『教養のドイツ現代史』（共編著、ミネルヴァ書房、二〇一六年）など。

山本昭宏（やまもと・あきひろ）
神戸市外国語大学准教授。一九八四年、奈良県生まれ。京都大学大学院文学研究科博士課程修了。博士（文学）。専門は日本近現代文

化史、歴史社会学。著書に『核エネルギー言説の戦後史1945〜1960──「被爆の記憶」と「原子力の夢」』（人文書院、二〇一二年）、『核と日本人──ヒロシマ・ゴジラ・フクシマ』（中公新書、二〇一五年）など。編著に『近頃なぜか岡本喜八──反戦の技法、娯楽の思想』（みずき書林、二〇二〇年）。

渡邊勉（わたなべ・つとむ）
関西学院大学社会学部教授。一九六七年、東京都生まれ。東北大学大学院文学研究科単位取得退学。博士（文学）。専門は社会階層論、計量社会学。主著に『現代の階層社会2　階層と移動の構造』（共著、東京大学出版会、二〇一一年）、『戦争と社会的不平等──アジア・太平洋戦争の計量歴史社会学』（ミネルヴァ書房、二〇二〇年）、主論文に「職業経歴の不平等」（『理論と方法』第三三巻二号、二〇一八年）など。

【編者】

戦争社会学研究会

戦争と人間の社会学的研究を進めるべく、社会学、歴史学、人類学等、関連諸学の有志によって設立された全国規模の研究会。故・孝本貢（明治大学教授）、青木秀男（社会理論・動態研究所所長）の呼びかけにより2009年5月16日に発足し、以後、年次大会をはじめ定期的に研究交流活動を行っている。

〈戦争社会学研究編集委員〉
亘明志（委員長）、井上義和（副委員長）、一ノ瀬俊也、木村豊、清水亮、西村明、根本雅也、宮部峻（幹事）

戦争社会学研究《せんそうしゃかいがくけんきゅう》　第《だい》5巻《かん》　計量歴史社会学《けいりょうれきししゃかいがく》からみる戦争《せんそう》

2021年6月20日　初版発行

編　者　戦争社会学研究会
発行者　岡田林太郎
発行所　株式会社 みずき書林
〒150-0012　東京都渋谷区広尾1-7-3-303
TEL：090-5317-9209　FAX：03-4586-7141
E-mail：rintarookada0313@gmail.com
https://www.mizukishorin.com/

印刷・製本　シナノ・パブリッシングプレス
組版　江尻智行
装丁　宗利淳一

ISBN 978-4-909710-17-8 C3030